汪中求 著

茅台是怎样酿成的

机械工业出版社
CHINA MACHINE PRESS

这是一本讲述茅台成功之道、揭示茅台独特魅力的书。主要内容包括茅台的百年发展史、茅台的独有资源和独特工艺、茅台的品质之道、茅台的营销术、茅台自2013年以来的市场化转型、茅台的未来战略愿景新蓝图及茅台基于下一个百年战略的关键性问题。本书着眼于现在，回顾过去，展望未来，全面细致地描绘了国酒茅台的恢弘全景。

图书在版编目（CIP）数据

茅台是怎样酿成的／汪中求著.—北京：机械工业出版社，2017.12（2024.4重印）
ISBN 978-7-111-58624-1

Ⅰ.①茅… Ⅱ.①汪… Ⅲ.①酱香型白酒—酿酒工业—工业史—贵州 Ⅳ.①F426.82

中国版本图书馆CIP数据核字（2017）第296273号

机械工业出版社（北京市百万庄大街22号 邮政编码100037）
策划编辑：坚喜斌 责任编辑：刘林澍
责任校对：刘 岚 责任印制：孙 炜
北京联兴盛业印刷股份有限公司印刷
2024年4月第1版·第15次印刷
170mm×240mm·15.5印张·3插页·198千字
标准书号：ISBN 978-7-111-58624-1
定价：69.00元

凡购本书，如有缺页、倒页、脱页，由本社发行部调换

电话服务	网络服务
服务咨询热线：(010) 88361066	机 工 官 网：www.cmpbook.com
读者购书热线：(010) 68326294	机 工 官 博：weibo.com/cmp1952
(010) 88379203	金 书 网：www.golden-book.com
封面无防伪标均为盗版	教育服务网：www.cmpedu.com

序 一
茅台原来是这样酿成的

聂圣哲

（同济大学教授、博士生导师，"工匠精神"首倡者之一）

平时在席间喝点茅台，总觉得茅台有种特别的醇香，即使多喝几杯也没有不适的感觉。至于茅台其他方面的情况，确实谈不出更多的内容或"故事"。我认真阅读了汪中求先生的新著《茅台是怎样酿成的》之后，过年时每逢餐聚，无论桌子上喝的是什么酒，我都能绘声绘色地讲述茅台的故事片段了。也许是茅台的酿造过程太过精细特别，甚至有点神秘，再加上我表述得绘声绘色，总能让大家听得入胜，甚至入迷。

对许多人来说，"茅台是怎样酿成的"就是个谜。

即便常喝茅台的人，无论是懂酒的，还是不懂酒的，大都不会关心茅台是怎样酿出来的。这也符合常理，又有多少食客关心厨师是怎样炒菜的呢？他们关心的只是菜是否好吃。

然而，谁都不可否认，没有工匠般的精雕细琢，哪有如茅台般精美绝伦的产品？

没有茅台人的精心酿造，哪有香飘世界的国酒茅台?！

茅台人心里明白，要让茅台永远立于不败之地，工艺与手艺的传承、每一个细节的精益求精都不能有丝毫松懈。相反，还需要不断总结，以求得新的突破。虽然茅台已经稳居中国白酒的霸主地位，甚至离世界蒸馏酒的霸主地位也不远了，但是，谁又能说茅台会永远独占鳌头？

2015 年，茅台集团聘请汪中求及其麾下中国精细化管理研究所的团队，作为茅台集团精细化管理的咨询机构。这个决定对茅台集团来说，是一个里程碑式的管理实践。这样既引进了中国乃至世界领先的精细化管理，也使得茅台集团的管理与国际精细化管理水平靠得更近。

我与汪中求先生相识多年。他一直在研究世界各类公司的精细化管理，研究对象也包括我供职的德胜公司。正因为德胜公司是汪中求先生长期研究的标本之一，我才有机会频繁和深入地接触和了解汪中求及其团队。

毫无疑问，汪中求先生是中国精细化管理研究的权威专家。由于他并非学院派出身，所以他的研究多是管理一线的调研、采样与思考。汪中求从来不满足于"从资料中来，到文章里去"，他甚至不满足于对中国各个企业的细致调研，还多次到德国、日本的多家企业，进行详细的考察。

汪中求的考察可谓"细致入微"，他绝不放过任何一个细节，对其进行研究和归纳总结。例如，他对德胜公司员工食堂的研究，对公司的员工福利政策、员工满意度进行采访、调查和具体采样。更让我吃惊的是，他还跟着采购人员一同去采购食材，与厨师一起走完烹调时的程序，特别关注厨师工作时的心情和态度。而且，研究期间他都是在公司食堂用餐，观察菜品的质量和员工对伙食的满意度。

汪中求另一个卓越的能力，就是能对实践中的事件，做出尽显其精髓的准确总结——这些提炼出来的精华，形成并丰富了中国精细化管理理论体系。无疑，汪中求作为这个理论体系的创立者，贡献是巨大的。

汪中求对中国的精细化管理以及对中国精造、工匠精神的推广所做的贡献，无人可以替代。茅台集团选择汪中求真可谓珠联璧合——对茅台集团来说，如虎添翼；对汪中求来说，进入茅台集团，又将多接触一个世界上独一无二、具有震撼力的研究标本。

2015 年进入茅台管理及生产体系的汪中求，经过 3 年的仔细观察、调研、采样、思考,以他深厚的研究功底,结合丰富的企业管理研究阅历,写出了极具史料价值,解剖精细全面,经验教训总结精准的重要著作《茅台是怎样酿成的》。

认真阅读该著,"点面结合""今昔嬗变""逻辑缜密"的研究手法,带有浓郁"汪中求气质"的叙事方式扑面而来。该著的每一个细节描述都是经得起推敲的、结合一手数据而做出的精辟解读。

这本名叫《茅台是怎样酿成的》的著作,未来,可能会更改为另一书名,也许是《1915—2017 茅台简史》,甚至是《1915—2017 中国白酒史——以茅台为样本》……中国蒸馏酒制造的近代史、中国白酒文化、白酒与社会变迁等的关联资料,都在这本著作中得到了令人心悦诚服的解读。

我算是个对管理与写作有丰富经验的人,深知《茅台是怎样酿成的》这样的书在写作上的艰难。如果尽是细节和数据的堆砌,会显得十分枯燥,让读者读起来索然无味,因而没有兴趣往下阅读。但是,这样的著作又必须采用"年报+白皮书+数据分析+工艺细节描写+简史回顾+问题剖析+未来展望"的样式,也就是说,这样的著作,不可能写得很"文学"。

但是,汪中求毕竟是有着扎实的文学功底和对管理有切身体会的行家,具有一个研究者的耐心、细心和非凡的洞察力,他把要表述的内容精准表达出来的同时,在"叙事"上尽量关注文本的文学趣味性。

比如,他在"工匠与大师"一节中写道:

"粮为酒本,曲为酒骨。酿酒必先有曲,曲的好坏决定了酒的品质,故而酿酒业有'万两黄金易得,一两好曲难求'的说法。酱香型白酒酿造工艺极其复杂,有'一曲二窖三工艺'之说,制曲之重要可见一斑。茅台酒制曲的特点是高温大曲、人工制曲、端午踩曲。每年气温最高的季节里,茅台的制曲师在温度接近40℃的车间里,用双脚踩出一块又一块的酒曲。茅台现有6个制曲车间,90个制曲班组,千余名制曲工人,其中能称得上制曲师的有数百名之多,但能够掌握磨碎拌料等关键工艺的制曲师,每个班组只有一名。"

这样的叙述方式,既是"实验室报告"的应用文形式,又是史料记载形式。最难能可贵的是,作者的行文在对读者有着强大故事吸引力的同时,还能让"看门道的"看出门道来。

在"迷人的53°"这一章里有以下描述:

"……在坚守传统工艺和大幅提升茅台酒质量方面,郑义兴功不可没。

"茅台镇的酱香酒酿造工艺有代代相传、口口相授的传统,有些关键环节更是非亲不授、非徒不授,在一些酿酒世家更是保留了传男不传女的习俗。刚从私人烧房合并而来的茅台酒厂,酿酒技术人员成长缓慢,酒师奇缺。当时,以郑义兴为代表的三大'郑家酒师'是茅台酒厂的技术中坚。面对人才紧缺的现状,郑义兴义无反顾地承担起了传业授徒的重任。他结合自己40多年的酿酒经验,收徒授业,并将郑家五代以来口口相传的酿酒技法整理成册,供茅台酒厂的酿酒技术人员学习和参阅。同时动员其他酒师解放思想,将各自掌握的酿酒技术整理出来,相互借鉴,互补长短。经过郑义兴的不懈努力,茅台酒厂初步制定了茅台酒统一操作规程和酿造流程,为后来的发展奠定了坚实的基础。受益于郑义兴的无私奉献和开放精神,一大批新生代酒师迅速成长起来,其中部分酒师后来还成为茅台酒厂赫赫有名的酿酒大师。发现茅台酒三种典型酒体的一代勾调大师李兴发,就是郑义兴的得意门生。

"在茅台酒厂开创期间建立奇功的另一位酿酒大师王绍彬,比郑义兴小十七岁,但比郑义兴提前两年进入茅台酒厂担任酒师。王绍彬出身贫寒,18岁刚成年即进入荣和烧坊做酒工。到1951年担任茅台酒厂酒师时,已经积累了20多年的酿酒经验。王绍彬对茅台酒的杰出贡献至少有三个方面:一是开业授徒,毫无保留地向年轻人传授酿酒技艺,为急需人才的茅台酒厂培养了大量技术骨干。他的弟子中也不乏大师级的酿酒专家,著名的酿酒大师许明德即出自他的门下。二是与郑义兴一起,力主恢复茅台酒的传统生产工艺,为保持茅台酒的高贵品质不遗余力。三是积极探索茅台酒传统工艺的改良措施,发明了'以酒养糟'的新工艺。"

这段引人入胜的文字,本质上讲的是质量管理与人力资源管理,但因为作者的细致观察和老到的写作功底,画面感强,故事性好,让读者在阅读故事的同时,更了解到"茅台之所以成其为茅台"的独特与不易。

如今,汪中求在茅台蛰伏3年之后写成的《茅台是怎样酿成的》正式出版了。这本记录、剖析和叙述茅台酒酿造历史与全过程的著述,如果翻译成其他国家的文字,既能让国际上更了解这种带有东方神秘文化的酿造工艺,又能为茅台甚至中国白酒走向世界铺垫文化与情感之路,让世界各国喜爱高度蒸馏酒的人们,从品尝第一口茅台酒开始就爱上茅台,使得茅台作为中国一张独特的液体名片,成为中华民族一个极为重要的餐饮乃至文化符号。

现在,若问茅台是怎样酿成的,文艺而又写实的回答是:茅台是历代茅台人历经曲折,发展传统工艺,百折不挠地总结经验教训,用中华的悠久文化,用茅台镇的水土,用茅台人的传承和心血酿造而成的"时光之大曲,天地之甘醇"。

序 二
解读茅台密码

王筱宇

（中国精细化管理研究所秘书长）

我天生不会喝酒，一喝就脸红心跳，身体有如初恋般燥热，精神却无初恋般愉悦。因此之故，对酒一概无感。无论白酒、红酒，抑或啤酒、果酒，既不能享受其醇香，也无法辨别其优劣。至于酒的历史、酒的传奇、酒的故事、酒的文化，更是知之甚少，几近文盲。偶有饭局，满席推杯换盏，觥筹交错，夹带着高谈阔论，而我则手不停箸，专注于鱼肉，露出狰狞吃相。相形之下，他雅我俗，人豪己怯。

饭局之中，也经常与茅台酒"不期而遇"。书生一枚，能加入有茅台酒的饭局其实机会颇少。所谓相遇，不过是经常听到席间喝酒的人谈论茅台而已。茅台酒为"酒中之圣"，杯中明明斟满其他酒，喝着聊着就扯到茅台酒。似乎不扯上几句茅台酒就不是一个完整的酒局。后来我才知道，很多人终其一生也没法闻到茅台酒的酒香。据此推测，饭局中咸咸淡淡地扯上几句茅台酒，实乃抒发对"酒中之圣"的某种渴望和向往。

席间谈论最多的是茅台酒的历史传奇，关于茅台酒的发源，关于巴拿马博览会获奖，关于中国代表怒摔酒瓶，关于各路名人与茅台酒结缘，关于茅台酒在政务商务接待中的传说……也有谈论茅台酒酿造和品质的，什么发酵、勾兑啊，什么酱香、浓香啊，什么53度、43度啊，什么年份酒、纪念酒啊……还有谈论茅台酒品牌与真假的，飞天五星，系列酱香，联营生产，异地酿制，市场上真假茅台的比数……凡此种种，不一而足。有茅台酒的饭局自然少不了茅台酒的传说，没有茅台酒的饭局也同样流传着茅台酒的故事；打开一瓶茅台酒是故事，喝进肚子依然有故事。或道听途说，臆想猜测，或真凭实据，言之凿凿，各种虚虚实实的故事伴随着酒的气味一齐发散着，让人真伪莫辨。

2015年，中国精细化管理研究所的汪中求团队成为茅台酒厂的咨询服务商。作为其中的一员，我结结实实地扎进了连空气中都弥漫着浓烈酒味的茅台酒厂。出于工作需要，几近"酒盲"的我开始恶补白酒、茅台酒的知识。我几乎翻遍了茅台酒厂所有的历史文献，阅读了大量茅台酒酿造的专业资料，访问了若干茅台酒厂的员工和茅台镇的居民，总算对茅台酒的历史和文化有了大致的了解，始知有着百余年历史的茅台，酿造的其实不是酒，而是醇香四溢的故事，是神秘莫测的传奇，是生生不息的文化。

期间，与茅台酒厂大师级酿造专家的访谈和接触令我获益最多。有"茅台教父"之称的季克良，初出茅庐时即以"神文"《我们是如何勾酒的》揭开中国白酒香型分类的新篇章，精准地表述了茅台酒的三种典型酒体和神奇的勾调工艺。"茅龄"超过40年的袁仁国，在15年前就发表了《迎接文化酒时代的春天》一文，率先提出"文化酒"的概念，预言了中国白酒业"文化酒时代"的到来。总经理李保芳长期耕耘于贵州省轻工战线，对白酒行业的战略思考高屋建瓴，对"千亿级茅台"充满信心。他勇敢地挑战中国白酒企业传统的竞争态势，在白酒行业率先提出"竞合"概念，掀起白酒行业"合纵连横"的发展新风。副总经理张德芹，年轻，干练，酿酒专业科班出身。他大学毕业后从一线技术员干起，废寝忘食，夙夜在公。2010年临危受命出任茅台旗下习酒公司董事长，用短短几年的时间，将习酒公司的销售业绩提高了十多倍。如今，他的工作重心从习酒公司转移到茅台集团，肩负起助力茅台实现千亿级目标的历史重任。总工程师王莉，专业、知性、雷厉风行,是茅台酒厂中生代骨干的代表。她发表在学术期刊的多篇专业论文《酱香型白酒窖底泥微生物组成分析》《白酒中含氮类化合物定性分析方法》《应用 HS-GC-MS 法分析白酒中的双乙酰》《基于风味物质组成的高温功能大曲应用方法》,为茅台酒厂从烧房工艺进入科学酿造进一步提供了理论依据,为"科技茅台"添加了完美的注脚。

然而,茅台之神秘远超最初之想象。如饥似渴如我,对茅台酒的探究至多也只能算是初入门径,始终未能窥其堂奥。传统而又复杂的工艺流程、成百上千的香气物质、经典的 53 度、15.03 平方公里的核心生产区域……一连串奇异的现象或特殊的数字,就像神奇的密码摆在面前,难以开解。

与我形成鲜明对照的是我们团队的汪中求先生。他善饮,懂酒,更懂茅台酒。他近几年频繁往来茅台镇,在与茅台酒厂、茅台镇以及仁怀市各界人士的多次酒局中,来者不拒,并且一次都没有醉过。酒好味醇是一个因素,茅台作为中国著名的"酒都",待客有道是另一个因素,而能喝善饮当属至关重要的因素。大凡中国稍有名气的白酒,从香型到口感,从历史到文化,从品牌到销售,他都能如数家珍,娓娓道来。至于茅台,更不消说。闻香荡香,观纯辨色,一招一式,行家风范。香气丰富与否,口感饱满何如,或评或说,头头是道。唇感、舌感、喉感,乃至下肚后呼出来的酒气,都能说出个所以然来。

汪先生酒酣胸胆之时,兴致盎然,亲自操刀为大家详尽解读《茅台是怎样酿成的》,我以为是再合适不过的事情。由茅台人自我解读,出于自珍自爱,难免自耀自夸;由竞争对手解读,出于同行相竞,可能有所贬损;由消费者解读,出于知之甚少,必然挂一漏万;唯有能喝善饮、知茅台懂管理的汪先生,才能以第三方的视角,理性、中立、客观地解读处处都充满神奇的茅台。

从2013年开始，受多种因素影响，白酒行业一片萧条，高端白酒的颓势尤其明显。作为高端中的高端，茅台酒在此轮白酒业的萧条中，不但未受影响，反而逆势上扬，以年增长几十亿元甚至上百亿元的销售业绩，创造了白酒业的神话。茅台的股价也一路狂飙，成为A股坐庄时间最长的"第一股"。茅台酒固然名头响亮，但以营业收入而论，在历史上曾长期落后于五粮液等其他白酒名企。茅台究竟施展了什么样的魔法，使自己在此轮白酒业的萧条中反向而行，一跃而成为其他酒企难以追赶的龙头老大？《茅台是怎样酿成的》第一个层面破译的就是茅台酒厂在市场变局之下的"转型密码"。

茅台酒的品质众口交赞。高品质的茅台酒是如何酿成的？首先，酿制的神秘性塑造了茅台酒的品质神话。茅台酒的酿造，极其依赖茅台镇的独特环境。弥漫于茅台镇上空的神秘菌群，成就了独一无二的茅台酒。其次，工艺的复杂性保证了茅台酒的品质。茅台酒"三长"（基酒生产周期长、大曲贮存时间长、基酒酒龄长）"三高"（高温制曲、高温堆积发酵、高温馏酒）的古老工艺在全世界独树一帜，"九蒸八窖七取酒"的"回沙"流程在白酒酿造中也十分罕见，至于将技术和艺术融为一体的勾调，更是出神入化，妙不可言，让人叹为观止。再次，产能的上限成就了茅台酒品质的高贵。茅台酒的产量极为有限，无论怎样扩充产能，一年也只能生产几万吨基酒。而且任何迁移式的异地仿制，都无法再现茅台酒的独特风味。此为《茅台是怎样酿成的》第二个层面破译的"品质密码"。

自1915年荣获巴拿马万国博览会金奖以来，茅台酒共获得15次国际金奖，连续5次蝉联中国国家名酒称号，成为与苏格兰威士忌、法国科涅克白兰地齐名的三大蒸馏酒之一，是当之无愧的"国酒"。"茅台"品牌价值连城，在全球各类品牌价值排行榜上屡获殊荣。2016年，茅台酒在著名的英国品牌评估机构Brand Finance发布的全球烈酒品牌价值50强中排名首位，一举超过国际酒业长期以来的霸主尊尼获加威士忌（Johnnie Walker）和轩尼诗干邑（Hennessy）。可以说，品牌是茅台酒在竞争激烈的白酒市场叱咤风云、所向无敌的法宝。茅台酒高高在上的价格中，来自品牌的成分占据绝大部分，如果非要用一个比例来表示，应该在90%以上。一个偏远小镇上所酿造的茅台酒，如何冲出万重大山而全球知名？一款沿用古老工艺制作的传统产品，如何成为享誉世界的顶级品牌？《茅台是怎样酿成的》的第三个层面为我们破译了茅台酒的"品牌密码"。

经过百余年的酿制、净化和修炼，茅台酒以其独特的神韵，于林林总总的中国名酒中脱颖而出，成为中国民族工业的象征和中国传统文化的符号。色泽澄亮的茅台酒，在芬芳四溢的气息下，以深沉而又美妙的酒语，展现出其独特的表达能力。于历史悠久的华夏民族而言，茅台酒繁复的酿造工艺，表达的是农业文明进化的深度；于极具特色的中国社会而言，茅台酒优雅细腻回味悠长的风格，传递的是淳朴宽厚的人文传统；于人际交往而言，茅台酒尊崇而又高贵的品质，传达的又是品位、格调、身份等世俗信息。在偏爱寄情于酒的中国，一杯茅台酒，浸透了说不清道不明的诸多文化要素。喝下去的是醇厚的酒，更是芬芳的文化。《茅台是怎样酿成的》的第四个层面破译的就是茅台酒奇特的"文化密码"。

在一层一层地破译茅台密码之后，作者将茅台酒厂神奇的历史划分为三个时代：品质时代、品牌时代、文化时代。三个时代并不绝对以时间为界线，而是互有交叉，更迭有序。最初，借着巴拿马万国博览会金奖、红色渊源、外交名片等品牌光环，偏执地追求茅台酒的优良品质；后来，以优良品质储足的底气，深度打造茅台酒的金质品牌，当仁不让地登上"国酒"宝座；如今，在品质和品牌均已达到巅峰之时，"文化茅台"水到渠成，翩然而至。

作为成名已久的管理学专家，汪先生在书中并未沉湎于茅台酒厂既往百年的辉煌荣耀和优异业绩，而是在破译茅台密码的同时，将目光投向了茅台的未来，投向了茅台的下一个百年。他不无忧虑地指出，新时代的巨浪正扑面而来，互联网、智能制造、"90后"员工、新生代消费群体、被颠覆的购物方式等，都是茅台在下一个百年面临的挑战。茅台人仍需"百尺竿头，更进一步"。对茅台酒而言，必须有新的传奇、新的故事不断地被酿造出来。

我们期待，承载百年荣光的茅台人在未来的岁月里编制出令人称奇的茅台新密码。我们深信，追寻梦想的茅台人在下一个百年也一定能编制出让人拍案叫绝的茅台新密码。

目 录

序一　茅台原来是这样酿成的
序二　解读茅台密码

一、变局之下
1. 酒业焦虑 / 001
2. 艰难时刻 / 007
3. 发力 / 014
4. 唯我独醒 / 022
5. 走出河谷 / 028

二、世间本无茅台酒
6. 源头话"酒" / 035
7. 茅台镇上的烧酒 / 042
8. "烧坊"酿出的巴拿马金奖 / 047
9. 红色烙印 / 052
10. 茅台酒的新生 / 055

三、神秘的 15.03
11. 美酒河谷 / 062
12. 不可复制 / 067
13. 红高粱 / 073
14. 端午踩曲 / 078
15. 重阳下沙 / 083
16. 九蒸八酵七取酒 / 088
17. 勾调是一种艺术 / 092

四、迷人的 53°

18. 酱香始祖 / 101
19. 经典的 53% VOL. / 108
20. 飞天传奇 / 113
21. 坚守和突破 / 118
22. 工匠与大师 / 123
23. "茅 N 代" / 131

五、喝酒不如闻香

24. 三人争购一瓶酒 / 138
25. 变与不变 / 143
26. 文化茅台 / 150
27. 国酒 / 157
28. 收藏界宠儿 / 163
29. 假冒伪劣伤害不了茅台 / 169

六、下一个百年

30. 孤独的领跑者？/ 177
31. 新生代"茅粉" / 183
32. 多元化之痛 / 189
33. 下一个百年 / 193

特稿

美丽与哀愁 / 200

红皇后竞争中的拨浪者：知识创造引领茅台传承创新 / 212

"茅台镇""茅台酒"的品牌困局 / 224

参考文献 / 229

一、变局之下

1. 酒业焦虑

　　中国白酒有两种：一种是茅台酒，一种是其他酒。当然，这种说法，对其他同行太不尊敬了。但这类幽默确实道出了茅台酒的地位。

　　在国内，茅台酒在白酒界的"一哥"地位无法撼动，其他大大小小的酒企恐怕在相当长的时间内对此只有徒呼奈何。国际上，茅台酒同样卓尔不群。纽约华尔道夫酒店的酒水单上，茅台酒赫然在列；迪拜帆船酒店，茅台酒按杯计量售卖……

　　之所以茅台酒有着如此高端的地位，除了其醇香的品质、传奇的历史、深厚的底蕴、神秘的文化，就是受产地条件限制而难以扩张的产量。新中国建立初期，以旧式烧坊为基础成立的茅台酒厂，每年的产量只有区区的60吨。20世纪80年代以前，茅台酒每年的产量也长期在1000吨以内徘徊。茅台酒受地域限制的低产量特征，决定了茅台酒不可能像其他快销产品那样铺天盖地。如果说，类似麦当劳、肯德基这样的快销产品代表的是一种世俗文化，那么茅台酒代表的就是一种高雅文化，典雅、神秘、稀缺。以至于茅台酒的酒瓶、酒盒外观设计，十几年来，一张面孔，无须变更，不存在升级。不轻易"变脸"，意在保持其经典范儿。

以往绝大多数时候，茅台酒只在以下场面出现：一是品饮鉴赏和收藏。茅台酒因酱香突出、优雅细腻、酒体醇厚、回味悠长、空杯留香等独特风格和品质，深受白酒爱好者追捧，而被当作上好的鉴赏品和收藏品。二是高端公务消费。1949年的开国大典，茅台酒是宴会主角；1950年第一个国庆节，时任政务院总理的周恩来指定茅台酒作为国宴用酒。自此之后，茅台酒就一直在各种高端公务场合、重要会议、大型政经活动中不可或缺。三是对外交往。1954年在瑞士日内瓦国际多边会议期间，周恩来用茅台酒宴请各国代表团。自那之后一直到今天，在有中国参与的外交场合，或在到访中国的各国国家元首的迎送宴会上，也多用茅台酒款待来自五湖四海的贵宾，茅台酒成为对外交往和公共关系活动中传送友谊的载体。如此一来，出现在一般宴席或寻常百姓餐桌上的茅台酒就极为罕见，偶有所见，即视为珍品。时至今日，即使在改革开放中成长起来的一亿多中产阶层那里，茅台酒也是一种奢侈品。在普罗大众的心目中，茅台酒则更近乎一种"圣品"，可望而不可求。不是因为价格，而是因为稀少。

物以稀为贵，曲高必和寡。茅台酒之外，其他高端白酒其实也都有着类似的情形。其明显的优势在于，商品的销售在很多时候不是主要问题，甚至根本就不是一个问题。其劣势同样显而易见：一旦出现政策性变化，公务消费受到抑制，过于依赖公务消费的弊端则显露无遗，对日渐开放的市场竞争难以适应。

2012年年底，中央发布关于改进工作作风、密切联系群众的"八项规定"，公务消费受到抑制，高档餐饮和名酒消费市场遇冷。根据国家统计局的公开数据,"八项规定"出台后的 2013 年 1 月~2 月,社会消费品零售总额比 2012 年同期减少了 670 亿元,其中 80% 以上来自高档餐饮和名酒名烟消费。过于依赖公务消费的中高档白酒市场需求急速萎缩,销售数据惨不忍睹。

"八项规定"出台前大约十年的时间,被称为白酒行业的"黄金十年"。大大小小的酒企在这十年间活得异常滋润,以生产中高端白酒为主的酒企,在公务消费的推动下,更是赚得盆丰钵满。"黄金十年"中,白酒在高毛利下一路高歌猛进,以茅台、五粮液为首的一线白酒企业的净利润进入"百亿元俱乐部",洋河、泸州老窖、酒鬼、沱牌舍得、老白干等酒企,也在高端酒的支撑下实现了大跃进式的增长。

然而,从 2013 年起,酿酒行业的好日子似乎到头了,虽然全年白酒产量达到 122.62 亿升,同比增长 6.33%,产销数据看上去较为乐观,但与前些年的飞速增长相比,超高速增长的势头得到抑制,行业整体进入调整期。2013 年我国白酒制造行业总资产 4759.07 亿元,同比增长 21.40%;行业销售收入为 5018.01 亿元,较 2012 年同期增长 12.35%,但增幅较 2012 年下降 7.26%,同期行业管理费用、销售费用相应下滑,仅财务费用呈现较大幅度增长;行业利润总额为 804.87 亿元,同比下降 1.67%。一线酒企高端产品价格回落,服务下沉,给二线、三线酒企的产品销售及生存带来压力。整个白酒行业的竞争进入白热化,高端白酒市场从卖方市场转为买方市场。根据国家统计局数据,截至 2013 年年底,我国白酒制造行业规模以上企业数量达 1423 家,其中 86 家企业出现亏损,行业亏损率为 6.04%。

在资本市场,白酒板块也失去了以往的万千宠爱,机构投资者对白酒板块"敬而远之"。2013 年第三季度,白酒企业的增幅出现较大分化,除贵州茅台、青青稞酒和伊力特 3 家企业的净利润实现同比增长外,其余 11 家企业的净利润出现下滑。14 家上市酒企 2013 年第三季度实现营业总收入 784.3 亿元,同比下降 10.61%;实现归属于上市公司股东的净利润 279.58 亿元,同比下降48.92%。其中，酒鬼、沱牌舍得和水井坊的降幅最大，净利润同比下降95.56%、97.06%和89.10%，简直可以用灾难来形容。机构的离场让白酒板块市值蒸发严重，14家白酒上市公司的总市值从年初的5872.8亿元一路狂跌到年底的3382.45亿元，在不到一年的时间内，市值蒸发2490.35亿元，占比逾四成之多。

国内高端白酒巨头五粮液的价格在2013年被腰斩，水井坊、沱牌舍得、酒鬼、泸州老窖1573等高端产品销售遇阻，部分产品甚至滞销……作为白酒行业风向标的糖酒会也异常萧条，2013年秋季糖酒会成为史上最冷清的糖酒会，参会人员大幅减少，参会经销商与往年相比下降了一半，与春季糖酒会相比则不足三分之一。

伴随着白酒业的大衰退，茅台酒也陷入了短暂的危机，销售低谷出现，市场价格下落。先前保持高库存的经销商在悲观之下，对政策的评估过于消极，开始大量抛货。53度飞天茅台（市场上习惯称之为"普茅"）从2012年年底2300元/瓶的高价一路下跌至900元/瓶左右。中间虽然出现过短暂的价格反弹，但在中秋国庆期间，原本的销售旺季出现旺季不旺，市场上的侥幸心理终于消失，价格再度下跌，在850元/瓶的低位徘徊长达两年之久。

当被"捧"起来的价格体系开始"滑滑梯"之时，那些以高端酒支撑起来的酒企业绩必然遭到重创，因虚假的市场繁荣而迷失了方向的白酒业陷入一片恐慌。为了突破困境，很多酒企开始转型做"腰部产品"（价格处于中间档次的白酒）的开发及推广。然而，过度的焦虑之下，部分酒企不免方寸大乱。

在2013年的武汉秋季糖酒会上，不少酒企推出中低价位产品来应对行业变局。泸州老窖推出定价在十几元到几十元之间的新品"泸小二"；沱牌舍得推出价格在100～300元之间的曲酒系列产品；五粮液也加大了腰部产品战略，推出五粮特曲精品、五粮特曲、五粮头曲三款产品，其中五粮特曲精品价格在400～500元，五粮特曲为300～400元，五粮头曲为200～300元；茅台虽然没有推新品，但也对旗下产品酱酒、仁酒降价，价位定在399元和299元，在原来价位上降了一半。高端白酒的价格下滑挤压了地方名酒和次高端酒企的产品，众多酒企业绩大幅下滑，不得不推出新的产品以扩充自己的产品线，如水井坊最终选择不再"守价"，推出"臻酿八号"，零售价定为428元/瓶。

然而，当所有的酒企都在转型做腰部产品时，就又都站在了同一条起跑线上，都需要从招商、品牌推广、市场服务等各个环节从头做起。虽然这些知名酒企业并不缺乏品牌效应，但因为长期以来在市场渠道、销售服务方面的欠账，并非所有酒企推出的腰部产品都能快速获得市场和消费者的认可，因此专业人士断言，以推出低价位白酒来弥补高端酒滞销带来的业绩下滑，在短期内难以取得实效。事实上，众多酒企着力打造的腰部产品能否赢得经销商的喜爱，能否得到消费者的认可，从而顺利完成转型，还都是未知数。

在白酒业深度调整的同时，业外资本也跃跃欲试，一些大型集团公司利用雄厚的资本优势，通过整合区域酒企进入白酒行业，市场并购潮风起云涌。天津荣程集团与泸州市合江县政府正式签署10万吨白酒基地项目投资协议，总投资约120亿元；泸州老窖集团与统一集团旗下的世华企业股份有限公司签署合作协议，共同投资在泸州建立清香型白酒酿造基地，初步规划年产清香型白酒4万吨，预计总投资额将达30亿元；中国平安保险集团股份有限公司（简称"平安集团"）与宜宾红楼梦酒业正式签署协议并达成战略合作，平安集团投资共计5亿元，帮助红楼梦酒业在品牌、渠道建设及技改等方面进行改造；娃哈哈集团与贵州省仁怀市政府签订白酒战略投资协议，入驻仁怀市白酒工业园区，一期投资额或高达150亿元；大元股份拟收购湖南浏阳河酒业发展有限公司100%股权……

然而，资本在白酒行业中到底能掀起多大的风浪，跨界并购对酒企的发展到底能起到多大作用，目前尚无成功案例以资证明。饮料巨头娃哈哈曾投入巨资试图进军白酒行业，最终还是选择退出。究其原因，主要还是业外资本对白酒行业的预判性明显不足。中国的白酒企业大多发源于草根，制造水平仍处于"作坊"时代，距离现代工业制造标准还有较大差距，在管理、营销、品牌打造等各方面也还有大幅提升的空间。在这种情况下，过于重视资本的作用，而忽视先进管理技术与白酒企业的融合，对白酒企业的正面作用十分有限。业外资本进入白酒行业比较典型的案例是丰联酒业。丰联集团在不到两年的时间内，斥资收购了武陵酒业、板城烧锅、孔府家酒和安徽文王酒业4家地方白酒制造企业，但这4家酒企并没有在资本的帮助下获得更好的发展，至少目前的状况与收购的预期相差甚远，大量的精力被消耗在业外资本与白酒文化的融合、人力资源的深度调整上面，被收购的酒企仍然举步维艰。"有钱能使鬼推磨"这句坊间俗语在白酒行业就是无稽之谈。投资对产能提升的作用固然明显，但对白酒行业软实力的增强价值极为有限。

白酒价格尤其是高端白酒的价格大幅回落，产品出现滞销，白酒行业上市公司业绩大幅下滑，刚刚起步的白酒证券化也面临夭折的危险，表面上看，是受到中央"八项规定"等政策的直接影响，而实际上原因远非如此简单。全面分析快速发展起来的白酒行业不难发现，"黄金十年"的大跃进是建立在宏观经济走强、"三公消费"走高的基础之上，快速的膨胀使很多制酒企业和经销商迷失了方向，将大量的产品和精力投放到特殊的销售目标群体，当这种非常规的销售渠道被相关政策"封死"，新产品又不能及时补位，危险随之降临，业绩大幅下滑就成为必然。

中国大大小小的白酒企业有几万家，称得上规模的制酒企业也有一千多家。统计数据显示，国内白酒产量在2012年已经达到1150万吨，营收达到4000亿元，远远超过国家"十二五"规划中提出的2016年产能900万吨、营收3500亿元的行业规划，白酒产能过剩已是不争的事实。然而，在"猪都能飞"的"风口"上，白酒价格尤其是高端白酒价格一路狂飙，销售出现了畸形繁荣。于是，白酒企业在高额利润的诱惑下，放弃低端产品的开发和培育，一心扑在高端酒的生产和销售上；经销商只要拿到足够的配额就能坐地生财,不做市场,不做营销,不做服务,市场销售渠道特定而单一;酒价的非理性上涨,造成了存酒和收藏酒的盛行,社会库存高企;白酒失去了其本来固有的消费属性,高端酒甚至成为一些人的炫富工具。缺乏服务和创新的市场是畸形的市场,这样的市场注定难以长久维持。忽视销售渠道建设、经销商服务、市场营销的行业,必定是不健康的行业,这样的行业在暴风雨来临之际会显得异常脆弱。"八项规定"严格限制"三公消费"直接命中了白酒销售的要害,但只是压垮白酒行业的"最后一根稻草",只是引爆白酒行业诸多危险的"导火索"。白酒行业在快速发展的十年间,忽略白酒市场发展规律,为疯狂逐利而放弃了白酒的消费品属性,整体欠下了许多"债"。2013年由限制"三公消费"引发的市场低谷,不过是对这些陈年"欠债"的偿还而已。

> **梦韶鉤茅台酒**
> 吴振城
>
> 君才如于公,治狱醉益明。我视何水曹,劣能识杯铛。黔人鬻酒味多溷,更有竿儿陋苗俗。那似江南玉色醪,曲香泉冽乘春熟。颇闻酿法出茅台,千山万岭焉得来。鸣鞭走送独不惜,遂使病叟颜为开。出不慕钟鼎,归不慕园。有酒直须酌,一酌辄陶然。柳花乱舞来劝客,今日正放春风颠。君不见春风去来成百年,白日又落西山前。

2. 艰难时刻

类似2013年遭遇的市场危机在茅台酒的历史上并非首次。

事实上,誉满四海、众口称赞的茅台酒,并非人们想象中的"酒香不怕巷子深"。1915年在巴拿马万国博览会荣获金奖后，由于仍然以分散的烧坊形式维持生产，缺乏统一、严格的生产标准，茅台酒一直不愠不火，与国内外其他名优白酒相比，在品牌、口碑、市场销售等方面的优势并不突出。新中国成立之初，虽然茅台酒被指定为开国大典宴会专用酒，始获"国酒"殊荣，但由三家烧坊新组建而成的茅台酒厂百废待兴，处境艰难，除坚守传统工艺保持酒的醇香品质外，生产经营管理并无多少可圈可点之处。

改革开放之前的计划经济时代，茅台酒厂的经济效益长期在较低水平徘徊，管理方法陈旧落后，企业内聚力缺乏，职工福利严重欠账。根据茅台厂志记载，从1962年至1977年，茅台酒厂连续16年亏损，亏损总额达444万元，平均每年约亏损27.27万元。

20世纪50年代的茅台酒厂，虽然产量很低，尚能维持微利。从1958年开始，受举国"大跃进"形势的影响，茅台酒厂也跟风片面地追求产量，导致生产陡上陡下，酒品质量下降，企业由微利转为亏损。这之后的很长一段时间，茅台酒质量下降的问题一直未得到根本解决。1960年至1964年国家经济困难时期，茅台酒厂的生产状况持续恶化，生产的基酒合格率降低，次品增多，而且产量也持续下降，企业亏损严重。1962年，茅台酒产量降至363吨，亏损6.28万元；1963年降到325吨，亏损37.27万元；1964年更是急速下滑到222吨，亏损高达84.28万元。期间，仁怀县商业部门曾以售卖"红粮窖酒"的名义，用每斤1.42元的价格连续处理茅台酒厂生产的1750吨次品酒。

茅台人在逆境中仍然为改善茅台酒的质量进行了多方努力。1964年以后，茅台酒的质量有所回升，产量也趋于稳定。但好景不长，从1966年开始，正常的生产秩序遭到破坏，管理混乱，有章不循，实验成果不能在生产中全面推行，企业连年亏损，职工生产积极性受到严重打击。1966年至1971年，茅台酒年产量一直徘徊在230吨至370吨之间，每年亏损额都在30万元的高位上维持，连续五年未能完成国家下达的生产、销售和减亏计划。

计划经济时代的茅台酒厂，原材料有可靠的保证，生产任务有充分的保障，产品也有足够的销售去向，为什么还会长期亏损呢？一是管理不善、浪费严重。计划经济时代的国营企业，职工们手端铁饭碗，坐吃大锅饭，责任不明确，导致生产经营管理混乱，浪费相当严重。以酒瓶为例，质量差，废品多，运输破损达5%以上，平均吨酒损耗酒瓶270个。二是工艺技术缺乏革新，生产成本不断增高。部分包装材料来自北京、上海的独家生产企业，价格偏高，运费开支大；1974年至1977年平均吨酒粮耗达5.257吨，超出定额11.35%；同期平均吨酒损耗竟达60公斤，是定额损耗的三倍；存酒损耗逐年上升，最高时单坛损耗达10.8%，平均损耗为5.6%。三是受客观条件和生产技术的限制，企业不能做大。茅台酒生产周期长达一年，基酒储存期长达5年，而且生产受到地理条件的严格限制，在生产技术没有明显突破的情况下，企业劳动生产率相当低下。1952年，茅台酒厂共有49名工人，产量75吨，1978年酒厂共有1048名工人，产量1067吨，人均年产量只有一吨多，很难形成规模化经营效应。四是政策性因素。因为茅台酒特殊的政治经济属性，在计划经济时代，茅台酒厂受到的国家计划控制程度，远远高于其他国营企业。其经营决策权只体现为如何完成国家计划，如何按国家规定的销售渠道完成国家定购任务，因而缺乏产品定位、新产品开发、多种经营等经营自主权。产品定价高度集中且长期稳定不变，销售渠道单一且长期固定，长期以不合理低价位出售给商业部门，导致生产利润和商业利润倒挂，企业生产越多亏损越大。1979年8月，新华社记者就以"为什么茅台酒价高还亏本"为题，用内参的形式向中央高层反映过茅台酒生产、商业利润倒挂的问题，希望国家统筹兼顾，适当调整工商利润，同时允许企业在完成调拨计划后自主对外销售部分商品。

这之后，伴随改革开放大幕的徐徐拉开，茅台人开始接受市场的考验。

1989年，茅台酒经历了走向市场以来的首次冲击。这一年，白酒市场极度疲软，商品滞销严重，茅台酒厂度过了历史上最艰难的一年。

乘着改革开放的东风，20世纪80年代的茅台酒厂在经营体制的变革上取得了极大成功，获得了几十年来一直梦寐以求的经营自主权，企业和职工的积极性被充分调动起来，产品的质量和产量都取得了重大突破。过去在市场上难得一见的茅台酒，居然开始在很多商店里就可以买到。1987年7月调价后，茅台酒的销售甚至还出现过相当旺盛的局面。

出乎意料的是，这次茅台酒旺销的局面并没有维持太长时间。20世纪80年代末期，经济发展过热，迫使国家实行治理整顿的紧缩政策，全国市场发生极大变化，商品市场出现严重萎缩。1988年，国务院物价部门对茅台酒等13种高档白酒调高价格，对茅台酒的销售产生了一定的负面影响。1989年国家在治理整顿的相关政策中又把茅台酒列入社会集团控购商品之一，严格控制行政事业机构以及厂矿企业单位对茅台酒的采购。同年7月，国家有关部门发文规定国宴不准上国家级名酒等新的廉政措施。当时进入国宴的高档白酒只有茅台，因而这一规定对茅台酒旨在促进高端领域消费的销售策略形成了致命的打击。

到1989年，所有这些治理整顿的紧缩政策给茅台酒厂带来了明显的滞后效应，长期统一经销茅台酒的内外贸部门在前两个季度基本没有调酒；原本由国家指令性计划调拨的原料也变得毫无保证；往年国庆节、中秋节前供不应求、十分紧俏的茅台酒在这一年的销售形势急转直下，市场突然疲软，形势相当严重。

此时的茅台酒厂已经由过去计划经济时代的长期包销转型为市场经济条件下的企业自销为主，市场的疲软对茅台酒厂形成了直接的冲击。1989年第一季度，虽然经过一线销售人员的各种努力，市场销售量仍然急剧下降，净销售量仅有可怜巴巴的90吨；成品库房一度爆满，迫使包装车间全面停产；在国家全面的紧缩战略之下，流动资金贷款受到严格控制，购买原辅材料的资金严重短缺；用于制曲的小麦省内缺货，省外的调不进来；生产锅炉用煤告急，油库只剩数百公斤汽油，车辆加油都需要厂领导批条子；全厂所欠外债达3000多万元，生产面临严重威胁。

一时间国内的新闻媒体出现了"茅台告急""茅台酒滞销""茅台酒开始摆摊了""茅台酒上门推销"等报道。茅台酒厂这一次遭遇到了真正的市场危机，体会到了市场的残酷和凶险，同时也感受到了市场的魔性，意识到了茅台酒走向市场的必要性。

然而，茅台酒厂的市场化之路远非人们想象中那样顺风顺水，艰难困苦依然不时地光顾这个有着百年荣光的著名酒厂。

1996年是国家"九五"规划的开局之年，茅台酒厂也提出了"九五"期间的宏伟发展规划：新增2000吨茅台酒生产能力，形成6000吨的生产规模，打开规模效应之门；提高茅台酒在国内外市场的覆盖率、占有率，大幅增强茅台酒在中高档消费领域的竞争能力；到"九五"末期实现茅台酒销售比"九五"初期翻一番，达到4000吨；到2000年，产值达到25亿~30亿元，年销售收达到15亿~20亿元；建成国内白酒行业规模最大、影响最大的集团型龙头企业。

茅台人雄心勃勃的发展规划又一次遭遇了国家宏观经济的低谷。这一年，全国宏观经济软着陆，经济全面下行；国有企业改制在全国范围内铺开，下岗人员增多，消费水平下降；宏观经济政策的调整，导致社会资金分流加剧，无论是机构还是个人的购买力都显著下降；人们的消费习惯发生变化，消费观念转变，资金流向多元化。诸多因素的影响，导致整个白酒市场淡季来得早、来得快，持续时间长，价格下滑幅度大，市场表现沉闷。

1997年亚洲金融危机后，茅台酒厂最终完成了向市场化的转型。中国贵州茅台酒厂（集团）有限责任公司在1997年挂牌成立后，茅台酒厂失去了多年以来一直享受的政府拨款，以独立法人的身份进入市场。但这一转型适逢亚洲金融危机全面爆发、国家实行宏观经济调控的"谷底"期，转型的阵痛可想而知。1996—1997年间最艰难的岁月里，甚至有一段时间各地经销茅台酒的糖酒公司"反哺"茅台，纷纷出钱支持，以保证茅台能按时给员工发放工资。

与国内其他名优白酒产品相比，在21世纪的头几年，茅台酒在市面上的销售表现依然不是很好。一个典型的比较就是，当年在沃尔玛大连店，茅台酒平均每天的销量只有可怜的一箱，而同为高档白酒的五粮液以一天50箱的销量一骑绝尘。

最艰难的时期也是茅台突破自我、树立茅台新形象的最佳时期。这一时期，茅台集团除一如既往地宣传茅台酒的历史底蕴和独特品质之外，打出了"国酒"和"喝出健康"两张王牌，开始对茅台酒进行全方位的文化包装。

这之后经历了艰难曲折的茅台酒厂才一天比一天滋润起来。到2005年，茅台的利润超过五粮液。飞天53度茅台的终端酒零售价从20世纪90年代的每瓶一两百元一路上扬，到2011、2012年最高时达2300多元一瓶，仍然一瓶难求。2006—2012年，虽然营业收入仍低于五粮液，但净利润已实现了超越，说明茅台主要产品的盈利能力优于五粮液。茅台旗下的其他系列酱香酒虽然销售数量不大，但也大多维持在每瓶六七百元的高端价位。

然而，进入2013年，形势陡转直下。年初，重庆永川、广西玉林、西藏的3家茅台酒经销商因低价和跨区域销售，受到茅台集团暂停执行合同计划、扣减20%保证金、黄牌警告的处罚。茅台酒的销售颓势初见端倪。紧接着，茅台集团被国家发改委以"白酒企业应当维护社会物价稳定"为由约谈并处以罚款。茅台酒看似高企不下的价格直接受到了来自官方的警告。

在公务消费受到全面抑制的大背景下，白酒行业进入深度调整阶段，市场预期不被看好，价格下跌是大势所趋。茅台酒自然也不能置身事外。市场需求不足使茅台旗下的中高端产品从2013年第一季度开始全线降价，短时间内即从价格巅峰跌落下来。飞天茅台的价格以坐滑梯的速度迅速下落，每瓶降到八九百元，经销商还得想尽办法抛售；茅台迎宾酒、茅台王子酒、汉酱酒、仁酒等四个子品牌的终端零售价格大幅调整，最高降幅超过50%。

青岛的一个茅台酒次级经销商，1995年时从山东一级经销商那里进一瓶

53度飞天茅台的成本只需要198元；到2010年，进价涨到了1200元；2011年底，每瓶飞天茅台的进价在1800元以上。但这个时候，谁也不会想到茅台酒的价格有一天会像坐滑梯一样下落，深知茅台酒产量和配额都极为有限的经销商这时候仍然在高价位上大批量地进货。到了2013年4月—5月，断崖式的价格下跌，终于让次级经销商承受不起资金的巨大压力，跟全国各地很多次级经销商一样，以每瓶800多元的价格抛售了53度飞天茅台的全部存货。

鉴于茅台酒在白酒行业的至尊地位，从品牌、价格到销量，都是行业标杆，是业内外紧盯的对象，尤其是茅台高端酒更是牵一发而动全身，虽然茅台集团高层乃至贵州省委领导都公开表示，中央治理公款消费不会影响茅台及贵州白酒产业的发展，借以提振市场信心，但白酒行业的这股"寒流"还是遏制了茅台酒厂近几年来高速增长的势头。

2013年上半年的生产和销售情况都不如人意。头6个月，茅台集团实现销售收入179亿元，仅比2012年上半年销售收入增加了1亿元，增幅甚微；第一季度完成产值65.46亿元，同比下降12%；1月—6月的产值同比下滑4.2%。

按茅台年初的规划，2013年全年预计实现436亿元销售收入，实现销售增长23%，而年底实际完成的销售额是402亿元，增长13.8%。虽然全年的净利润仍然达到222亿元，上涨了12.75%，但未能实现预期业绩，即足以说明茅台的迟滞态势。

白酒行业的一些资深专家断言，茅台的高速增长已经成为历史；各路财经媒体也纷纷撰文发表看法，普遍认为茅台想要回暖几乎没有可能；众多经销商和终端零售商也预测，飞天茅台重回千元价位将难上加难。

黑云压顶，真的会摧垮茅台这座具有百年历史的荣耀之"城"吗？

茅台酒是否真的如传说中那样，只能频繁出现在公务消费中，而不可能摆上普通大众的餐桌？

茅台的销售渠道真的那么特定、单一、脆弱不堪吗？

在 2013 年冬天到来之时，人们都在等待着茅台的答案！

> **仁怀道中书事**
> 龙体刚
> 不断峰峦古，晴云晚看多。
> 居民疑蜃市，宿客信烟萝。
> 村酒沽无阶，荒山赋有科。
> 本来深穷极，入暮自山歌。

3. 发力

茅台酒厂多年来经历的各种艰难曲折，概括起来不外乎三种情况。第一种情况：在特定历史时期，因特殊的政治环境，生产经营受到重大影响。片面追求产量而忽视质量，生产经营处于非正常状态，造成连年巨额亏损。第二种情况：受宏观经济形势的影响，销售端发生剧烈震荡，销量和价格下滑严重。1989 年国家宏观经济治理整顿、1997 年亚洲金融危机都对茅台的生产经营造成了强烈的冲击。第三种情况：茅台酒较常出现在公务消费等特殊场合，因而受政策因素的影响较大。历次廉政措施的颁布、狠刹吃喝风规定的出台，茅台酒都首当其冲。

第一种情况已不复存在，特殊的政治环境影响企业生产经营的历史已一去不复返；第二种情况应属正常，市场经济条件下，经济周期性波动是必然的，企业必须适应这种市场波动，并建立长效机制予以应对；第三种情况颇具特色，解决的办法仍然是走向开放的市场，大幅降低政策性消费在销售中的比重，把政策性波动对企业带来的影响降至最低。

一、变局之下

每一次面临艰难时刻，茅台酒厂都将其视作一次转型的机会。针对不同时期的不同情况，茅台人每每发力于危难之际，在危机中展开救赎，在艰难中迈出市场开拓的步伐。

在经历了连年的亏损之后，茅台酒厂迎来了一次绝佳的转型时机。十年动乱结束了，改革开放的大幕已经拉开，这一时期的茅台酒厂虽然因其特殊的地位在白酒行业乃至政治、经济领域都有着很大的名气，但职工收入低，福利待遇差，尚有不少职工住在漏雨的、油毛毡盖顶的房子里。全厂上下因连年的亏损和低水平的收入待遇而人心涣散，劳动纪律松弛，服务质量下降，职工思想混乱。厂房破旧拥挤，生产设施简陋，管理原始落后，生产环境脏乱，茅台酒生产受到严重威胁，欠产、减产现象经常出现。随着市场经济的兴起，茅台镇以及赤水河畔一下子冒出近百家酒厂，这些新冒出来的酒厂以高薪为诱惑，挖走了茅台酒厂约四分之一的酿酒师，外出兼职的茅台酿酒师更是远远超过这个数字。

为了扭转这一局面，茅台酒厂的第一个动作就是尽快提振全体员工的士气。茅台酒厂适时提出"爱我茅台、为国争光"的口号，激发全体员工为茅台工作的荣誉感和自豪感。与此同时，制定了"一品为主多品开发，一业为主多种经营，一厂多制全面发展"的企业战略，确定"永保一流产品，争创一流管理，实现一流效益，建设一流风貌"的发展目标，号召全厂上下坚持"质量是本，营销是根"的经营思路，发扬"自出难题，自找麻烦，自讨苦吃，自加压力"的"四自"精神。

第二个动作就是突破茅台酒长期以来的高度计划和专卖体制，争取部分产品的自主经营权。茅台酒厂的改革方案是：在完成国家下达的计划任务后，剩余的部分产品由茅台酒厂自主经营，直接进入市场，换取后续发展所需的资金。该方案通过到茅台视察工作的中央领导上报到国务院的有关部门，并在得到批准后顺利执行。茅台酒厂迈出了走向市场的第一步，获得了企业滚动发展急需的资金，为后来的增产扩建打下了坚实的基础。

第三个动作就是技术革新。茅台酒的酿造一直坚守传统工艺，但传统工艺与先进生产技术的应用并不冲突。为迅速改变当时落后的生产手段，在不破坏传统工艺、不影响基酒质量的前提下，茅台酒厂加大了技术革新力度。这一时期取得良好效果的重大技术改造包括：一是自主设计并制造安装工字梁行车，用抓斗起窖、起甑、下窖，抛弃人工背糟的原始办法，减轻工人的劳动强度；二是全面推行已经试验成功的蒸汽烤酒，放弃背煤烧天锅烤酒的落后办法；三是经过反复试验和分析论证，推行产量高、质量好的条石窖池，弃用泥巴窖和碎石窖。

第四个动作就是在营销上下功夫。一是改进茅台酒的成品包装，改木板装箱为纸箱，改皮纸缠包为彩盒装；二是研制开发珍品茅台酒、汉帝茅台酒，以及30年、50年、80年的年份茅台酒，丰富产品种类，以满足不同层次消费者的需要；三是积极创造条件提高茅台酒厂的行政级别，借以提升企业形象；四是推进茅台酒厂的改制，积极组建中国贵州茅台酒厂集团和上市公司，募集大量资金，为跨越式发展打下坚实的基础。

这一时期的功臣是人称"茅台二良"之一的邹开良。他对茅台这一时期的转型做出了巨大的贡献：一举扭转茅台酒厂连续十多年的亏损，开启了茅台酒厂实现盈利的历史；为茅台酒厂争取到了在当时十分珍贵的自主经营权，带领茅台人迈出了走向市场的第一步，积累了茅台酒厂的后续发展资金；通过技术改造提高茅台酒厂的劳动生产率，减轻了职工劳动强度，提高了职工生活水平，改变了厂区环境面貌，为茅台酒厂后来的腾飞搭建了良好的平台；推进建设国酒文化城，为茅台酒增添了丰富的文化内涵。

到了1998年白酒行业遭遇前所未有的冲击和挑战、茅台酒也出现严重滞销的时候，茅台酒厂的应对就显得从容得多。经过市场洗礼的茅台人这时对市场经济已经有了较为直接的了解，对自己的产品在市场上的地位也有深刻的认知，同时也掌握了市场经营的方法与技巧，参与市场竞争的能力得到明显加强，从而为在这次白酒行业遭遇"寒流"后迅速打开市场新局面创造了有利条件。

此时的茅台酒厂已发展为茅台集团。集团公司在变局之下审时度势，组织精干班子进行营销策划，打出一整套营销"组合拳"。

"组合拳"之一就是营销策划从传播茅台文化着手，从讲茅台故事开始。茅台有着百余年的荣耀史，文化底蕴深厚，沉淀下来了许多传奇。跟其他企业相比，茅台最不缺乏的就是故事。于是，茅台故事被编成各种手册，《茅台故事365天》《神秘茅台13问》《国酒茅台史画：国酒与共和国的世纪情》《老外交官话茅台：国酒茅台誉满全球》等相继问世，突出宣传茅台酒的悠久历史、工艺特点和文化品位。巴拿马万国博览会上怒摔茅台酒、红军长征四渡赤水在茅台镇畅饮茅台酒、开国大典宴会上被指定为专用酒、开国总理以及许多领导人平生只喝茅台酒等早已存在的故事都在这一时期得到广泛传播，十分有效地带动了茅台酒的营销。

"组合拳"之二就是营销渠道和队伍的建设。白酒销售过程中，销售人员支撑着整个销售市场的发展，起着决定性的作用。茅台酒因其先天的尊贵地位，素来就有"皇帝的女儿不愁嫁"的心理优势，因而在营销队伍和营销渠道的建设上一直弱于同行。这一次茅台人面临销售颓势，下定决心选聘精兵强将组建营销队伍，一大批有学识、有能力、有想法、有闯劲的销售人员进入茅台酒的营销队伍。很快，"生产商—经销商—零售商—消费者"的传统分销渠道在全国各地建立起来。营销队伍的壮大，逐渐扩大了茅台酒的销量，拓宽了茅台酒的市场空间。

很多人都认为，茅台酒的经销商一定是赚大钱的。事实上，经销商不但要在茅台酒销售低谷时承受巨大的资金压力，还要在价格直线下滑时承担巨额的亏损。1997年进入茅台酒经销商队伍的周莉，在成为辽宁省大连地区经销商时，正值茅台酒的新一轮市场危机，价格回落，酒卖不出去，连续几年都不能赢利。沧海横流，方显英雄本色。年轻的周莉通过品鉴会、商场展销、大客户联谊会等多种方式努力开拓销售渠道，直至2004年才取得较大突破。10 年之后的 2008 年，与主要竞争对手五粮液 1 比 50 的销量差距终于变成了 1 比 1。

"组合拳"之三就是围绕市场采取切实可行的营销手段：根据消费者需要和市场需求，生产适应不同消费层次的品种；合理安排生产和包装计划，认真履行销售合同；推出不同年份的陈年茅台酒；特制 1997 瓶香港回归纪念版茅台酒在香港拍卖……

"组合拳"之四就是加强打假力度，建立打假激励机制。茅台酒价格昂贵、利润丰厚，一向为造假制假者所垂涎。市面上茅台假酒之多，虽然没有传言中"90%的茅台都是假的"那么夸张，但用山寨横行、泛滥成灾来形容一点都不为过。假酒泛滥极大地损伤了茅台酒的声誉，因此，加大力度打击假冒茅台酒，既是茅台酒厂义不容辞的责任，也是提升茅台形象、促进茅台酒销售的重要手段。为此，茅台酒厂设立专职"打假办"（现称法律知保处）在全国各地剿灭假茅台酒，仅 1997 年就查获假冒茅台酒 2200 件，有力地维护了茅台酒的形象。

这一时期茅台酒厂最大的功臣是"茅台二良"中的另一位——季克良。1998 年 5 月，在茅台酒处境艰难的时期，季克良临危受命，出任茅台集团党委书记、董事长、总工程师。此时，距他大学毕业进入茅台工作已经 35 年。在他的任期内，茅台酒厂取得了两项足以载入茅台史册的成就：一是 2001 年 8 月茅台集团挂牌上交所，并在之后成为中国 A 股市场为数不多的"百元股"之一，而后更上一层楼，跃升并长期雄踞"A 股第一股"；二是 2003 年茅台酒产量首次突破一万吨，实现了 45 年前毛泽东主席和周恩来总理的愿望。

季克良在白酒行业是"大师中的大师"，在茅台酒厂则是"品质之王"，他对茅台酒品质的追求近乎偏执。他自称在茅台酒厂工作的 48 年时间里喝下了两吨茅台酒。当然不是他好酒，事实上他在进入茅台酒厂工作之前滴酒不沾，工作期间喝下去这么多酒，完全是出于质量把控的需要，出于品评的需要。季克良以其深厚的理论素养，加上喝下去的这两吨酒，开创了茅台酒的"品质时代"：以科学方法总结提炼茅台酒高温堆积、高温发酵等十大独特工艺，并据此制订标准化工艺流程，使茅台酒在1995年之后实现了质量和产量恒久如一；提出茅台酒是集天地之灵气的产物，因其独特的酿造原理所决定，离开茅台镇的地理环境、微生物群、赤水河水等独特条件，就酿不出茅台酒；积30余年之功力，研究了茅台酒中饱含有利于人体健康的多种因子，论述了神秘茅台酒与人体健康的多种关系，宣称适量饮用茅台酒有利于身体健康；剖析茅台酒中近千种香气、香味物质，为世界蒸馏酒之最，为中国白酒赢得了美誉。

与此同时，茅台抛弃"酒好不怕巷子深"的传统理念，花大力气开展营销渠道的建设，加大品牌提升的力度，在处境艰难的时候硬是趟开了一条"血路"，把茅台的销售业绩带到了一个新的历史高度。

虽然在经历了多次市场危机后，茅台人树立了一定的市场意识，但1998年国内市场的风云突变，还是从更深层次触动了茅台人的思想观念，从而极大地推进了茅台迈进市场经济的步伐。为进一步完善营销网络，茅台终于成立了销售总公司直接面对市场，开始大手笔建设茅台的营销网络。在坚持以市场为中心、加强营销网络建设、促进终端消费方面，茅台的认识一直十分清醒，提出要把最好的经销商、最好的营销网络嫁接到茅台，为销售茅台酒及其系列产品服务。首先，茅台高层几乎跑遍了中国的所有省份，亲自指导、督查茅台销售片区和茅台专卖店的设立，在全国300多个地级市、2800多个县级市建立起"中心配送站—经销商—专卖店（柜）"的营销网络。其次，要求销售部门：一要瞄准知名商场、知名超市建好专柜（店）；二要瞄准知名酒店、知名宾馆抓好促销、直销和终端消费；三要巩固原有老客户，寻找对销售茅台酒及其系列产品有感情、有责任心、有长期合作意识、有经营能力、有经济实力、有营销网络、有信用的经销商。再次，对全国范围内的经销商进行清理整顿，对长期经营不善、形象较差、经营侵犯茅台酒知识产权产品的专卖店和专柜进行清理取缔，使销售网络更加纯洁。然后，为适应网络信息化为主导的电子商务，专卖店必须严格按要求实行店面装修、设计、服务、话术、服装、品牌标识、商品陈列、销售价格的"八个统一"。最后，在销售环节上，不遗余力地打击造假制假，对假冒茅台釜底抽薪，有效维护茅台酒的品牌形象。

营销网络建设之外，茅台在推进品牌建设方面实施了三项影响深远的举措：一是大力传播茅台酒的"国酒"概念，全力谋划"国酒茅台"的工商注册，确立了茅台在消费者心目中的"国酒"地位；二是从战略的高度，提出绿色茅台、人文茅台、科技茅台的发展理念，融茅台酒的传统工艺、文化底蕴和时代特征等诸多内涵于一体，向消费者展示了茅台持续快速健康发展的未来；三是提出"九个营销"战略，即通过工程营销、文化营销、服务营销、网络营销、感情营销、个性营销、诚信营销、事件营销、智慧营销，把茅台的营销变成"赢销"。

当2013年白酒行业暴风雨袭来时，茅台显示出临危不惧的大公司风范。在茅台管理层看来，当内需减小已成定局，限制公务消费常态化，酒企的转型就成了必然，尤其是生产高端白酒的企业。从这一点看，白酒行业借这次机会进入深度调整并不是一件坏事，反而有利于产品结构、营销方式、发展模式的加速转型升级，是促进行业健康发展的一个重要契机。

正是出于这样的认识，茅台集团得以从容应对这场危局。

为应对销量下滑，茅台集团"松绑"经销权，采取"特约经销商"的方式吸引行业新经销商加盟。每年10月底之前打款，30吨为最低起点，出厂价为999元/瓶，就能成为茅台的特约经销商。一年后，可以享受茅台819元/瓶的出厂价。这一市场策略一经推出，立即吸引了大批经销商加入，经销商数量从1300多家发展到2800多家，其中就包括五粮液的最大经销商银基集团。茅台由"以价取胜"转为"以量取胜"，初战告捷。

为应对公务消费下降，茅台集团及时把经营重点转向商务和个人消费。坚持以市场和顾客为中心，让"名酒"回归"民酒"。作为茅台酒业深度转型的创新之举，成立白酒行业首家个性化定制营销公司，围绕个性化定制、企业定制、中外名人定制、区域定制四大方向展开业务，个人消费者可以直接向茅台定制带有特殊图案、标识的个性化产品，让白酒固有的消费品属性得到充分发挥。

受生肖邮票启发，2013年，时任茅台集团党委书记陈敏首次提出"一岁一生肖，一酒一茅台"的概念，积极倡导推出茅台生肖酒。他在一次会议上力推茅台生肖酒时预言，生肖酒每年将给茅台带来一亿元以上的营业收入，引起全场哄堂大笑。然而，从2014年茅台推出马年生肖酒以来，全部推出的五款生肖酒都无一例外地受到市场热捧，一经上市即被抢购一空，每年的营业收入远远超过陈敏当初的预言。在收藏界，生肖酒更是被视若珍品，收藏价格动辄翻倍，较早推出的马年生肖酒、羊年生肖酒、猴年生肖酒更是被炒到每瓶一两万元的高价。

茅台集团积极开拓国际市场，发展海外经销商，数量达到71家。在法国、俄罗斯、美国等地建立5个办事处，推广茅台酒以及中国酒文化，把茅台酒打造成世界蒸馏酒著名品牌。仅凭此项举措，2013年茅台酒在国外的销量就增加了1000吨，创汇接近2亿元。

鉴于茅台酒依然存在价格向下波动、市场库存压力较大的风险，茅台集团在全国建立32家自营公司，建立网上自营商城，与京东、天猫、酒仙网展开合作，进一步加大营销转型的力度。

一系列应对市场变局的娴熟动作，使得茅台集团在行业深度调整的2013年并没有陷入泥淖，虽然销售额及利润总额增速大幅放缓，但销售收入仍然突破400亿元，产量仍保持17.02%的增速，市场转型的巨大成功帮助茅台集团相对平稳地渡过了这一波来势汹汹的危机。

> **寓仁怀，送友人还乡**
>
> 龙体刚
>
> 四载晴烟问酒家，芭蕉亭子醉鲜花。
> 波平赤水鱼无靐，日落丁山鼠有牙。
> 蜀鸟声中归去好，峡猿春半听来赊。
> 杨柳只作樽前雪，依旧风回天一涯。

4. 唯我独醒

悠久的中国历史孕育了无数个具有民族特色的名牌产品，"百年老店""中华老字号"几乎随处可见。然而，历史的变迁和工业化的大潮使很多传统名牌产品黯然失色，甚至逐渐消亡。太多的"百年老店""中华老字号"在经历了花样年华之后，或仅存其表，或徒具虚名，或"泯然众人矣"。一些曾经风光无限的民族品牌，其兴也勃，其亡也忽，或被外资狙击而灰飞烟灭，或因经营不善而破产重组。尤其是近几十年来经济大潮的剧烈波动，残酷的优胜劣汰让很多企业随波逐流，激烈的竞争也导致很多商家难以自控，让一个又一个的民族品牌失去了自我，迷失了方向，并最终从消费者的视野中消失。

创建于20世纪50年代的"凤凰"牌自行车，曾经是国内自行车累计产销量第一、长期雄踞行业榜首的民族品牌，在全国同类产品质量评比中曾连续8次荣获第一名，获奖无数。20世纪60至80年代的中国，"凤凰"牌自行车是一种很紧俏的商品，售价很高却一车难求。俊男靓女们骑着一辆辆"凤凰"牌自行车，穿行于大街小巷，相当的"前卫"，胜似今天的人们开奔驰、宝马牌的车。"凤凰"被人们视为吉祥和高贵的象征，姑娘的嫁妆中如果有一辆"凤凰"牌自行车，那是一件十分有面子的事情。直至20世纪90年代初，大陆出口的自行车中三分之一都是产自上海凤凰自行车有限公司（简称凤凰）。大约在1986年前后，凤凰开始扩张经营，而且扩张经营后的一段时间内也形势大好。进入20世纪90年代，中国的自行车零部件生产厂及整车厂数量猛增，自行车很快从卖方市场转变为买方市场，行业进入饱和期。面对变局，凤凰并没有在增强自身竞争力方面下功夫，而是逐步收回品牌的使用权，试图逃离在产量上与同行的竞争。然而，经过多年的联营，不少小型制造商已经具备了与凤凰相当的生产能力，因而完全有实力在脱离凤凰之后建立自己的品牌，与凤凰展开激烈的竞争。与此同时，台资和外资自行车公司抓住这种混乱局面，快速打入大陆市场。进入新世纪，公司决策者在探索电动自行车、运动型自行车的生产上裹足不前，新产品的开拓不尽如人意，传统市场又面临蚕食，曾经有望一飞冲天的"凤凰"最终折翼，归于沉沦，至今仍然只能浴火中期待涅槃。

具有骄人历史的"英雄"牌钢笔，曾经是中国民族品牌的形象代表。当年一部《英雄赶派克》的电影，让中国的千万观众热血澎湃。鼎盛时期的"英雄"占据国内钢笔市场50%的份额，身价亿万。拳头产品"英雄100"钢笔，曾经在全球畅销几十年，经久不衰。直到20世纪90年代，这家有数十年历史的企业，还保持着产品制作技术的高水准、工艺上的高格调和销售的高附加值。1996年的半年财报显示，英雄钢笔当时的总资产7.03亿元，净资产高达3.72亿元。16年过后的2012年，其总资产和净资产分别萎缩至原来的1/30和1/150。公司员工流失严重，由最高时的千余人下降至不足150人。产量急速下滑，由高峰时期的每月200万支下降至不到14万支。最终，这家创业80年多年的老品牌，以250万元的"贱价"，将其49%的股份转让给了长期以来的竞争对手、美国老牌企业派克钢笔。英雄钢笔的衰败有时代变迁、科技发展等客观因素，电子产品和中性笔的普及使钢笔市场的需求越来越弱是不争的事实，但这并非根本性的原因。体制、创新、经营管理等方面的不足才是英雄钢笔衰败的主因。一个明显的反证就是，在英雄钢笔"败走麦城"时，数千元一支的美国派克钢笔、德国万宝龙钢笔在中国市场大热，销量不断增长。

在酒水饮料行业，类似的案例也不在少数。诞生于1984年的碳酸饮料"健力宝"甫一问世，即在当年举办的洛杉矶奥运会上一炮打响，"中国魔水"迅速走红。10年后，产品销售额超过18亿元，名列全国酒水饮料行业首位。2004年，在"中国500最具价值品牌"排行榜中，健力宝品牌以102.15亿元的价值排行第43位，列饮料业第一名。在当时，"健力宝"被认为是最有可能与国际饮料巨头可口可乐、百事可乐、达能拉开架式一竞高下的中国饮料品牌。然而，就在健力宝如日中天的时候，公司爆发归属权之争，创始人李经纬遭免职并被捕入狱，公司几经转手，仍然不能恢复到正常的生产经营状态，在饮料行业竞争趋向白热化的情势下，"健力宝"的市场份额越来越少，最终被彻底边缘化。

最让人警醒的是秦池酒厂。位于山东省临朐县的秦池酒厂一度名不见经传，在成千上万家遍布中国各地的酿酒企业中毫不起眼。但这家实力平平的酒企在1995年年底以6666万元的价格夺得中央电视台黄金时段广告"标王"后，一夜成名，身价倍增。中标后的一个多月时间里，秦池酒厂就签订了销售合同4亿元；两个月的销售收入就达2.18亿元，实现利税6800万元，相当于秦池酒厂建厂以来前55年的总和；1996年6月底的订货就已排到年底，全年的销售额由上年的7500万元跃升到9.5亿元。广告的轰动效应让秦池酒厂如醉如痴，对外宣称"每天向中央电视台开进一辆普通桑塔纳，开出一辆豪华奥迪"。1996年年底，秦池酒厂毫不犹豫地以3.2亿元的天价，再次拿下中央电视台黄金时间段的广告"标王"，试图"开进一辆奔驰，开出一辆加长林肯"。然而，原酒生产能力只有3000吨/年的秦池酒厂根本满足不了如雪片般飞来的订单，扩大生产规模又不能产生立竿见影的效果，因而只有剑走偏锋，与周边地区的酒厂联营，甚至从川藏公路两侧的小酒厂大量收购散装酒经勾兑后出售。如此一来，产品质量就很难保证。1997年亚洲金融危机降临，白酒市场风云突变，秦池酒厂在消费者的一片质疑声中轰然倒下。

与这些企业的兴衰相比，茅台虽然也经历过不少波折，但总能在风雨之后再现彩虹。无论是扭曲岁月的磨砺，还是经济燥热的冲击，茅台都能一直保持清醒的头脑，维持自身高贵的品格。

茅台酒属酱香型白酒。酱香酒在白酒市场所占份额较小，大约为全国白酒产量的5%、产值的15%，创造利润近28%。茅台酒因受生产地域的限制，产量有限，因而在酱香酒中所占的比例更是少之又少，加上茅台酒必须储足5年后才灌装上市，所以不可能在数量上取得对同行的竞争优势。对此，茅台酒厂无论在什么时候都保持着清醒的认识，从来都不与其他酒企在产量上一争高低。即使在20世纪六七十年代，茅台酒厂的正常生产秩序受到了冲击，生产设施也进行了改进和扩建，但始终警惕产量上升、质量下降的矛盾，把茅台酒的质量看成是一切工作的第一标准，坚持老操作、老设备、老工艺，严格质量检测，把保证质量作为企业经营的重要前提。当质量与数量发生矛盾时，坚持数量服从质量，产量提升从实际出发。所以在这一时期，茅台酒质量没有明显的下降，基本保持了1957年的水平。

除了几次销售低谷外，茅台酒因其在酒业独特的尊贵地位，其产量总是远远满足不了市场的需求。1978年以前，茅台酒厂的产量一直在千吨以内，改革开放以后产量增长较快，自1978年突破1000吨到1992年的2089吨，增长95.56%，但由于茅台酒生产工艺的独特要求，陈酿五年以上经检验合格才能出厂销售，1992年茅台酒的销售量只有1438吨，较1978年的市场销售量增长131.93%。随着茅台酒在国内外市场上声誉的扩大和人民生活水平的不断提高，对茅台酒的需求量大增，需求与供给严重不平衡。尽管茅台酒的售价不断上扬，从1979年市场零售价每瓶不过十几元，到1989年7月上涨到185元，省外一些市场甚至高达300～500元/瓶，再到2011—2012年的终端零售价突破2000元/瓶，2017年上半年市场价格再一次上扬至1500元/瓶左右，仍难以抑制不断膨胀的市场需求。在茅台酒厂成品库的记录上，除1989年、2013年等少量时期外，大部分成品都只在库房存放几天就销售一空，销售旺季时基本上没有存储的时间，刚下包装线的成品酒很快就被装车运走，许多客户等待十天半月也提不到货。即使旺盛的市场需求与严重不足的供给间有着如此明显的矛盾，茅台酒依然一如既往地严守产品质量的红线，坚持不搞产量大跃进，坚持不卖新酒。

成为经典并不是一件容易的事情。经典从来就不是以量取胜，这正是茅台不同于一些其他企业的清醒之处。当对品质的追求达到一定境界，茅台酒就有足够的底蕴和足够的自信彰显自己尊贵的形象。

从2012年年末开始，酒水饮料行业在生存环境发生巨大变化的情势下，产生了两个最火热的话题：一是所谓的行业整合。白酒行业试图通过行业整合形成规模效应，一些知名酒企业开始收购地方酒企，掀起白酒业整合大潮。二是所谓的模式创新。白酒行业为解决消费断层问题，试图通过模式创新吸引新的消费群体，一批新兴的白酒品牌通过时尚化、电商化等方式迅速做大，大赚眼球。一个企业在应对大环境变化时，整合行业或建造新的商业模式当然是必要的，但茅台人在这一点上没有跟风冒进，而是始终保持清醒的头脑，根据自身的实际情况，保持自己的经营特色，坚持既定的发展方向。

以营销为例，茅台建立的"生产商—各地经销商—零售商—消费者"的分销渠道方式相对比较传统。这种传统的分销方式非常便于销售铺货，但同时也导致了各个环节的价格加成。茅台酒因为产量受限，大多数时候供不应求，终端市场的旺盛需求容易诱使经销商加价。茅台酒为培养经销商的忠诚度和凝聚力，曾经对经销商做过"不加价"的承诺。所以从理论上来说，不管终端价格如何高企，作为生产商的茅台，是无法从价格上涨中获取超额利润的，反而还要承受产品高价带来的各方指责，也包括来自官方价格部门的警告和处罚。

如何解决这一问题？茅台于2015年推出了两项重要的举措：一是建立网上销售渠道，二是在全国建设100家直营店。即在原有经销商批发渠道之外，增加"茅台—直营店—消费者"和"茅台—网上销售—消费者"两条销售渠道。但新矛盾随之产生。首先，直营店方式直接介入市场，冲击了旧有的分销渠道，损害了经销商的利润来源，引起了经销商的不满。其次，自营销售渠道需要付出更多的资源和成本，库存、物流、经营管理等费用增加了营销开支。最后，对于线上销售渠道，消费者并不买账，因为怕买到假货。

有没有更好的解决办法？应该说是有的。但茅台在这一问题上保持了足够的清醒，在渠道建设创新上十分谨慎。对于合作多年的经销商，茅台一直视之为宝贵的资产。茅台酒是高端酒，消费群体相对固定，这是茅台不同于其他酒企的特征，因而既有销售网络和销售商的人脉关系在终端销售的作用不可替代。茅台并不想因渠道重建失去合作多年的经销商，更不愿看到因渠道更新给竞争对手制造机会，影响自身品牌的发展。

另一个让茅台对营销创新持谨慎态度的原因来自于消费者的"假酒心理"。茅台酒高额的利润导致终端市场假冒伪劣产品丛生，"市面上的茅台酒大多是假酒"的传言也一直没有间断。尽管茅台酒价格高昂，但逢年过节亲戚朋友相聚时买上一两瓶茅台酒，很多人还是可以承受的。对于消费者来说，最担心的事情不是价格太高，而是买到假酒。尽管茅台出于维护品牌和消费者利益的需要，在打击假茅台酒方面一直不遗余力，但数量数倍于茅台酒的假冒茅台酒始终在市场上游荡，从来就没有消失过。因此，消费者在购买茅台酒时对渠道来源十分看重。如此一来，传统的销售渠道更容易获得消费者的信任，因而有着新增渠道难以比拟的优势。

这就是茅台酒的独特之处，不盲从、不跟风、不冒进、不自乱阵脚，充满"众人皆醉我独醒"的自信。正是因为有了这种自信，才有了"总是被模仿、从未被超越"的事实。

> **茅台村**
> 陈熙晋
>
> 村店人声沸，茅台一宿过。
> 家唯储酒卖，船只载盐多。
> 蠢蠢青杠树，潺潺赤水流。
> 明朝具舟楫，孤梦已烟波。

5. 走出河谷

经过 2013—2014 两年的调整期，茅台不但安然渡过了白酒行业的大动荡，而且在整个白酒行业业绩剧烈下滑的大环境下，实现了逆势上扬，交出了一份漂亮的成绩单。

茅台集团 2015 年实现了利润、市值双超国际酒业巨头保乐力加的目标。总部设在法国的保乐力加集团是全球顶尖的酒类生产商与销售商，具有 200 余年的历史，目前在全球拥有 72 家生产企业，12250 名员工。作为世界上最为强势的酒业巨子，保乐力加一直以来都是酒业的标杆，为全世界的酒企所仰慕。茅台集团利润和市值双超酒业巨头保乐力加，为企业长了脸，为中国品牌争了光！

这一年茅台集团的业绩，在国内白酒行业更是可以用熠熠生辉来形容。茅台集团的营业收入仅占全国白酒行业总营收的 6%，但利润占 31%，上缴税金占 27%，资产总额占 18%。在经济并不发达的贵州省，茅台集团以 400 多亿元的营业收入为贵州省 GDP 超万亿的目标做出了重大贡献，上缴利税占全省公共财政预算收入的 11%。2015 年，茅台集团的营业收入占贵州省国资委监管的全部企业的15%，工业增加值占48%，利润占比更是高达88%。茅台集团在贵州省国资委监管企业中的"一哥"地位稳如磐石。

这一时期，中国经济进入新常态，坚守和创新，成为适应和引领经济发展新常态的重要力量。在这一大背景下，茅台集团保持着持续稳定的活跃用户、业绩增长和盈利预期，成为新常态下的经济领域的榜样力量，奏响了新常态下经济发展最强音。也在这一年，茅台的功勋人物季克良荣获中国食品工业协会颁发的"中国白酒历史杰出贡献人物"称号，茅台酒同时荣获"中国白酒历史标志性产品"。

鉴于茅台集团在贵州省经济发展中举足轻重的地位，贵州省委历任主要领导均对茅台集团寄予了极高的期望。

前任省委书记栗战书高瞻远瞩，提出"一看三打造"的战略愿景：即未来十年中国白酒看贵州，贵州白酒看茅台；把茅台酒打造成"世界蒸馏酒第一品牌"，把茅台镇打造成"中国国酒之心"，把仁怀市打造成"中国国酒文化之都"。茅台酒厂还是要以酒为主，以酱香型酒为主，同时利用融资能力开辟与酒相关的一系列产业，形成一个以酒为主，多面发展的企业集团。

继任省委书记赵克志在2013年全国白酒行业全线下行的关键时期，对茅台集团做出了"三个转型，五个转变"的全盘部署，即在发展思路、营销战略、管理模式等三个方面努力转型，尽快实现由公务消费向商务消费、由高端客户向普通客户、由专营专卖向直营直销、由国内市场向国内国际市场并重、由被动营销向主动营销等五个方面的转变。

刚刚由贵州省委书记升任重庆市委书记的陈敏尔殷切地希望茅台集团在继承创新中做好酒的文章，走出酒的天地，继续坚持既定的战略定位和思路，挖掘茅台酒的文化内涵和历史积淀，形成独特的工业旅游资源，使茅台成为贵州第一、全国一流、世界知名的茅台酒文化旅游圣地。

鞭策之下，茅台人的斗志一再被激发。2016年，茅台集团更上一层楼，实现销售收入508亿元，利润256亿元，上缴税金188亿元；茅台酒的销量是2001年的5.5倍，系列酒的销售量是2001年的16倍。

根据公开发布的财报，2017年茅台实现营业收入764亿元，相较于去年同比增长达50.5%。全年的基酒产量达42771吨，完成年计划的130.9%，一举改变了产量徘徊不前的局面，为市场需求的持续升温提升了供给能力。茅台的股票价格也持续上涨，2016年以来上涨111.59%，2017年已连续数月位居全球烈性酒企业第一。种种信号显示，茅台集团各项核心财务指标增势强劲，再次印证了此前公众对于茅台集团整体进入良性增长通道的预判，并向打造具有全球影响力的知名酒企的目标迈出了关键的一大步。

有了优良业绩的激励，茅台人自信满满地提出了下一步的发展目标。2018年实现销售收入900亿，茅台与系列酒实现销售量共12.75万吨（1∶1投放），茅台酒基酒产量46100吨，利润400亿元以上，税收300亿，定制酒和出口量分别占到总销量的10%。到"十三五"规划收官的2020年，实现白酒产量14万吨，其中茅台酒基酒产量5万吨，整体营业收入达到千亿元级，综合效益稳居白酒行业第一，同时在集团内部培育2~3家上市公司，进一步巩固和提升世界蒸馏酒第一品牌的地位，把茅台集团打造成多元化的投资控股集团。

多年的辛勤耕耘，至此水到渠成。茅台集团在2013年的危机中，不但再一次经受住了考验，顺利度过了短暂的危机，而且积多年修炼之功力，勇敢面对市场，化危为机，完成了从传统渠道向市场化的华丽转身，大跨步地走出深深的河谷。

诚然，直到今天，茅台集团还不能算是一个超大型企业。如果以从业人员数、营业收入、资产总额等常规数据衡量，茅台集团与那些航空母舰式的巨型企业相比，并不起眼。

近年来，中国的一些企业在做大做强的口号鼓舞下，四面出击，兼收并购，很快就产生了一批貌似可以与国际工商巨头比肩而立的巨型企业。2017年7月20日《财富》杂志发布的世界企业500强榜单中，中国上榜企业达到了115家，前10名中有三家中国企业，进入前50名的中国企业有12家。这些进入世界500强的中国企业，即使排位最靠后的，年营业收入也在1500亿元左右，是茅台的三倍之多。然而，进一步的分析不难发现，《财富》杂志发布的世界500强榜单是按销售收入排名的，号称500强，实际上只是500大。中国的上榜企业平均总资产收益率仅为1.65%，还有10家中国上榜企业的盈利为负，这显然与世界500强这一身份极为不符。

一个好的企业，其界定标准不应该只是销售收入，更重要的应该是盈利能力。如果以盈利能力衡量，茅台集团则胜过所有上榜世界"500强"的中国企业。茅台集团的毛利率最近五年一直维持在90%以上，远高于白酒行业的平均毛利率66%。2016年茅台集团的净利润率高达45%，在中国的上市公司中稳坐头把交椅，在全球也名列前茅。

以资源和实力而论，茅台集团并非不能迅速做大。但企业规模越大是否竞争力就越强，恐怕还是一个值得深入讨论的问题。规模效应在很多时候确实能增强企业的竞争力，但只是构成竞争力优势的要素之一。除此之外，竞争力要素还包括技术能力、营销能力、商业模式、品牌运作、资源优势等。更重要的是，一个企业是否做大规模，要根据企业的产品特点、细分市场等实际情况做出判断，而不是一概而论地为扩大规模而扩大规模。很多时候，控制规模本身就是企业的一种战略。

日本有一家叫作树研工业株式会社的企业，1998年成功研制出一种10万分之1克的齿轮，获得业界如潮好评。四年后，该公司又推出100万分之1克的齿轮，震惊全日本乃至全世界。目前这家公司开发的粉末齿轮占全球超小齿轮市场70%以上的份额。但这家公司是典型的"小公司"，其营业收入和资产总额与那些赫赫有名的世界500强大公司相比，根本不值一提。该公司创始人松浦元男写了一本名叫《小，我是故意的》的书，详细介绍了自身的经营管理之道，向人们展示了这样一种理念：世界上存在可以进行的竞争和不可以进行的竞争，有些企业不应该在价格、规模、品种上与其他企业争胜负，而应重视技术、品质和财务。

西方企业界近三十年来一直在关注那些与现代管理教条格格不入的"隐形冠军"企业。这些"隐形冠军"企业都有一个极其明确的目标，如要在某个领域成为全世界最优秀的一员，要么在特定的细分市场占据最高的市场份额，要么在技术和服务方面做到最出色，或者做市场的精神领袖，市场的游戏规则由我们说了算，等等。这些"隐形冠军"企业大多专注偏执于自己经营的领域。面对全球化的竞争压力，面对日益个性化的消费者群体，企业惟有通过自己能提供的最好的产品才有可能鹤立鸡群，赢得客户，这就需要极大的专注，近于偏执的专注。"隐形冠军"企业克服了多元化的诱惑，非常注意限制企业的业务范围，把自己的市场界定得足够小，力图在一个具体的产品或业务上形成绝对的竞争优势，而在商业活动的地域分布方面，则选择了宽广、博大的视野。

茅台集团当然不同于树研工业株式会社小到寂寂无名，也不同于那些"隐形冠军"企业的营业收入那么低，但在不以规模、数量竞争取胜方面，却又与他们十分相似。作为一家高端白酒的酿造公司，竞争优势无疑不是企业规模，也不是营业收入，而是夺取市场领导地位。对于茅台集团而言，市场领导地位的含义完全超出了市场份额的量化概念，而是包括企业实力、产品品质、技术创新、品牌力量、市场影响力等方面在内的综合性优势。

如果以经济贡献和社会责任来衡量，茅台集团早就走出了其产地那条深深的河谷，是名副其实的大公司。

"贵州茅台"股票长期占据 A 股第一高价股宝座。2018 年 1 月 15 日，茅台股价再度刷新历史纪录，报收 799.06 元，逼近 800 元关口，总市值突破万亿大关。自 2008 年 2 月茅台登上 A 股第一高价股至今，十年间 A 股第一高价之位易主 15 次，唯有茅台表现最为稳定。虽然曾经数度让出"股王"之宝座，但又多次夺回，并且从 2015 年 5 月至今，一直雄踞"第一高价股"之位，傲视 A 股群雄。久而久之，A 股"茅台魔咒"的说法不胫而走，即任何股价超过茅台的个股要么除息除权主动降价，要么被市场看衰致其股价走跌，难以再现高光时刻。

A股"股王"的背后是全球市值最高的酒厂，超过全球烈酒老牌冠军帝亚吉欧。来自英国的帝亚吉欧是全球领先的高档酒业集团，业务区域遍及全球180多个国家和地区，旗下拥有横跨蒸馏酒、葡萄酒和啤酒等类别的一系列顶级品牌，是分别在纽约和伦敦证券交易所上市的世界500强公司。在过去一年间，茅台股价暴涨超60%，接近帝亚吉欧涨幅的3倍，后者股价年度涨幅仅为22.59%。

多年来，茅台集团向国家上缴的利税一直维持在较高水平。根据公开披露的数据统计，1998年以来茅台集团上缴的利税总额超过1000亿元，而实际支付的各项利税费总额必然超过这一数字。在贵州，茅台近几年上缴的利税每年都占到全省公共财政收入的11%左右，2016年更是达到了12%，人均创利税达百万元。在业内，自1998年至今的近20年时间里，茅台在利税总额、上缴税金、人均创利税率等指标上都保持着行业第一的位置。

在承担企业社会责任方面，茅台更是表现了大企业的大气度，从而成为中国企业的一座标杆。茅台是行业内唯一连续8年主动面向社会公开发布《企业社会责任报告》的领军企业，荣获"中国工业行业履行社会责任五星级企业"称号。20世纪80年代，茅台开始投入巨资积极引导当地农户种植有机高粱，推进传统农业向特色农业的转变，并长年坚持以远高于市场平均价格的优惠条件收购本地农户种植生产的有机高粱，仅此一项，茅台多支付的购粮款就以数亿元计，带动当地过十万农民走上小康之路。茅台上下游产业链的延伸，更间接带动就业数十万人。作为上市公司的茅台自2001年上市以来的16年间，累计分红已超过430亿元，成为中国资本市场当之无愧的"分红王"。作为企业公民，"十二五"以来，茅台累计投入23亿元用于各种社会公益事业，成为中国企业承担社会责任的重要标杆。为助推地方社会发展，茅台对各类公共事业机构如大学、医院投资总额不下60亿元，对仁怀市和茅台镇旅游基础设施的投入同样一掷千金。茅台今年加速配合"一带一路"布局，既是走向国际市场的行为，也是配合国家战略的大担当之举。茅台集团党委书记、总经理李保芳认为，茅台是大品牌，因而必须有大责任、大担当，必须在关注利润的同时勇于承担社会责任，这不仅是时代赋予茅台的使命，也是中国企业走向世界、不断进步的必然。李保芳认为，新的时代应当赋予企业社会责任以新的内涵，龙头企业、知名企业不能仅仅满足于成为行业的标杆，更重要的是引领行业新风，促进行业整体壮大。作为白酒行业的"龙头老大"，茅台酒厂真正的社会责任是引领白酒行业的共同发展，共同繁荣。

按照茅台集团的"十三五"规划，到 2020 年，茅台的整体收入要达到千亿元。以 2016 年营业收入 508 亿元为起点，计算下来，要达到这一目标，未来五年内必须平均每年增长 100 亿元以上。曾经有人对这一增长目标表示出担忧，认为增长太快，有脱离实际违背生产规律的可能。对此，李保芳发表了"轻松增百亿"的观点，从而打消了人们的忧虑：茅台的营业收入在 2016 年就比上年增长了 92 亿元，在此基础上再逐年增长 100 亿元何难之有？对茅台来说，每年增长百亿元营收，无须投资其他项目，因为投资其他项目要实现上百亿元产值，不仅投资甚巨，冒很大风险，而且回报期长，不论投资什么项目短期内都不可能有茅台酒那么好的回报率，所以只要保证茅台酒的出酒率，把控茅台酒的既有品质，再下好系列酒这盘棋，每年增加一百亿元的营收是不会费太大力气的。更何况，茅台酒的文化当量还没有完全释放出来，只要抓住机遇，全力谋划，打好"文化茅台"这张牌，赋予茅台酒更丰富的文化内涵，就能大幅度提升茅台酒的品牌价值，使之成为茅台增长的新动力。

之溪棹歌（之一）

陈熙晋

茅台西望岭千盘，估客行舟水上难。

怪底寻常行舴子，一篙直到马蹄滩。

二、世间本无茅台酒

6. 源头话"酒"

  酒作为人类古老的发明,算不上神奇,但就其对后世的深远影响而言,完全可以称之为伟大。世界各地都有酒,也有着早于文字记载的酒的传说。古埃及有酒神奥里西斯,古希腊有酒神狄奥尼索斯,古罗马有酒神巴克斯,中国也有黄帝、仪狄、杜康、吴刚等"大神级"的酒的发明者。中国的一些野史类笔记中甚至记载:"黄山多猿猱,春夏采杂花果于石洼中,酝酿成酒,香气溢发,闻数百步。""粤西平乐等府,山中多猿,善采百花酿酒……"

  其实,谁也不知道最初的酒是如何诞生的。所有关于酒的起源的说法都出自猜测和传说。比较合理的画面是:远古时代,人们采集的果实在维持基本生活后有了剩余,储存时果实变质发酵,最终被发现其中能使人产生愉悦感的物质,这就是最原始的酒。史前时代人类的酿酒活动,只是简单地重复大自然的自酿过程。人类有意识的酿酒活动，应该是进入农业文明之后才开始的。人类有了比较充裕的粮食，有了制作精细的陶制器皿，并学会控制发酵，逐渐形成酿酒工艺，酿酒生产才成为可能。

酒的主要成分是酒精，有了酒精就有了酒。酒精的生成过程极其简单：糖或淀粉在酶的作用下即可转化为酒精，加上同时产生的衍生物便可以合成酒。这一过程在自然条件下即可完成，也就是说，最初的酒其实就是含糖物质在酵母菌的作用下自然形成的有机物。自然界本来就存在着大量的含糖野果，在空气、尘埃和果皮上都附有酵母菌，在适当的水分和温度等条件下，酵母菌就有可能使果汁变成酒浆。

全球各地现存的酒品类繁多，但就生产方法而论，无外乎两种：酿造酒（发酵酒）和蒸馏酒。酿造酒是在原料发酵过程即将完成时稍加处理即可饮用的低度酒，如葡萄酒、啤酒、黄酒、清酒等就属于这一类，因酿造工艺相对简单，所以在历史上出现较早。蒸馏酒是在原料发酵完成后再经蒸馏而产生的高度酒，中国白酒、白兰地、威士忌和伏特加等属于这一类，因酿造工艺较为复杂，因而在历史上出现较晚。

无论源自何时，产自何方，酒自问世以来，一直就扮演着"神"和"鬼"的双重角色。有人称之为玉液琼浆，有人称之为穿肠毒药；善饮者或被誉为英雄豪放，或被诬作酒色之徒；三杯下肚，有人神采飞扬、激情燃烧，有人愁眉苦脸、痛不欲生；文人骚客对酒当歌诗兴勃发，贩夫走卒借酒浇愁、发疯撒野；豪杰之士借酒施展才略，可以论英雄、释兵权、成霸业，普罗大众以酒迎来送往，亦可诉衷肠、忘荣辱、齐生死……

中国作为文明古国，自然也有着历史悠久的酿酒文明，但与世界上其他地区一样，中国人的酿酒活动究竟始自何时，谁才是发明酒的始祖，都还是一本糊涂账。黄帝造酒、仪狄"始作酒醪"、杜康"作秫酒"这些流传已久的说法，都缺乏足够的史料资以佐证，以讹传讹的成分较多。至于上天造酒、猿猴造酒等神奇的说法，应该是人们对于自然酿酒机理的一种演绎，更是不足以成为酿酒文明之信史。尽管这些传说不足为信，但并不影响人们利用这些美丽的传说为他们的酿酒事业增添文化内涵和传奇色彩。比如人们就在传说中的杜康造酒之处——河南的伊川县和汝阳县分别建立了颇具规模的杜康酒厂，产品就叫杜康酒。两家杜康酒的产品合在一起，年产量已达数万吨。

有文字记载的"酒史"，大约始自《诗经·七月》，其中"八月剥枣，十月获稻，为此春酒，以介眉寿"的诗句，描述了人们在秋收后用稻谷酿酒的情形。《史记》中也有纣王"以酒为池，悬肉为林"的记载，同时还有关于西域用葡萄酿酒的记述。

无论中国的酿酒历史始自何时，有一点是可以肯定的，至少在元代以前，所谓的"酒"都是发酵酒，酿造工艺简单，技术粗糙，酒的度数较低。正因为度数较低，才有了酒池肉林、张飞日夜饮酒、李白斗酒诗百篇等豪饮传说。换成采用蒸馏技术酿造出来的高度酒，就不会有武松豪饮十八碗还能空手打死老虎的英雄故事了。

中国的蒸馏酒技术究竟起源于何时？现今众说纷纭，东汉、唐、宋、元等若干起源说都能找到一些证据。但纵观史书文献，宋代之前并无蒸馏酒或与蒸馏酒相关的明确文字记载。宋以前的"烧酒"，一般指低温加热处理的谷物发酵酒；"蒸酒"说的也不是蒸馏酒，而是指对酒加热，以便灭菌防腐，长期存放。而元代出现蒸馏酒技术的说法，则既有当时的一些文字记载佐证，也有后世的考古发现加以证明。《本草纲目》记载："烧酒非古法也，自元时创始，其法用浓酒和糟入甑（蒸锅），蒸令气上，用器承滴露。"江西李渡无形堂烧酒作坊遗址，被认为是元朝延续时间较长的酿制蒸馏酒的作坊，保留有元代的酒窖和地缸发酵池。酿酒史学家王赛时认为，蒙古人远征中亚、西亚和欧洲的过程中，将西方的蒸馏酒技法从陆路传入中原，中国才开始有了真正意义上的蒸馏酒。元以后直至明清时期，文学作品中像李白、武松那样的豪饮者记载甚少，从另一个侧面证明中国已经有了蒸馏酒技术。采用中国传统发酵方法获取的酒,度数难以超过 20 度,有些酒量大的人喝掉三五斤当然不是问题。蒸馏技术传入后,利用酒液中不同物质具有不同挥发性的特点,把最易挥发的酒精蒸馏出来,能获得最高浓度约 70% 的酒。酒精度数如此之高,动辄十七八碗的豪饮者自然不复存在。

采用新的方法蒸出来的酒,最初被元代人称为"阿剌吉酒"。这种叫法源于外来词汇的音译,有"出汗、烧酒"的意思。"烧酒"一词作为中国蒸馏酒的主称谓,一直沿用到 20 世纪 40 年代。新中国成立后,统一用"白酒"这一名称代替了以前所使用的"烧酒""高粱酒"等称谓。据传,之所以改称"白酒",一是因为它有着无色透明的液态,二是因为它的酿制与勾调工艺和中国传统绘画中的"白描"有异曲同工之妙:颜色单一、朴素简洁、质感纯正。

虽然蒸馏技术传入后,中国式的"烧酒"已经被酿造出来,但自元代至明代,甚至到清代中期,在中国喝烧酒的人还为数不多。或许,中国人的嘴巴和肠胃一时还接受不了跨度如此之大的酒精度数变化,"烧酒"的市场份额远远赶不上用中国传统方法酿造出来的黄酒。

整个明代,黄酒因其酿造工艺更趋成熟和完美,因而在酿酒行业占据绝对的支配地位。不同地域逐渐形成不同的酿造风格,也成为当时酿酒业的最大特征。南方产酒区和北方产酒区处于长期竞争和对峙状态,这就是中国"酒史"上奇异的"南酒北酒时代"。

北酒产区以京、冀、晋、鲁、豫为代表,地域广大,生产工艺非常传统,号称尊尚古法。北方好饮者多,酒量也相对较大,所以北酒的产量高,消费量也高。沧酒为北酒之冠,自明代起就盛名远扬,"沧酒之著名,尚在绍酒之前"。清代中期,烧酒开始流行,沧酒的知名度仍然很高,在很长的一段时间里,依然是人们互相馈赠的上佳礼物。易酒则得益于易州水质,被形容为"泉清味洌",在明末清初之际名声达到顶峰,京城的坊间酒肆十分流行。人们谈及北酒,时常将易酒、沧酒并列首位。此外,在出产汾酒的山西,黄酒也高度流行,太原、长治和临汾的襄陵,都出产上好的黄酒,襄陵酒还在酒曲中添加药物,非常有个性,当时的知名度一度超过了汾酒。随着时间流逝,北派酿造工艺和遗迹荡然无存,如今的人们早已不知道河北等地还曾经是著名的黄酒产地。

南酒的核心产区在江浙一带,厉行开发新产品、创新新工艺、使用新技术,比如绍兴黄酒的酿造过程就采用了很多不同于传统方法的新技术。南派黄酒的另一个典型特征是有统一的酒谱条例,各家酒坊很快在酿造程序上达成一致,暗合了现代生产管理中所说的流程化、标准化。如此一来,南酒很快形成整体风格,并逐步在北方推广。从清初开始,绍兴黄酒质量大幅度提高,逐步进入全盛时代,绍酒开始分设京庄和广庄,京庄供应京师,货源为绍酒上品,广庄产品则销售远到广东、南洋等地。到了清代中期,南酒打败北酒,成为人们相互馈赠的贵重礼物。除此之外,另一个客观因素也成就了南酒。南酒运往北方,经历寒冷不会变味,而北酒运往南方,碰到酷暑则会变质。南酒中著名的花雕、太雕、女儿红的产地浙江绍兴府一带,水土适合酿造黄酒,酿酒工艺统一,家家户户皆酿酒,大型作坊很多。

直到此时,烧酒的饮用范围还只局限在平民阶层,上流社会的饮酒时尚还是黄酒。黄酒与烧酒的价格差异也很大,"黄酒价贵买论升,白酒价贱买论斗"。在口感上,低度的黄酒很甜,不像烧酒那么辣,可以当作日常饮料,老少皆宜,所以颇受欢迎。在观念上,当时许多人认为,只有出身底层的人,才喜欢那种酒精度数很高的烧酒饮料,以寻求刺激。如此一来,自元代至清代的几百年间,烧酒在中国一直默默无闻,始终无法动摇黄酒的支配地位,更不用说占据优势了。

清代康熙以后,烧酒才越来越多地被人们接受,产量逐年增加,并最终超过黄酒,频繁出现于中国人的餐桌。

烧酒得以流行,不是因为饮酒者的口味发生了变化,而是缘于经济因素的刺激。清代初期黄河治理,中下游"束水冲沙",需要大量秸秆,导致高梁种植面积增加。高粱作为食物口感较差，但蒸馏出来的酒，其品质远高于其他粮食酿造的酒，酒精度数也更高。于是，以高粱为原料酿制烧酒便成为消化这些杂粮最有效的途径。清中期之后，战乱四起，农作物收成受到影响，黄酒的酿造原料黍米和糯米为百姓食用尚且不足，导致黄酒产量骤减。高粱不宜食用，酿酒反而能够为百姓带来额外收入。而且，这一时期社会经济不断衰退，人们的生活水平下降严重，饮用成本较低的烧酒便成为人们的首选。黄酒的酒精度数低，价格高，大量饮用不易醉，饮酒成本很高；烧酒酒精度数高，价格低，易醉，不宜多饮，饮用成本较之黄酒大为降低。最终，人们的饮酒习惯发生了改变，烧酒经过数百年的挣扎，终于战胜黄酒，成为中国人主要的酒精饮料。

烧酒的高度数曾经是中国人抵触它的主要因素。颇为奇特的是，高度烧酒一旦被接纳，便一发而不可收拾。越来越多的人开始追求烧酒带来的强烈刺激，以致酒精度数越高，越被认为是好酒，善饮者更是非高度酒不饮。随着人们对酒精度数的追求，到了后来，烧酒的酿造就演变成酒精度数的竞争。作为清代大诗人同时也是大美食家的袁枚，在其烹饪名著《随园食单》中写道："既吃烧酒，以狠为佳……余谓烧酒者，人中之光棍，县中之酷吏也，打擂台非光棍不可，除盗贼非酷吏不可，驱风寒，消积滞，非烧酒不可。"

烧酒最初的黄金时代到来时，中国的北部地区是烧酒的生产地。北方烧酒又以山西最为兴盛，山西又以汾阳地区的烧坊数量和产量为最多。最早流行的著名烧酒是山西出产的汾酒，当地人称为火酒。"市卖之酒，以汾酒为多"。清代小说《镜花缘》借酒肆粉牌列出的55种清代烧酒中，汾酒排在第一。凡是产酒量较少的地方，需要购买外地烧酒的时候，人们大都会选择汾酒。

当时的烧酒尚无品牌概念。饮酒者上至达官贵人下至平民百姓，对品牌也没什么追求。北方人喝老白干，喝山西人经营的"大酒缸"，喝二锅头；

二、世间本无茅台酒

南方人喝杂粮酒、大曲酒。没有一种烧酒可以行销全国而人人皆知,也没有一种烧酒可以名重天下而难求一饮。有人认为,不必拘于喝什么酒,任何一种酒喝时间长了都是好酒;也有人认为,只要入口没有暴气,两杯入肚能得微醺,就算合格的酒,超过限度追名牌,用大价钱换取入口那一刹那的所谓香醇,并不值得。

直至民国,西南地区的烧酒才"千呼万唤始出来",隆重登上中国酒业历史的舞台。先是贵州茅台于万山丛中一骑杀出,以参展巴拿马万国博览会并获金奖为契机,逐渐为世人所知。泸州大曲、绵竹大曲、全兴大曲等四川大曲酒紧随其后,渐成气候。郎酒、五粮液后来者居上,奋勇跻身名酒之列。抗战开始后,时中华民国国民政府迁都重庆,西南地区人口暴涨,外界的烧酒又因战争无法进入该地区,于是,西南地区的烧酒产量迅速增长,并在众多达官贵人、文人骚客的追捧下名声大振。"外交礼节,无酒不茅台"之说其实始自民国,西安事变时,周恩来从延安飞赴西安,张学良宴请用酒就是周恩来喜爱的茅台;抗日战争胜利后,毛泽东飞赴重庆谈判,蒋介石待客之酒也是茅台。1935年,万里长征中的中国工农红军在茅台镇三渡赤水,结下了与茅台酒的不解之缘,为茅台酒日后的"国酒"地位做了铺垫。此为后话,下文将详细述及。

仲复诸友集云麓精舍饮芦酒(节选)
萧光远

有酒有酒制异常,不醅不邹品自良。施以文火灌热汤,
截芦为管随短长。呼僮抱缶置之堂,以管插入缶中央。
大人先生拱其旁,俯而就之头勿昂。引而吸之口微张,
力争上游如倒峡。不待酒泉封渴羌,挹注时出腹难量。
从辰酣饮到夕阳,拉手点头略辈行。

7. 茅台镇上的烧酒

和中国其他的产酒区一样，地处贵州北部大山之中的茅台镇也有着悠长的酿酒传说，但究竟始自何时，其实无据可考。

与茅台镇酿酒相关联的传说最早可追溯到秦汉时期，并且与西汉开国皇帝刘邦以及他的曾孙，著名的汉武大帝相关。

相传楚汉相争时期，刘邦麾下的部队有大量濮僚籍士兵，濮僚人世居之地即今天的茅台镇。濮僚士兵攻城拔寨，神勇异常。更为奇特的是，刘邦的大军从南方转战到北方后，许多将士水土不服，唯独这些濮僚士兵适应环境很快，为刘邦屡立战功。细究之下，原来他们常喝从家乡带来的一种能提神壮胆、祛病强身的"神水"，这"神水"就是"枸酱"。

有人据此推测，至少在汉代以前，茅台镇就能酿造一种叫"枸酱"的酒。然而，这毕竟只是一种传说，于史无据，而且很多细节经不起推敲。大量的从军士兵从贵州老家携带大量的枸酱酒转战南北？这种在现代战争中才能满足的后勤供应，在两千多年前的秦汉时期是无法想象的。

另一个说法出自《史记·西南夷列传》，与汉武帝刘彻相关。公元前135年（西汉建元六年），西汉使节唐蒙出使南越，在接受宴请时第一次喝到枸酱酒，感其味美因而追问从何处来，对方回答来自"西北牂柯"。这个"西北牂柯"大约就是茅台镇今天的所在地仁怀市。唐蒙回到长安后进一步查问"西北牂柯"，得知"浮船牂柯江"可出其不意直击南越首都番禺，于是向汉武帝献计经牂柯江进攻南越。获得认可后，唐蒙受命出使牂柯江边的夜郎国，商谈借兵借道。唐蒙极有可能在这次出使中再次品尝到了美味的枸酱酒，并带回长安，才有了汉武帝"甘美之"的赞扬。不过，关于唐蒙在夜郎国第二次喝到枸酱酒并带回长安献给汉武帝饮用的轶事，史书记载并不详细。

清道光年间，仁怀直隶厅同知（大致可理解为贵州省直属仁怀办事处负责人）陈熙晋曾写过一首诗谈及此事："尤物移人付酒怀，荔枝滩上瘴烟开。汉家枸酱知何物，赚得唐蒙鳛部来。"正是这首诗，坐实了唐蒙为枸酱酒而来的"事迹"。

2011年5月正式面世的"汉酱"酒，就是茅台酒厂依据这段历史记载倾力打造的拳头产品。在此之外，茅台镇另有一家枸酱酒厂，其名称应该也与这段历史相关。

枸酱酒虽然贵为茅台酒之源头，但与今天的茅台酒相比绝对天差地别。酿酒技术发展的历史表明，蒸馏酒工艺在2000多年前的西汉尚未问世，据此即可断定，彼时的枸酱酒应该属于发酵酒。

茅台是古代濮僚部落的世居地，至元末明初才正式定名为"茅台村"。当地史志族谱虽然不乏勤劳勇敢、开荒破草、生产进步、市面繁华的记载，但真正的富裕繁荣应该是明代以后的事情。传说茅台地区在16世纪末就有酿酒作坊和工艺，也与这一史实相吻合。毕竟酿酒业与食品剩余息息相关，在吃饭问题尚未解决的情况下，不可能出现规模化的酿酒产业。

虽然在18世纪初的康熙年间就有酿酒业兴旺景象的描述以及回沙酿酒工艺已臻成型的记载，但茅台镇真正为外界所知却是18世纪中叶。而且，如今以酒闻名天下的茅台，最初作为黔北名镇而为世人所知，并非缘于酿酒，而是因为盐运。

清朝乾隆十年（1745年），贵州总督张广泗上奏朝廷，请求开凿赤水河道，以便川盐入黔。工程历时一年完工后舟楫始通，濒临赤水河的茅台镇成为黔北重要的交通口岸。四川食盐经赤水河道运入，至茅台起岸，称"仁岸"，茅台镇始为川盐入黔四大口岸之一。由于水陆畅通，八方商贾云集，运盐马帮和舟楫络绎不绝，市场繁荣，茅台成为"蜀盐走贵州，秦商聚茅台"的繁华集镇。作为黔北物资的主要集散地，贵州省三分之二的食盐由此起运送往各地，茅台镇由是名声在外。

盐业的发展，刺激了酿造业的发展和酿酒技术的提高。最初，人们在茅台镇上的各个盐号出售自酿的烧酒，供来往的商客民夫享用。因为烧酒口感上佳，芳香独特，慢慢地就随盐一起被马帮运往外地销售，"家唯储酒卖，船只载盐多"。随着烧酒外销范围的不断扩大，茅台镇的酿酒业快速发展，并逐渐在声望上超过盐业。到嘉庆年间，茅台镇的酿酒业已有了比较大的规模。《遵义府志》记载："茅台酒，仁怀城西茅台村制酒，黔省称第一。……茅台烧坊不下二十家，所费山粮不下二万石。"到1840年，茅台地区白酒的产量已达170余吨，创下中国酿酒史上首屈一指的生产规模。茅台酒回沙酿造的独特工艺至此已基本成熟。

茅台镇酿造烧酒的场所一直以来都被称为"烧坊"。最初的烧坊极其简陋，一般由制曲、发酵、烤酒、储存等几个部分组成。所用设备也只有用于制曲的模具、用于发酵的窖池、用于烤酒的酒甑以及用于储酒的大陶瓷瓮几样。烧坊的规模普遍较小，占地千余平米就算大烧坊，一般为前店后厂布局。酿酒的全部工序均由人工作业完成，因而烧坊产量有限，大多数烧坊年产原酒不过几百斤，后期才有少量年产万斤以上的烧坊出现。

茅台镇的烧坊始于何时尚无明确考证。在现存于茅台镇的一部编撰于明代的《邹氏族谱》扉页，绘有邹氏家族住址的地形图，其中就有酿酒作坊的标注。该族谱所载邹氏是明代万历二十七年（1599年）随李化龙平定动乱后定居茅台的，这说明茅台在1599年前后就有了酿酒的正规作坊。

1990年在茅台镇至仁怀县城的三百梯段出土一块石碑，碑上刻有"清乾隆四十九年茅台偈盛酒号"字样，说明在1784年以前，"偈盛酒号"已经形成一定规模。相传"偈盛酒号"早在康熙四十二年（1704年）就将其生产的烧酒正式命名为茅台酒。除此之外，有关"偈盛酒号"的文字记载鲜见于世。中国台湾地区生产的玉山茅台酒号称源自"偈盛酒号"，但一般认为附庸的可能性较大，可信度不高。

另一家有考证依据的是"大和烧坊"。现存茅台镇杨柳湾一尊建于清嘉庆八年（1803年）的化字炉上，铸有捐款人名单，其中有一家酒坊名叫"大和烧坊"。根据这一信息，人们推测，"大和烧坊"应该是茅台镇早期规模较大的酿酒作坊之一。和其他早期烧坊一样，与"大和烧坊"相关的其他文字资料并无多见。

1854年黔北桐梓农民起义，清朝派兵前来清剿。随后两年间，茅台镇数度成为战场，村寨皆夷为平地。邬氏酒坊、偈盛酒号、大和烧坊应该就是在这一时期毁于兵火的。不过，茅台烧酒为传统工艺酿造而成，烧坊既毁，工匠犹存，茅台镇永远也不缺品质上乘的烧酒。19世纪60年代，出走天京的太平天国名将石达开七经仁怀，写下"万顷明珠一瓮收，君王到此也低头，赤虬托起擎天柱，饮尽长江水倒流"的千古名句，想必是喝了不少茅台烧酒之后的乘兴而作。

清朝同治年间，茅台镇上的烧坊在经历战乱之后重建。这之后，先后出现了三家稍具规模的烧坊：成义烧坊、荣和烧坊、恒兴烧坊。

成义烧坊原称成裕烧坊，同治元年创立，创始人为咸丰年间举人华联辉。华联辉原籍江西临川，其祖上在康熙末年来贵州经商后定居遵义。华联辉本是贵州首屈一指的大盐商，开设盐号"永隆裕"。华的祖母彭氏于多年前饮用过茅台镇"味醇而香"的好酒，念念不忘之下，嘱其孙外出经商时为其寻访购买。华联辉到茅台后，正发现一处烧坊被夷为平地，于是买地找酒师，在原址上建起了烤酒作坊。酿出的酒经祖母品尝，确定正是她年轻时喝过的美酒。于是，华联辉决定设坊长期烤酒。起初，华家的酒仅供家庭饮用和馈赠、款待亲友，年产不过百余斤；后来，求酒者纷至沓来，颇有商业头脑的华联辉立即扩建烧坊对外营业，并将烧坊改称"成义烧坊"，将烧酒起名"回沙茅酒"。经三代经营规模不断扩大，巴拿马万国博览会获金奖之后年产量扩大到9000公斤，1944年川黔、湘黔、滇黔公路相继通车后年产量高达21000公斤。成义烧坊生产的回沙茅酒因其创始人之名而俗称"华茅"，也就是 1915 年获巴拿马万国博览会金奖的产品。

成义烧坊创立十多年后，石荣霄、孙全太和王立夫（天和盐号掌柜）等三位遵义地区的地主合股创建一家联营烧坊，取"荣太和烧坊"名号。1915年孙全太退股，烧坊去"太"字更名"荣和烧坊"。1927年王立夫病逝，烧坊主要由石荣霄掌管。"荣和烧坊"年均最大生产能力 12000 公斤以上，但由于管理不善，常年产量仅有 5000 公斤左右。石荣霄原本姓王，后随石姓养父而改现姓，到了继承烧坊产业的孙子一辈，复归本姓。"荣和烧坊"生产的烧酒因此俗称"王茅"，1915 年茅台酒获巴拿马万国博览会金奖也有王茅的功劳，当时，"成义烧坊"和"荣和烧坊"的产品同以"中国贵州茅台酒"的名义参展。

荣太和烧坊成立后又过了半个世纪，茅台镇上另一家有着重要历史地位的烧坊才横空出世。1929 年，贵阳人周秉衡在茅台创办"衡昌烧坊"，后因其从事的鸦片生意破产，酒房流动资金被挪用还债，生产处于半停滞状态，一拖就是八年。到 1938 年，才与民族资本家赖永初合伙组成"大兴实业公司"，赖出资八万银圆，周以酒房作价入股，扩大生产规模。1941 年，衡昌烧坊所有股份都归到赖的名下后，被更名为"恒兴烧坊"，到 1947 年时年产酒量达 32500 公斤。赖永初自小当学徒、小贩，靠经营土特产发家，到全国解放前夕已是贵阳一方新贵，在贵阳已开设银行、经营矿产并跻身政界，当上了贵阳市参议员。赖永初现代意识较强，不仅采用了便携的酒罐，还设计了别致的包装图案，并注册了"赖茅"商标，不断打广告和搞促销，产品一度行销香港。其产能万国博览会也后来居上，远超华茅和王茅。"赖茅"创建之时，茅台酒在巴拿马万国博览会获奖已经十多年了，所以"赖茅"与巴拿马万国博览会金奖无关。但它是新中国成立前茅台镇上最具实力的烧坊，也是后来茅台酒厂的重要组成部分。

虽然恒兴烧坊与巴拿马金奖无关，但因其后来者居上的不凡实力，所以取得了与成义、荣和两家烧坊同样的地位，三家烧坊的产品都称为茅台酒。

1947 年 3 月出版的《仁声月刊》同时登载了三家烧坊的广告，在格式上几乎没有区别。首行文字无一例外地冠以"真正茅台酒"，之下再分别标出自己的厂名，然后以放大的字体分别标出"华茅""赖茅""王茅"字样，末行是各自的厂址与电话号码等内容。"三茅鼎立"的局面一直延续到 20 世纪 50 年代初期才"合三为一"，后来名满天下的茅台酒厂就此诞生。

> 之溪棹歌（之二）
> 陈熙晋
> 尤物移人付酒杯，荔枝滩上瘴烟开。
> 汉家枸酱知何物，赚得唐蒙习部来。

8. "烧坊"酿出的巴拿马金奖

1915 年，美国为庆祝巴拿马运河通航，在美国西部城市旧金山举行巴拿马太平洋万国博览会（简称巴拿马万国博览会）。巴拿马万国博览会从 1915 年 2 月 20 日开幕，到 12 月 4 日闭幕，展期长达九个半月，总参观人数超过 1800 万，开世界历史上博览会历时之长、参观人数之多的先河。

主办方早早地就向当时中华民国北京政府发出了参展邀请，并提前一年派出使节到北京游说中国组团参展。此时，中华民国政府成立不久，虽说国内政局仍然动荡不安，但中华民国北京政府还是将此事作为推动中国走向国际舞台的一件大事。新成立的农商部于 1914 年 4 月专门组建筹备巴拿马赛会事务局全权办理此事。各省也相应成立了筹备巴拿马赛会出口协会，制定章程，征集物品。两个月后，农商部派员分三路前往各省审查征集到的十多万件参赛展品。

茅台镇成义烧坊的华茅酒、荣和烧坊的王茅酒作为贵州省的名优特产也在参展产品候选之列。农商部在审查时，决定将华茅、王茅合并，统称"茅台酒"，以"茅台造酒公司"的名义送展。

巴拿马万国博览会上，有很多国家送展的各类酒品，来自世界各地的名酒如云。虽然茅台酒包装简朴，在众多参展酒品中毫不起眼，但因质量上乘，香味醇厚，最终还是征服了展会的评酒专家，获得金奖。

关于茅台酒获巴拿马万国博览会金奖，有一个传诵很广的"怒摔酒瓶"的故事。首次参展的茅台酒由于包装过于普通，在展会上遭到冷遇，来自西方的评酒专家对中国美酒不屑一顾。就在评酒会的最后一天，一位中国代表眼看茅台酒评奖无望，心中很不服气，情急之下突生一计，他提着陶罐包装的茅台酒走到展厅最热闹的地方，装作失手，将酒瓶摔破在地。顿时浓香四溢，招来不少看客。中国代表乘机让人们品尝美酒。此事很快成为一大新闻传遍整个展会会场，茅台酒陈列处一时人满为患，抢购者甚众。茅台酒的香气当然也惊动了评酒专家，他们不得不对来自中国的名酒重新品评。最终，茅台酒获奖载誉而归。

这个美丽的故事之所以至今还在被人们传诵，是因为大家都认为巴拿马万国博览会金奖为茅台酒的"功成名就"立下了汗马功劳。但以今天的眼光来审视，茅台酒成功的根本原因还是在于它优秀的品质。自巴拿马万国博览会获奖以来的百余年间，茅台酒在国内外获得各种奖项无以计数，在各种各样的行业排行榜上一直名列前茅。一些奖项无论是含金量还是影响力，都远远超过巴拿马万国博览会金奖。自1953年通过香港、澳门转口销往国际市场以来，如今的茅台酒遍及世界150多个国家和地区，成为中国出口量最大、出口国家最多、吨酒创汇率最高的传统酒类商品。茅台早已超越了百年前蹒跚学步时的视野和水准，与全球一线品牌比肩而立。百年万国博览会来的辉煌成就充分证明，茅台酒获得的成就实至名归。

巴拿马万国博览会获金奖之后，茅台酒虽然名声大振，但并没有因此而发生突破性的飞跃。茅台的各大烧坊依然在简陋破旧的作坊里生产着世界上最美味的烧酒。因价格较高，茅台酒依然在普通老百姓的餐桌上难得一见，更多的人认为如此昂贵的酒类与他们的生活关系甚少，所谓蜚声中外也不过在有限的圈子内传播，中国的绝大多数人，甚至包括一些骨灰级酒友在内，此时并不知茅台酒为何物，更有部分地方的酒友对茅台酒的香味并不买账……

然而，熟知茅台酒的人已经重新认识到茅台酒的价值，并且隐约感觉到了茅台酒未来发展的潜力。茅台酒在争执与调和、保守和革新、被重视和被忽视、受赞扬和受排斥中徘徊。

巴拿马万国博览会获奖后，王茅和华茅都想拥有这块具有历史价值并有可能带来巨大经济价值的奖章。虽然当初送展的茅台酒由王茅和华茅分别提供，但在农商部审查时，考虑到两家产品在香型和工艺上相差无几，为避免雷同，也为与国际惯例接轨，最终将两家产品合二为一，以一个产品名号送展，并且拟造了一个并不存在的"茅台造酒公司"作为生产机构。如今，仅有的一块奖章如何处置？双方争执3年仍无定论，最后只好对簿公堂。仁怀县政府也深感为难不能裁决，只好呈报贵州省公署。1918年，省政府专门下发"贵州省长公署令"，裁决这次获奖纷争："查此案出品时原系一造酒公司名义，故奖凭、奖牌谨有一份。据呈各节，虽属实情，但当日既未分别两户，且此项奖品亦无从再领，应由该知事发交县商会事务所领收陈列，勿庸发给造酒之户，以免争执而留纪念。至荣和、成裕两户均系曾经得奖之人，嗣后该两户售货仿单商标均可模印奖品，以增荣誉，不必专以收执为贵也，仰即转饬遵照。"至此，奖章归属官司终结，两家共享至尊荣誉，王茅、华茅两家把酒言欢，均以摘取巴拿马万国博览会金奖自居，并在上海《申报》等媒体做了广告宣传。为庆祝这次大奖，两家还各自封坛入窖存酒。该批封坛酒在1995年纪念巴拿马万国博览会八十周年庆典时，由茅台酒厂以"八十年陈酿茅台酒"为名隆重推出。

民国年间，每瓶茅台酒在贵州的售价在二块银圆上下，高于小学教员月薪。如此高价，只有达官贵人才能享用，普通百姓只能听听他人对茅台酒名贵与美妙的渲染。20 世纪 20 年代曾短暂主政贵州的军阀周西成，在贵州官场和民间都有着较高的声望。他在执掌贵州军政大权期间，对内发展交通、整理财政、鼓励实业、惩治贪污，对外防范兵灾、肃清匪患，短短的三年就改变了长期以来人们对贵州的落后、贫穷、战乱、无为的印象，将这个居于西南一隅而埋没于世的小小省份，带入全国先进省份行列，被国民政府褒扬为"南黔北晋，隆治并称"。但周西成有两个为人诟病之处：一是任人唯亲，大量任用桐梓老乡为政府官员；二是偏好茅台酒，经常大量收购茅台酒，作为贵州特产送给省外达官贵胄。贵州民间曾有对联讥讽：内政方针，有官皆桐梓；外交礼节，无酒不茅台。这也从侧面印证了一个事实：茅台酒此时就已经成为军阀巨贾宴席上的珍品。

当然也有不识货的。1935 年，武汉绥靖办主任何雪竹到四川说降西南军阀刘湘，回程时，刘湘送了他大批的回沙茅台酒。这批回沙茅台制作精良：酵池缝隙用上等河泥抹平，拌上糯米浆保证密封，确保发酵后的酒没有"火气"；然后用小型陶罐包装，外用桑皮纸封口。喝惯了江南黄酒的何雪竹对茅台酒并不欣赏，所以对这批酒没有丝毫兴趣，反而觉得陶罐很土气，带回武汉后扔在一边一直没喝，很久以后，待酒都挥发了一半，才想起来转赠他人。

1946 年，茅台镇的后起之秀"赖茅"利用其他生意上的资源，在上海、重庆、汉口、广州和长沙等地设立商号推销茅台酒，取得了不错的销售业绩。受赖茅的启发，成义烧坊也尝试在国内的一些大城市销售自己出产的华茅，荣和烧坊则在重庆和贵阳等地通过老字号"稻香村"销售王茅。直到此时，茅台酒的外销才稍有起色，但依然处于低迷状态，销售成绩最好的赖茅在上海销量最高峰的年份也不过 10000 斤。

真正把茅台酒巴拿马万国博览会金奖的价值发挥到极致的是后来成立的茅台酒厂。新中国成立之初茅台酒厂成立以后，主打巴拿马万国博览会金奖这张牌，把巴拿马万国博览会金奖作为茅台酒走出茅台镇、走出贵州、走向全国、走向世界的"第一张名片"，全力挖掘其中的历史价值，赋予茅台酒更丰富的文化内涵，全面提升茅台酒的品牌形象。

多年以来，茅台酒厂对巴拿马万国博览会金奖呵护备至，珍重有加，其程度足以让其他同时获奖的产品自愧弗如。茅台酒厂对巴拿马万国博览会金奖的纪念与传承从来都没有中断过，1986年就在人民大会堂主办"庆祝贵州茅台酒荣获巴拿马万国博览会金奖七十周年"纪念活动。作为一家企业，获准在人民大会堂举行如此盛大的纪念活动，不要说在当时，就是在今天也不多见。此后，在北京、贵阳，在茅台镇企业本部，甚至在海外，每隔十年，茅台人都以最隆重的方式纪念在巴拿马万国博览会上荣获金奖这一重大历史事件。2015年，茅台更是在全球多个城市举办了荣获巴拿马万国博览会金奖百年庆典。庆典活动以"香飘世界百年，相伴民族复兴"为主题，从中国香港拉开序幕，继而登陆欧洲，亮相莫斯科和米兰，最后重返百年前巴拿马万国博览会的举办地旧金山，并在此将11月12日设为"旧金山贵州茅台日"，将一个民族品牌的走向世界之路刻成了丰碑。

为什么有多个产品同时获奖，而独有茅台持之以恒地坚守，从而最大限度地发挥该项奖章的价值呢？

巴拿马万国博览会金奖一直以来都是茅台人的精神支柱，作为茅台酒厂企业文化的重要组成部分，在各个历史时期都激励着茅台人不惧压力与挫折，坚守价值和传统，勇敢面向未来。在茅台人的内心世界，正是巴拿马万国博览会金奖，让他们走出了大山的封闭和局限，意识到产品品牌的价值，从而开启了茅台走向现代商业世界的大门。也正是巴拿马万国博览会金奖，给茅台酒的酿造者带来了自信，带来了责任。在一代又一代的茅台人心目中，最大限度地发挥巴拿马万国博览会金奖的价值，是对历史的尊重，对荣誉的珍惜，对文化的传承，更是对弘扬民族品牌责任的承担。

更为可贵的是，茅台人并没有沉迷于巴拿马万国博览会金奖的荣光，而是本着对品牌荣誉生命般的珍惜,对产品质量近乎严苛的坚守,延续历史的辉煌,保持长久的生命力,将茅台酒推向一个又一个的新高度,使茅台酒厂从成立初期产量不足百吨的乡村作坊发展成为年产数万吨的现代企业。

百年来的辉煌业绩充分表明,茅台酒没有辜负巴拿马万国博览会金奖的期望,符合巴拿马万国博览会颁奖的初衷。茅台借重巴拿马万国博览会金奖而获得产品价值的大幅提升,取之有道,当之无愧。

茅台竹枝词(之一)

张国华

于今酒好在茅台,滇黔川湘客到来。

贩去千里市上卖,谁不称奇也罕哉。

9. 红色烙印

1935年3月,万里长征中的中央红军来到茅台镇,给茅台酒烙上了深深的红色印记。

遵义会议之后重振旗鼓的中央红军在土城、太平渡一带两渡赤水河,并一鼓作气打下黔北桐梓、娄山关,二占遵义。再度从遵义出发,马不停蹄行进到茅台镇后,终于获得了短暂的休整时机。

3月16日,中央红军的先头部队进驻茅台镇后,在茅台小学操场上举行了一个短暂的大会。随后,中央军委政治部分别在生产茅台酒最多的成义、荣和、恒兴三家酒坊门口张贴布告,晓谕三军,务必保护遐迩闻名的茅台酒生产作坊不受损失:"民族工商业应鼓励发展,属于我军保护范围。私营企业酿制的茅台老酒,酒好质佳,一举夺得国际巴拿马大赛金奖,为国人争光,我军只能在酒厂公买公卖,对酒灶、酒窖、酒坛、酒甑、酒瓶等一切设备,均应加以保护,不得损坏,望我军全体将士切切遵照。"

自古以来,军队和酒就有着难解之缘。出征时,以酒壮行;战场上,以酒助威;凯旋日,以酒庆功。历代文学作品中类似"葡萄美酒夜光杯,欲饮琵琶马上催"这样的记述十分常见。红军长征路上每每路过"酒乡",开怀畅饮也是常有的事。这次来到茅台镇,又有休整的时间,当然要喝酒。为了欢迎红军,茅台镇的各大烧坊都捧出了醇香诱人的烧酒,但红军将士们更大的需求当然要依靠公平的交易来满足,因此张贴布告强调交易纪律、禁止毁坏烧坊财物是必要的举措,符合红军的一贯做法。

红军队伍中众多的工农子弟兵在来到茅台镇之前,未必知道这"穷乡僻壤"的小镇还能生产举世闻名的烧酒,更少有人知道茅台酒还摘取过国际博览会金奖,但博古通今的红军高级领导人对茅台酒的美名早已耳熟能详。

红军女战士李坚真回忆,长征路过茅台镇时,喝了当地的酒,红军战士的疲劳全消失了……周恩来同志看到这种情况后,问我们这是什么酒,我们都不知道。他告诉我们,这就是巴拿马万国博览会获了金奖的茅台酒。

最先抵达茅台镇的是红三军团 11 团。团政委王平一再告诫官兵:茅台镇有好酒,酒虽好喝,但纪律和作风绝不能丢。茅台镇几乎家家都酿酒,有些大户人家还有窖藏几十年的陈年老酒。进入小镇的 11 团官兵,闻着诱人的酒香,却没有一人擅自去老百姓家里讨酒喝。最后还是王平带着警卫员去河滩上一家开着门的酒店,用 4 块银圆买了一些酒,分发官兵们品尝。

在红军总政治部任通信班长的邹衍,随中央军委纵队机关进驻茅台镇后,在镇里一个老字号的酒坊里,看到几口大缸,里面装满了香味四溢的烧酒。听说烧酒能治病和解乏,随队指挥员在酒坊里放了一些银圆,让大家从酒缸里舀了一些酒带走。原本滴酒不沾的邹衍在战友的劝说下喝了几口,想品尝一下茅台酒到底是什么味道。不一会儿,就觉得口干舌燥,虽然白天行军十分疲劳,晚上却怎么也难以入睡,后悔不该逞能喝酒。第二天行军时天降大雨,部队爬到半山腰时,战士们又冷又饿。此时,有人将酒拿了出来,邹衍和战友们每人又喝了几口，顿时忘记了疲劳，觉得这酒有时也能派上用场。

军委纵队的后勤供应部门按 4 块银圆买两竹筒酒的价格，向茅台镇的各个烧坊买酒。和店主、厂家谈好价格付钱后，把大坛小罐的酒抬到驻地，供战士们饮用。

红军中周恩来善饮，酒量惊人，在红军中他说酒量第二，估计没人敢说第一。1945 年重庆谈判期间，周恩来为毛泽东挡酒，豪饮之下依然词锋犀利，最后一人退千军。周恩来是 3 月 17 日凌晨进入茅台镇的。在处理繁杂的公务之后，当然要喝上几杯酒解乏。据他自己回忆，这天中午，一两的酒杯，他连喝了 25 杯，还没喝醉。喝到兴起，还拉上毛泽东、张闻天等人去烧坊参观。一行人去到一家烧坊，老板不在，工人亦未开工，厂区内只有一个管事在应酬。周恩来叫管事领着大家在弥漫不散的浓烈酒香中参观了厂房、酒库，又让警卫员买了不少陈年老酒，用竹筒封装，背回驻地分发给红军将士饮用。

连酒量不好的刘伯承在三渡赤水前，也与周恩来对饮了三碗，以壮行色。这是一向以儒雅之风著称的刘伯承极少的几次饮酒记录。

除了品尝饮用驱除疲劳之外，茅台酒还被将士们用来治病疗伤。连续的行军作战，很多红军将士都带有伤病，在当时缺医少药的情况下，以酒疗伤，虽然有些奢侈，但也是一个不错的选择。

后来成为女将军的李真回忆道："1935 年 3 月，我们长征到贵州仁怀县茅台镇。由于长途劳累和暂时甩掉了蒋介石军队的围追堵截，大家都希望能轻松一下。当时听说当地酒好，芳香味美，大家很高兴。有的用酒揉揉手脚，擦擦脸，擦过之后，真有舒筋活血的作用，浑身感到痛快。同志们喝了酒后，长途行军的疲乏全消失了，因风寒而引起泻肚子的同志喝了酒也好了。"

著名作家成仿吾在《长征回忆录》中写道："因军情紧急，不敢多饮，主要用来擦脚，恢复行路的疲劳。而茅台酒擦脚确有奇效，大家莫不称赞。"

周恩来后来在重庆对作家姚雪垠也说过："1935 年我们长征到茅台时，当地群众捧出茅台酒来欢迎，战士们用茅台酒擦洗腿脚伤口，止痛消炎，喝了可以治疗泻肚子，暂时解决了我们当时缺医少药的一大困难。红军长征的胜利，也有茅台酒的一大功劳。"

长远来看，红军的这次休整对茅台酒此后的辉煌至关重要。红军将士们在这里品尝到了闻名已久的茅台美酒，醇香甘冽的美酒让他们回味终生，以至若干年后还对茅台酒情有独钟，这对日后扩大茅台酒的影响力有难以估量的价值。

1949 年 10 月 1 日的开国第一宴在北京饭店举行。宴会由周恩来负责操办。"细节决定成败"理念突出的周恩来从厨师到菜单酒品都亲自审定。对茅台酒的醇香念念不忘的周恩来，毫不犹豫地将茅台酒定为本次宴会的主酒。十几年前的红色烙印终于在这一刻迸发出耀眼的光芒，曾经为红军洗尘疗伤的茅台酒成为了共和国的"开国喜酒"。

赤虺河

吴国伦

万里赤虺河，山深毒物多。

遥疑驱象马，直欲捣岷峨。

筏趁飞流下，樯穿怒石过。

劝郎今莫渡，不止为风波。

10. 茅台酒的新生

1949 年贵州解放前夕，茅台镇上三家规模最大的烧坊——成义、荣和和恒兴烧坊生产条件都还相当落后。三家烧坊一共有发酵窖坑 41 个（成义 18

个，荣和6个，恒兴17个），烤酒甑子5个（成义2个，荣和1个，恒兴2个），粉碎原料的石磨11盘（成义4盘，荣和3盘，恒兴4盘），推磨骡马36匹（成义15匹，荣和9匹，恒兴12匹）。三家烧坊1949年总产量仅有2万公斤。

三家烧坊几乎所有的烤酒工序都由人工完成。烧坊工人一般分三个级别：第一级别是"酒师"，负责从发酵到勾兑各环节的技术指导，每月工资7~8块银圆；第二级别叫"二把手"，为烤酒助工，主要协助酒师完成各个轮次的烤酒，每月工资5~7块银圆；第三级别为"杂工"，承担踩曲、挑水、搬运、看磨、打扫、割草、洗酒缸等繁重的杂活，每月工资3~4块银圆。雇工形式分为两种，固定工和临时工。酒师、二把手大多是固定工，杂工一般临时聘用。规模较大的成义、恒兴两家烧坊大约有40~50名工人，其中固定工人十几名；荣和的规模较小，最少时仅有6名固定工人。由于烤酒工艺特殊，所以工人们没有固定的上下班时间，采取"工口"计酬，也就是定额计酬。一个踩曲工通常一天要踩一石（100斤）麦子的曲，一个灶每天必须烤7甑酒，每烤一甑至少需要1.5小时，工人每天的劳动时间大约13~14小时。

出于把控烧酒品质的考虑，三家烧坊雇用工人十分严格，设有"六不要"和"两要"条件。六不要即，参加过帮会的不要、名誉不好的不要、不老实的不要、不聪明伶俐的不要、结过婚的不要、家住附近的不要。两要即，要有介绍人作保、要经过试用。三家烧坊约定，新工人进入烧坊，先把工资固定下来，任何一家不得擅自提高工人工资；新工人进来后，先割马草三年，后看石磨两年，才能有机会提升为烤酒工人。

1949年11月，解放西南各省的"西南战役"打响。时局动荡之下，茅台镇几乎所有烧坊的生产都处于停顿状态。1950年2月，中国人民解放军再度进入茅台镇，解放了茅台，并消灭了盘踞在茅台一带的地方土匪武装，恢复茅台镇的正常治安秩序，但各烧坊的生产因多种原因未能及时恢复。为维护这一世界名酒生产的连续性，新成立的仁怀县人民政府决定对各家烧坊采取扶持政策，向三家烧坊提供贷款共2400万元（旧币，1万旧币约相当于1元人民币），调拨小麦共3000公斤，帮助三家烧坊尽快开展生产。但三家烧坊经过长期战乱折腾，一蹶不振，生产状况一直没有起色。

无奈之下，仁怀县委、县人民政府经请示遵义地区和贵州省专卖部门同意，决定收购巴拿马万国博览会金奖得主之一的成义烧坊为国有，借以推动茅台烧酒的生产。1951年，仁怀县税务局兼职专卖局负责人王善斋出马，约见成义烧坊此时的掌门人华问渠，就收购成义烧坊展开谈判。1951年6月25日和11月8日，由仁怀县知名人士周梦生担任中间证人，双方分两次签订合约，一次为烧坊主业房产转让，一次为辅助房产转让。仁怀县专卖局以旧币1.3亿元（合人民币1.3万元，含1000元契税和工本费）将成义烧坊全部收购，款项于1951年11月8日签约时付清。两次合约共购得成义烧坊的土地、房产、财物包括：土地1800平方尺、蒸酒灶两个、发酵窖池18个、马5匹，以及部分生产工具、桌椅、板凳和木柜。

收购完成后，随即成立贵州省专卖事业公司仁怀茅台酒厂，简称茅台酒厂，由税务局长王善斋代管产物。1951年年底，仁怀县盐业分销处干部张兴忠到任茅台，出任新成立的茅台酒厂第一任厂长，全面主持茅台酒厂的生产经营工作。新组建的茅台酒厂留用原成义烧坊职员2人，工人9人，加上进驻该厂的其他管理干部和工人，首期职工共39人。新的茅台酒厂从此开始了新的征程。

1951年年初，荣和烧坊财产被仁怀县政府整体没收。茅台酒厂成立后第二年，仁怀县财政委员会决定将没收的荣和烧坊划拨给茅台酒厂，全部财产包括：厂房土地1753平方尺、蒸酒灶1个、酵窖池6个、骡子一匹，估价500万旧币（折合人民币500元）。这样，巴拿马万国博览会金奖的另一得主荣和烧坊也成为了茅台酒厂的一部分。巴拿马万国博览会金奖理所当然地由新组建的茅台酒厂继承了下来。

对于实力相对雄厚且经营状况良好的恒兴烧坊，仁怀县政府则多次在经济和物资上予以扶持，生产得以维持。1952年，恒兴烧坊也被政府接管。1952年12月，贵阳市财经委员会发出《关于接管赖永初恒兴酒厂财产的通知》，将恒兴烧坊整体交由茅台酒厂接管。1953年2月，由资方代表韦岭出面召集原恒兴烧坊全体工人开会，茅台酒厂负责人张兴忠在会上宣读了关于接管恒兴烧坊财产的文件，获得全体职工的拥护和支持。会后对恒兴烧坊的财产清理造册，计有生产房曲房大小33间、蒸酒灶2个、发酵窖池17个、马12匹、猴子一只，共折价旧币2.25亿元（折合人民币2.25万元），一并由茅台酒厂接收。至此，茅台镇三家规模最大的私营酿酒烧坊全部收归国有，合并成为贵州省专卖事业管理局仁怀茅台酒厂。新茅台酒厂总面积约4000平方米，共有酒窖41个、蒸酒灶5个、酒甑5口、石磨11盘、骡马35匹，以及其他酿酒工具若干。

1949年是中国历史的分水岭，古老的中华大地万象更新，一切都在翻天覆地，一切都在重新布局。茅台镇上具有悠久历史的酿酒作坊自然也在变局当中。三家老字号烧坊整合为了神奇的茅台酒厂，茅台酒因此而获得新生。这场变局结出的硕果，从历史的角度证明了这场变局的伟大价值。茅台酒厂当然不会轻易忘记茅台酒前辈们的创造和贡献，成义烧坊创始人华联辉、恒兴烧坊创始人赖永初和荣和烧坊创始人石荣霄均被塑成雕像陈列在茅台国酒文化城中，与茅台酒的后辈们一起，共享茅台酒新的辉煌。

茅台酒的成长和壮大则是与新中国的发展和强大相伴随的。

1952年9月，在北京举办了新中国成立以后的第一届全国评酒会。正是从这届评酒会开始，才统一使用白酒这一名称代替以前的烧酒或者高粱酒等叫法，凡是以粮谷为主要原料，以大曲、小曲或麸曲及酒母等为糖化发酵剂，经蒸煮、糖化、发酵、蒸馏而制成的蒸馏酒，都统称白酒。

白酒为中国特有，完全有别于白兰地、威士忌、伏特加、金酒、朗姆酒等世界上其他的蒸馏酒，其品类繁多，香味各异，足以使之自成一系。举办评酒会的初衷就是加快中国白酒生产技术的进步，进一步提高中国白酒的质量，促进中国白酒尽早走上国际舞台，与世界上其他的蒸馏酒一竞高下。

中国白酒虽然产地很多，但有规模的酒企在当时还很少。新中国成立初期，酿酒工业还处于整顿恢复阶段，除国家接收少数官僚资本家的企业外，大多数酒类生产企业都是由私人继续经营的。在这种情况下，系统的选拔和推荐就不大可能了，导致评酒会主办方很难获得齐全的评酒样品。实际上，第一次评酒会的候选对象是根据市场销售信誉结合化验分析结果评议推荐的。

来自全国的103种酒，包括白酒、黄酒、果酒、葡萄酒一同参加了评比。按照品质优良并符合高级酒类标准及卫生指标、在国内获得好评并为全国大部分人所欢迎、历史悠久并在全国仍有销售市场、制造方法特殊并具有不能仿制的地方特色等四个标准，评酒会评出八大名酒，茅台酒名列八大名酒之首。

自1949年开国大典被定为国宴用酒后，每年的国庆招待会上，茅台酒皆为国宴指定用酒。很多国家领导人对茅台酒青睐有加，长征到过茅台镇的老红军们更是对茅台酒情有独钟。

在新中国的开国领袖中，毛泽东不善饮酒。尽管不喝酒，但这丝毫不影响毛泽东对茅台酒的钟爱和关切。1949年12月，毛泽东对苏联进行友好访问，恰逢斯大林七十寿辰。毛泽东为此随车带去萝卜、大葱、苹果等众多物品，不喜饮酒的他还不忘将茅台酒作为国礼相赠。1950年初毛泽东回国时，斯大林回赠了毛泽东一辆斯大林汽车制造厂生产的吉姆牌高级轿车。茅台换轿车，为中共党史中的外交传奇，也被茅台酒厂传唱为美谈。1958年3月在成都召开的政治局常委扩大会议，毛泽东借助会议空隙，由时任贵州省委书记的周林陪同前往杜甫草堂。闲聊中毛泽东问周林，茅台酒现在情况如何？

用的是什么水？周林回答：生产还好，用的是赤水河的水。毛泽东当即要求，搞它一万吨茅台酒，要保证质量。

共和国第一任总理周恩来更是对茅台酒喜爱有加，在各种外交场合倾力向全世界朋友推荐茅台酒，使茅台酒成为世界认识中国的窗口，成为传播友谊的纽带，成为外交舞台上发挥举足轻重作用的"国酒"，同时也使自己成为当之无愧的"国酒之父"。

1954年4月，周恩来率中国代表团前往瑞士日内瓦出席国际会议。"年轻的红色外交家率领着一批更为年轻的红色外交家"在国际政治舞台上第一次正式亮相，与美国国务卿杜勒斯、苏联外交部部长莫洛托夫、英国外交大臣艾登、法国外交部部长皮杜尔等风云一时的政治家和外交家纵论天下。周恩来在日内瓦会议上，以惊人的智慧和才能，积极灵活地展开外交工作。在会议召开的第二天，便以中国代表团的名义举行了招待会，招待各国代表、新闻记者和国际友人，茅台酒以其优秀的品质，一下子成了宴会上的话题。宾主十分高兴，频频举杯沟通感情。茅台酒在与会国家的代表中出尽了风头，被各国代表称为"真正的男子汉喝的美酒"。回国后，周恩来向中央汇报时感慨颇深地说，日内瓦会议上帮助我们成功的有"两台"，一是茅台，另一个是《梁山伯与祝英台》。

在这以后，酒量据说深不可测的周恩来，频频利用茅台酒款待基辛格、尼克松、田中角荣等多国宾客，展开酒桌微笑外交，开创酒桌政治的先河，令周氏外交散发出持久绵长的香气。

领袖们对茅台酒的钟情和喜爱，使茅台酒又在多个重大政治、外交场合屡立新功，促使从中央到地方的各级政府都对茅台酒关爱有加。1949年年末贵州刚一解放，中央就去电要求贵州省委、仁怀县委正确执行党的工商业政策，保护好茅台酒厂的生产设备，继续进行生产。贵州省根据中央的指示，对成义、荣和、恒兴三家烧坊在经济上给予有力支持，帮助其发展，对烧坊老板给予政治待遇，在政府中安排职位。1957年，在百废待兴的年月里，国家仍分两次共投资一百多万元扩建茅台酒厂。贵州的工业并不发达,但为了确保茅台酒生产用水的质量,中央和贵州多次强调,赤水河上游不能建设任何工厂。从1951年茅台酒厂成立到1997年改制为公司化经营,茅台一直享有国家财政拨款长达数十年……

新中国给茅台涂抹了绚丽斑斓的色彩。正是借着这抹亮色,茅台酒才获得新生,逐渐显现王者本色,迅速成长为光大民族品牌的经典,从而为中国制造业建立起一座难以逾越的丰碑。

茅台酒醇

王彝玖

挺挺茅台,酒占大魁。

全球佳酿,中国香醅。

诗仙倒甓,名士倾罍。

一醉千日,泰运复回。

三、神秘的 15.03

11. 美酒河谷

  在品类繁多的中国白酒中，茅台无疑是"酒中贵族"。如果说辉煌的历史文化就像茅台酒的家族传承，特殊的工艺和严格的酿造过程就像茅台酒的自身修为，那么绕镇而走的赤水河就是培养茅台酒贵族品质的优良环境。

  发源于云南，流经贵州，最终在四川合江注入长江的赤水河，是长江上游右岸的一级支流，全长四百余公里，是一条具有特殊人文、气候和自然地理条件的河流。

  从乾隆年间耗巨资疏浚赤水河这一史实分析，赤水河在当时应该有一定程度的淤塞。这也与赤水河的水文特点相符。每年的端午节至重阳节，雨季来临，两岸泥沙受到冲刷，流入河中，河水呈赤红色，赤水河也因此而得名。重阳节一过，至第二年端午节之前，河水则清澈透明。疏浚之后，盐船

三、神秘的 15.03

自四川抵达贵州各地，可径行700公里，在陆路交通长期不发达的西南山区，赤水河成为真正的黄金水道。尽管赤水河作为川黔黄金水道成名已久，沿岸也有毕节、金沙、古蔺、茅台、习水、合江等名镇，但在遍地都是大江大河的中国，其声名在漫长的时间内仅限于西南一隅。

1935年，中国工农红军先后在土城镇、二郎滩、茅台镇、太平渡四渡赤水，以高度机动灵活的运动战术，巧妙地穿插于国民党军重兵围剿之间，最终突破了数十万敌军的围追堵截。借着此次著名战役，赤水河遂为天下所共知。也因为这个因素，赤水河又有了英雄河的美称。

赤水河植被完好，风光旖旎，集灵泉于一身，汇秀水而东下。沿岸除世界自然遗产赤水丹霞外，还有多个国家级自然保护区，很多地方保留着恐龙时代的植物种群。仅茅台上游数十公里内，汇入赤水河的众多支流中，奇水、温泉、瀑布就有数十处。近两百种鱼类在赤水河生存繁衍，其中有30多种是特有或稀有鱼种，赤水河成为这些鱼类最后的避难所。时至今日，赤水河近500公里的干流上，没有水坝，没有发电站，也没有化工厂，是长江中上游惟一一条未被开发的一级支流。故而，赤水河又有着美景河、生态河的美誉。几年前沿赤水河谷修建起来的骑行车道，全程160余公里，给骑行爱好者带来了"车在景中走，人在画中游"的美妙体验。

赤水河最为人们熟知的，当然还是酒。流淌在原生态环境中的河水，给酿酒业带来了福音。

重峦叠嶂的赤水河谷，流淌着迷人的香气，数以千计的酒厂、酒坊罗列两岸，酿造出闻名天下的酱香传奇，把赤水河装扮成为世界上独一无二的"美酒河"。

因其独特的地理环境和水文气候特性，全长近500公里的赤水河，不出百里必有好酒，由茅台领军，董酒、习酒、郎酒、潭酒、怀酒等蜚声中外的美酒分列两岸，争奇斗艳。流经地域出产的名酒，更是汇集了中国名酒的60%以上。赤水沿岸的茅台、郎酒自不必说，向北沿长江两岸有浓香酒的代表五粮液和泸州老窖；再向北到四川绵阳、射洪，则汇集了沱牌曲酒、剑南春、全兴大曲、水井坊、天号陈等名酒；绵阳有丰谷酒，平昌有小角楼、江口醇，邛崃有文君酒、邛酒，万州有诗仙太白酒；往南到贵州安顺、都匀一带，则囊括了镇远青酒、都匀匀酒、平坝窖酒、安顺安酒、金沙窖酒、贵阳大曲、兴义贵州醇；向西至遵义则有董香型的董酒。

有一首赤水河流域传播甚广的民谣，极为生动地刻画了中国白酒这种神奇的景观：上游是茅台，下望是泸州，船到二郎滩，又该喝郎酒。

赤水河全长500公里，河床宽40~88米，平均宽度63米，正常水深1~5.4米。赤水河因河水发红而得名，但并非终年赤色，也有清澈见底的时候。每年五月端午至九月前后是河水最混浊的时候，但到了重阳时节，河水又会变得清亮无比。恰逢此时，正是沿岸酒厂大量取水投料、烤酒、取酒的时期。赤水河流经贵州省境内共有300余公里，其中仁怀境内河段长119公里，流经茅台镇河段就是茅台酒厂生产用水的主要取水段。

赤水河是我国唯一一条有专门法规保护的河流。2011年，贵州省人大常委会颁布《贵州省赤水河流域保护条例》，明确禁止在赤水河干流和珍稀特有鱼类洄游的主要支流进行水电开发、拦河筑坝等影响河流自然流淌的工程建设活动，明确禁止在赤水河流域建设规模化畜禽养殖场，已经建成的限期搬迁或者关闭，并逐步实行赤水河流域水污染物排污权有偿使用和转让制度。在这个条例中，赤水河的生态环境，被提到极高的程度。随着沿河两岸的酒厂不断增加，对赤水河环境保护的意识和执法范围，正在进一步增强和放大。

环境测试表明，赤水河流域紫红色的土壤中砂质和砾土含量高，土壤松散，孔隙大，渗透性强，地表水和地下水融入大地奔向赤水河时，在被层层过滤、吸收、转化中，不仅还原为清甜可口的天然山泉，还顺便带走了土质中的多种有益矿物质。赤水河水质无色透明、无异味、微甜爽口，含多种对人体有益的成分。河水硬度7.8~8.46，酸碱适度，pH7.2~7.8，钙镁离子含量符合饮用卫生标准，是酿造美酒的绝佳水源。

得天独厚的地理环境培育了赤水河沿岸的酿酒传统。在绵延数百里的河谷，有酿酒绝活的酒师不胜枚举。他们无一例外地坚守着当地的传统酿酒工艺，不投机取巧，不偷工减料，也很少借重现代技术手段和设备。在这里，接受自然的光线和通风条件、按周期摘酒、按时间储存、按工艺要求勾兑，都成了被严守的传统。酿酒如做人，投机取巧的人会失去信用，偷工减料的酒会失去品质。有人说，这里出产的美酒是有生命的，而天人合一才能生产出有生命的酒。赤水河谷的美酒既得益于促进微生物繁衍生息的地理和气候环境，也有赖于这些酿酒者对传统工艺偏执般的坚守。久而久之，人与自然高度和谐、天人合一的酿酒环境随之形成。任何人身在其中，都只能是一个传统的继承者，而不会去改变这个连空气中都充满酒香的环境。

20世纪80年代，改革开放东风劲吹，赤水河谷的人们也闻风而动，纷纷祭出他们的拿手绝活，向世人展现他们神奇的酿酒技艺。一时间，赤水河两岸酒香浓烈，大小酒厂鳞次栉比。高峰时期，河谷地区大大小小的酒厂不少于3000家。以赤水河谷为中心，酿酒业迅速扩展到贵州全境，全省规模以上的白酒企业就有上百家之多。在贵州省经济版图中，白酒业成为最具亮色的板块。除茅台、董酒等传统名酒以外，鸭溪、湄窖、匀酒等一批白酒品牌横空出世，很快把全国各地的人们"醉得人仰马翻"，以至于人们把贵州酒业这一前所未有的鼎盛时期称作"酒疯时代"。

酒业的疯狂发展激活了一些人的"白酒帝国"梦。1996年，与茅台镇相距约50公里的二郎滩，也就是红军二渡赤水的地方，赤水河谷"百里酒城"的宏图正式展开。二郎滩的峭壁上，修建起了一个直升机停机坪。站在这里，可俯瞰赤水河对面位于四川省境内的郎酒厂全貌，转过身来，计划中的"百里酒城"则尽收眼底。蓝图已经绘就，美好的前景似乎就悬在河谷上空，触手可及。

就在人们充满喜悦地憧憬美好未来的时候，一场席卷全球的金融危机袭来，赤水河谷酒业帝国的梦想随之破灭。受金融风暴牵连，大批酒企轰然倒下，以遵义地区最为严重，赤水河沿岸为重灾区。董酒、鸭溪、珍酒、习酒等知名酒企风雨飘摇，曾经车水马龙的酒厂，瞬间变得门可罗雀。就连白酒业的"带头大哥"茅台酒厂也处境不妙，叫苦连天。

"酒企倒闭潮"过后，人们开始反思。究竟是酒做得太多，还是酒做得不够好？是营销出了问题，还是生产规模不如他人？种种疑问之下，理性回归，并最终找到了三个最主要的原因：一是短期内突然冒出来的大多数酒厂没有自己的核心技术，只知对当地知名酒厂的工艺和品牌照搬照抄，产品因此失去竞争力；二是贪大求快，盲目扩张，企业的摊子铺得太大，缺乏雄厚的资金支持；三是营销不力，渠道建设不完善。当"酒疯时代"的这些缺陷集中爆发，又逢金融危机，各种风险叠加，危机就难以避免地降临。

此轮金融风波导致赤水河流域乃至整个贵州酒业陷入长达十余年的低谷。更令赤水河谷酿酒者感到深深沮丧的是，这段时期，以四川为主的全国其他省市酒业发展迅猛，取得了让人垂涎的良好业绩。

关键时刻，仍然是茅台酒厂，也只能是茅台酒厂"手把红旗潮头立"，承担起贵州白酒收复战的主攻职责。"中国第一蒸馏酒"的盛名，让茅台酒神勇有加。茅台酒不负贵州父老的期望，经过艰辛的努力，几乎以一己之力，把纯粮酿造、传统手工制作的贵州白酒，重新带回到消费者的餐桌。利好放大后，重振贵州酒业的大幕拉开。赤水河流域的仁怀市，则成为重振贵州酒业的"桥头堡"，肩负着打造"中国酒都"的重要使命，是"未来十年中国白酒看贵州"的核心区域。

于是，从茅台镇到下游的二合镇，长达30多公里的赤水河谷地带，一片片依山而建的白酒厂房拔地而起，二合镇一处环境与茅台极其相似的山沟里，一个面积达12.29平方公里的名酒工业园区也快马加鞭地建设起来。截止至2016年年底，仁怀市证照齐全的白酒企业有300多家，年产白酒超过30万吨。未来五年，仁怀市将致力打造由1个千亿元企业引领、3个百亿元企业支撑、10个十亿元企业带动、40个亿元企业跟进的"1314"工程，并实施"酒业＋文化＋旅游"的产业互动发展策略。

境内有五个县处于赤水河流域的遵义市，则提出了沿赤水河打造300里白酒产业长廊，着力培育赤水河谷的地域品牌，建设生态示范区，把白酒打造成千亿元产业的伟大目标。

发展的热潮一直蔓延到赤水河中下游地区的习水县和赤水市，两县（市）也各有一个规模不小的白酒工业基地正在加紧建设。不仅如此，隔河相望的四川郎酒集团，也在贵州白酒快速发展的刺激下，开辟出一个跟老厂规模相似的新厂区。

> **赤虺河行**
> 杨慎
>
> 君不见，赤虺河源出于芒部虎豹之林。猿猱路，层冰深雪不可通，十寻健木撑寒空。明堂大厦采梁，工师估客空蒙笼。此水奔流飞箭，缚筏乘桴下蜀旬。暗淡滟滪险倍过，海洋流沙第一线。谁驱乌鹊驭鼋鼍，波涛旋回息盘窝。柏亭云屏济川手，奠民枕席休干戈。安得休为夷庚道，镌刻灵陶垂不磨。

12. 不可复制

美酒河孕育出来的最有名的酿酒基地仍然是茅台镇。

茅台镇沿赤水河而建，周围崇山峻岭环绕，形成一个低谷地带或准盆地，宛如上天设计的一个"酒甑"。"酒甑"当然只是一个比方，但从地形和气候上看，颇有几分道理。茅台镇平均海拔400米左右，土壤酸碱适度，含有丰富的碳氮化合物及微量元素,具有良好的渗透性,适宜于微生物的长期繁殖和微生物群落的多样化演替。这里全年气候湿润,冬暖夏不凉,年均气温17.4℃,夏季温度高达40℃,昼夜温差小,霜期短,年均无霜期326天,年降雨量800~1000毫米,年日照1400小时。在这样一个地势低洼、土壤适宜、气温较高、风微雨少的环境中,空气流动相对稳定,多种微生物得以大量繁衍并合理分布,造就了一个相对封闭、有利于酿酒微生物生长的小环境。小精灵般的微生物,在开放式发酵过程中被充分网罗到曲醅和酒醅里,使得酿造出来的酒香气成分多种多样。

所以,茅台镇家家酿琼浆,户户有美酒。

据不完全统计,以茅台镇为核心的仁怀市共有大大小小的酒厂1700余家,说茅台镇人人卖酒不算太夸张。每到重阳节前后,茅台镇上几乎所有的人都在为即将到来的新一轮酿酒季忙碌。有人测算茅台镇的土地面积和年产值比例得出,每平方公里土地的年产值超过3亿元,是全球经济价值最高的地区之一。这个惊人的产值,几乎全部来源于酿酒。

茅台镇上空一年四季美酒飘香,人人可免费"陶醉"其间。茅台镇上很多酒厂生产出来的白酒物美价廉,如果不是特别讲究,100元/斤就可以购得上等好酒,300元/斤可以买来很好的陈酿,500元/斤能获得特级原浆。

至于茅台人喝酒,当然有先天的优势,常年身在酒中,哪有不善饮酒之理!至于酒量,想必也有强有弱,与其他地区没有什么不同。笔者频繁往来茅台镇多年,和仁怀市各界人士、茅台酒厂干部职工、茅台镇居民有过多次酒局,推杯换盏,觥筹交错,我从来都是来者不拒,也并没醉过。之所以如此,酒好味醇当然是一个因素,除此之外,茅台镇作为中国著名的"酒乡",热情淳朴、待客有道是最关键的原因。

茅台镇最有名的酒厂当然是茅台酒厂。

烟酒江湖向来就有"酒不提赶茅台,烟不提超中华"的说法,也没有哪家酒厂敢于在对外宣传时将自己与茅台相提并论,规模较大的酒厂最多也只

三、神秘的 15.03

是以"茅台镇第二大酒厂"推介自己。茅台这个集古盐文化、长征文化和酒文化于一体的古镇,正是因为酿造了天下闻名的茅台酒才被誉为"中国第一酒镇",别无他因。

赤水河穿镇而过,将小小的茅台镇分为两半。享誉世界的中国白酒"一哥"茅台集团霸气地占据着河的南岸,数十栋制曲、制酒车间和两百多栋酒库依河而建,整齐、密集、壮观。如果说茅台镇宛如一个"酒甑",那茅台酒厂就处于"酒甑"的最底部,为全镇酿酒的最佳位置。在茅台酒诸多神奇中,最不可或缺的就是微生物群。大量知名或不知名的微生物侵入制酒的各个环节,才酝酿出香味丰富、独特的茅台酒。而茅台酒厂所处的位置,经检测是茅台镇乃至整个赤水河流域微生物群最丰富的区域,没有之一。跨出这个区域,哪怕只有一河之隔的赤水河北岸,抑或只有一墙之隔的相邻区域,都无法酿出同样品质的酒。

这就是总面积仅有 15.03 平方公里的一片神奇区域,名动四海的茅台酒唯一的产区。

在 15.03 平方公里的范围内,至少有 100 多种微生物对茅台酒的形成有着直接的影响,从而造就了"有生命"的酱香茅台。离开这片神奇的产酒区,哪怕用同样的工艺、同样的原料,也无法酿造出茅台酒。在这片区域的对岸,密密麻麻地分布着若干依河而建的其他酒厂,但生产出来的白酒无论是香味的丰富性还是口感的层次性,都与茅台酒相差甚远。多年来,茅台酒厂自身的扩建也一直小心谨慎地维持在这神奇的 15.03 平方公里范围之内,不敢跨出半步。

茅台集团总工程师、国家白酒评酒委员王莉 2015 年在《酿酒科技》上发表科研论文《酱香型白酒窖底泥微生物组成分析》,阐述了她率领的课题研究小组对酱香型白酒发酵窖池及环境土样中的微生物区系构成进行测序分析结果。摘录如下:

> 3 个样本总共检测到 118 个科的微生物,其中使用 12 个月的窖底泥样本

中检测到 47 个，使用 1 个月的窖底泥中检测到 77 个，土壤样本中检测到 81 个。使用 12 个月的窖底泥中丰度较高的微生物主要分布在 Lactobacillaceae（乳杆菌科，31.75%）、Thermoanaerobacteriaceae（热厌氧菌科，30.37%）、Ruminococcaceae（瘤胃菌科，7.64%）、Peptostreptococcaceae（消化链球菌科，6.02%）、Carnobacteriaceae（肉杆菌科，5.04%）和 Veillonellaceae（韦荣球菌科，4.56%）等。使用 1 个月的窖底泥中丰度较高的微生物主要为：Lactobacillaceae（乳杆菌科，29.13%）、Prevotellaceae（普雷沃氏菌科，21.75%）、Acetobacteraceae（醋酸杆菌科，18.55%）、Clostridiaceae（梭菌科，2.86%）和 Ruminococcaceae（瘤胃菌科，2.24%）等。土壤样本中丰度较高的微生物则主要为：Xanthomonadaceae（黄单胞菌科，18.77%）、Methylococcaceae（甲烷球菌科，9.37%）、Comamonadaceae（丛毛单胞菌科，6.82%）、Sphingomonadaceae（鞘脂单胞菌科，6.33%）、Sphingobacteriaceae（鞘脂杆菌科，5.41%）、Alcaligenace-ae（产碱菌科，5.16%）和 Chitinophagaceae（噬几丁质菌属，4.49%）等。土壤样本中的主要微生物组成与窖底泥样本相比有明显差别。

比较分析发现，3 个样本共有的微生物有 27 个科，使用 12 个月的窖底泥样本与使用 1 个月的窖底泥样本共有 34 科的微生物，占据使用 12 个月的窖底泥微生物种类总数的 72.3%。土壤样本与使用 1 个月的窖底泥样本共有 53 个科的微生物相同，而与使用 12 个月的窖底泥样本仅有 28 个科的微生物相同。由此可见，在土壤向窖底泥驯化的过程中，微生物的物种组成逐渐减少且微生物的相对丰度也发生着变化。使用 1 个月的窖底泥中厌氧菌 Lactobacillaceae（乳杆菌科）、Clostridiaceae（梭菌科）和 Ruminococcaceae（瘤胃菌科）开始出现甚至富集，这些都是在使用 12 个月的窖底泥中存在的主要微生物类群，同时土壤中的一些高丰度菌如 Xanthomonadaceae（黄单胞菌科）、Methylococcaceae（甲烷球菌科）、Acidobacteriaceae（酸杆菌科）和 Bradyrhizobiaceae（慢生根瘤菌科）开始减少甚至消失。使用1个月的窖底泥在物种组成上已经非常接近成熟的窖底泥，但是主要微生物的组成以及单个微生物的丰度与成熟的窖底泥仍然存在差异，仍然有12个科的微生物是使用12个月的窖底泥中特有的，这也说明只有经历长时间酿酒发酵过程的积累、融合，并与酒曲、酒醅中的微生物之间长期相互作用才能成为真正成熟的窖底泥。另外，土壤微生物也为窖底泥驯化提供了重要的微生物来源，说明酱香型白酒生产地域周边土壤对于窖底泥的形成具有一定的影响，进一步说明酱香型白酒生产地域周边土壤环境对于酱香型白酒酿造的重要性。

王莉课题组的研究结果表明，酱香型白酒厂周边土壤中的微生物多样性极其丰富，相比窖底泥中的微生物组成更加复杂。在土壤驯化成窖底泥的过程中，微生物群的复杂度逐渐降低，随着窖底泥的不断驯化，Lactobacillaceae（乳杆菌科）、Clostridiaceae（梭菌科）和 Ruminococcaceae（瘤胃菌科）等厌氧微生物逐渐成为优势种群。土壤微生物为窖底泥驯化提供了重要的微生物来源，酱香型白酒生产地域周边土壤对于窖底泥的形成具有一定的影响。该项研究成果为茅台酒核心生产区域的独特性提供了科学依据。

离开茅台镇，再无茅台酒。资源的垄断性，使得茅台酒无法复制。茅台酒独特的酿造工艺是秘不外传的，一瓶普通茅台酒从投料到出厂先后必须经过30道工序、165个工艺环节，一共要5年时间。即使复制茅台酒所有的酿造工艺和配方，但因为酿酒依赖的神秘菌群无法迁移，因而始终无法再在其他地方生产出一瓶正宗的茅台酒。

清朝末期以来，由于茅台酒销路好、利润高，因而异地仿制者甚多。位于遵义的集义酒厂、位于贵阳的荣昌酒厂等都先后到茅台酒厂聘酒师，试图利用茅台酒的传统工艺仿制茅台酒。抗战胜利后仿制者就更多了，贵阳的"金茅""丁茅""王茅"等，令人眼花缭乱。但所有的异地仿制者最后都未取得成功，以倒闭或转行而告终。

20世纪60年代到70年代，茅台酒厂一直在为实现毛泽东"搞它一万吨"的目标而努力。当时并无15.03平方公里的科学测试结论，所以最初的设想是在茅台镇范围内扩大生产。但是通过调查发现，赤水河两岸均系滑坡地带，地质条件并不适合修建酿酒用的厂房。以当时情况来看，在原有基础上扩大茅台酒生产规模不仅投资大，而且有很多实际问题难以解决。因此，经中央和贵州省有关部门研究决定，在原有基础上尽可能扩大生产规模的同时进行易地试验，在确有把握的前提下，进行外地建厂，以弥补茅台酒生产的不足。

很快，茅台酒易地试验获得国家立项，并列入国家"六五"重点科研攻关项目。时任国务院副总理兼国家科委主任方毅亲自上阵，组织国家科学技术委员会、轻工业部、茅台酒厂技术专家组成"茅台酒易地试制"攻关小组。攻关小组对茅台镇以外具备符合酿造酱香型白酒必备条件的多个地方进行了综合考察。经过科学论证后，最终选择遵义市北郊十字铺一带作为异地复制茅台酒的试验基地。十字铺距离茅台镇仅130余公里，四面环山的地形与茅台酒厂所处的峡谷地带十分相似，水质、土壤等自然环境也与茅台镇没有明显差异。加上紧靠川黔铁路两大运输动脉，交通运输极为方便，作为复制茅台酒的试验基地相当合适。

1974年年底，遵义市下达《关于新建茅台酒易地试验厂的通知》，易地茅台试验工作正式展开。为保证试验的顺利进行，先后从茅台酒厂调来了以原茅台酒厂厂长、党委副书记郑光先，原副总工程师杨仁勉，实验室副主任林宝财，以及1949年以前华氏茅台酒酒师郑英才的关门弟子张支云为代表的28名优秀人才。在这28人中，不仅有优秀的管理人员，一流的酿酒大师和科研、销售骨干，还包括车间技术工人、评酒技师等重要岗位的员工。他们不仅带来了正宗的茅台酒酿造工艺，还带来了茅台酒生产、经营以及销售的组织管理经验。最初，试验用的很多原料、辅料、生产设备等也都是从茅台酒厂搬运而来。据传，连茅台酒厂的地皮灰以及其他可能与菌群相关的东西都被作为环境材料带到了试制地。

1975年10月，茅台酒易地试验厂正式投料，进行探索性生产。在特殊的历史条件下，易地试制工作异常艰辛。经过长达10年、9个周期、63轮，3000多次化学分析的艰难探索，易地茅台酒终于在1985年10月通过国家科学技术委员会的鉴定。最后形成的鉴定报告虽然确认易地复制的茅台酒色清、透明、微黄，酱香突出，味悠长，空杯留香持久，但认为其香味及微量元素成分只是与茅台酒基本相同，差异仍然存在，因而只是"具有茅台酒的基本风格"。最终，根据方毅"酒中珍品"的题词，将试制的茅台酒定名为"珍酒"，茅台酒易地试验厂也更名为贵州珍酒厂。虽然一直以来珍酒又被人们称为"易地茅台""茅台姊妹酒"，但它实际上宣告了异地复制茅台酒的失败，证明了茅台酒无法复制的事实。

> **以诗投华四先生乞酒**
> 杨恩元
>
> 华四先生生黔中，品概第一称名公。家蓄佳酿号茅酒，其味不与凡酒同……纷纷公候弃敝屣，是为何人作牺牲。此酒从来有公论，仙露醍醐同芳润。

13. 红高粱

蒸馏酒的原料很丰富，几乎所有的粮食都可以用来酿酒。大体上，蒸馏酒的原料有三类：粮谷类、以甘薯干为主的薯类和代用原料类。根据原料的不同，酿出的酒同样也分为三类：粮食酒、薯类酒和其他酒。中国白酒的原料大多来源于粮谷类，酿出的是粮食酒。薯类原料包含红薯、木薯及马铃薯，酿出的酒一般称为"瓜干酒"，比较辛辣，外号"一口蒙"，即一口酒下去当场"蒙圈"。在粮食极大丰富的今天，瓜干酒正淡出人们的视野。不过马铃薯酿酒还很流行,比如伏特加。代用原料类包含甘蔗、甜菜等,酿出的酒多为烈性酒,学名"朗姆酒",入口如火焰一般,下肚后有烧灼五脏六腑的感觉,曾是海员们的最爱。朗姆酒除了直接饮用之外,多被用来调制鸡尾酒以及用于糕点、冰激凌的调味。

中国白酒品种繁多,使用的原料也各不相同。大多数名酒以高粱为原料,茅台就是高粱酒;也有一些酒采用多种粮食酿制而成,如五粮液就是用五种不同的粮食混合酿制的,在改用现名之前就叫"杂粮酒"。

常用的白酒原料当然就是高粱、大米、小麦和玉米四种。

高粱:又名红粮,中国白酒主要的原料之一。根据穗的颜色,高粱可分为黄、红、白、褐四种;根据籽粒所含淀粉的性质,可分为粳高粱和糯高粱两种。粳高粱含直链淀粉较多,结构紧密,较难溶于水,蛋白质含量高于糯高粱。糯高粱几乎完全是直链淀粉,吸水性强,容易糊化,淀粉含量虽低于粳高粱但出酒率却比粳高粱高,因而是历史悠久的酿酒原料。以高粱为原料酿酒,一般采用固态发酵。高粱经蒸煮后,疏松适度,熟而不粘,利于发酵。

大米:大米淀粉含量70%以上,蛋白质、脂肪及纤维等含量较少,质地纯正,结构疏松,利于糊化,利于低温缓慢发酵。大米也有粳米和糯米之分。粳米蛋白质、纤维素及灰分含量较高,酿出的酒酒质纯净,酒业界有"大米酿酒净"之说。糯米的淀粉和脂肪含量较高,淀粉结构疏松、易糊化,但如果蒸煮不当,则发酵温度难以控制,所以较少单独使用,一般与其他原料配合使用,酿出的酒味甜。日本的清酒基本上为大米酿造,一般会去掉米皮,保留35%至40%的米芯,经过复杂的工艺酿制成酒,也是非常讲究的。

小麦:既是制曲的主要原料,也是酿酒的原料之一。小麦中含有丰富的碳水化合物、淀粉、少量糖类以及微量元素,粘着力强,营养丰富,但在发酵中产生的热量较大,单独使用难以控制温度。

玉米：玉米品种很多，淀粉主要集中在胚乳内，在常规分析下淀粉含量与高粱相当，但出酒率低于高粱。因颗粒结构紧密，质地坚硬，长时间蒸煮才能使其中的淀粉充分糊化。玉米胚芽中含有占原料重量5%左右的脂肪，容易在发酵过程中氧化产生异味并带入酒中，所以玉米酒不如高粱酒纯净。

"粮是酒之肉"。原料的不同以及原料质量的优劣，对酒的质量和风格有着极大的影响。有经验的"酒徒"对于常见的成品白酒，从口感上即能分辨其采用的原料种类。酒刚斟出，即能闻到粮食的味道，为高粱酒，因为高粱在发酵过程中有提香的作用；喝一口酒，舌尖有丝丝甜意，为玉米酒，甜味如同平时吃的甜玉米；当酒充满口腔时，有辛辣酸涩的层次感，是小麦酒；入喉愉快不刺激是糯米酒；回味时口感爽净是大米酒。总结成口诀就是：鼻闻高粱香，舌尖玉米甜，过舌小麦糙，回味大米净，下咽糯米绵。

茅台酒的原料为高粱，是产自赤水河谷的红缨子高粱。

赤水河流域独特的地理和气候条件，孕育出一种举世罕见的糯高粱，俗称红缨子高粱。与东北及其他地区出产的高粱不同，赤水河谷的红缨子高粱皮厚、粒小、干燥、耐蒸煮，淀粉含量高（较外地高粱多出三分之一），其中直链淀粉达到88%以上。

这种被称作"小红粮"的糯高粱，虽然全国各地都能种植，但唯有赤水河流域才有最优良的品质。非常直观的现象就是：一粒完整的糯高粱被切成两片后，能看到它的断面如同玻璃纤维丝，结构十分紧密、平滑。只有这种糯高粱，才适宜茅台酒七次取酒、八次摊晾、九次蒸煮的传统工艺，使每一轮取酒的营养消耗都在合理的范围之内。而从外地收购而来的高粱，在刀具切割下瞬间变成粉状，几乎没有完整切开的可能，也无法达到多次蒸煮的要求，大多在第五次取酒后就被榨干。

有一首作者佚名的小诗，形象地刻画了产自赤水河谷地区的红缨子高粱：

冰河小诗

作者：佚名

色如玫瑰，花开春日随风飞，神似冬梅，踏雪芬芳引人回。
谷中精魂，香醉千年何须归，琵琶轻奏，弹来琥珀满夜杯。
遥想当年，汉武曾叹甘美之，茅台镇上，长忆英雄秦娥词。
赤水河边，潮起潮落皆有时，且将酒来，漫看东风拂柳枝。

由于红缨子高粱最适宜酱香酒的酿制，茅台镇大大小小的酒厂跟茅台酒厂一样，都选用红缨子高粱酿酒。相对于其他酒厂，茅台酒的用料极为考究，主料必须全部是本地出产的红缨子高粱，天然无污染的有机种植品种，还必须精挑细选，只有颗粒比较完整的，才能保证适合茅台酒生产工艺和质量的要求。而且，还必须保证高粱为天然无污染的有机种植品种。为此，茅台酒厂提出要把生产红缨子高粱的田间地头当作茅台酒生产的第一车间。如今，茅台酒所用的高粱种植已引入先进的绿色控制系统，从种子、肥料到收割的整个种植环节以及收购和运输环节，都采用现代化的信息化管理，确保茅台酒酿造所用高粱的高品质。

从2010年开始，为进一步保证充足的有机红高粱供应，茅台酒厂将绿色原料纳入"绿色供应链"的建设之中。茅台酒厂与赤水河谷的高粱种植户达成协议，高粱种植作为绿色有机原料供应链体系的重要部分，全部环节都进入信息化管理平台。

赤水河谷25万亩红缨子高粱种植户，都要经过茅台酒厂和仁怀市政府提供的种植培训，按农业标准化规程进行种植，采取订单农业的模式向茅台酒厂提供优质的原料。茅台酒厂不仅向农民提供高粱种子、薄膜，还利用生物技术将酒糟等制成有机肥料提供给农民种植使用，保证了有机高粱、有机小麦从种子、肥料到收购等各环节的可追溯性。

在土壤环节，种植高粱的方法是用牲畜的粪便堆积发酵后肥田，完全不用化肥，并遵循老祖宗的耕作技术，春种秋收，人工除草、施肥，保证了这些环节的绿色有机，此外不用任何农药杀虫，而是用杀虫灯，从源头上彻底解决长期以来让人纠结的农药残留问题。

在检测阶段，收检人员开袋目测：颗粒饱满、呈红褐色的籽粒通过第一关；发现青白色、有虫害、颗粒不均匀、不饱满的籽粒均实行退回；顺利过关的，还要等待农药残留等一系列量化指标的抽检，直到完全通过，才能成为酿造茅台酒的原料入库。每一粒糯高粱，要进入茅台集团的原料仓库，还必须走过一条严格的"考核"之路，收割、脱粒、包装、运输等环节严禁使用任何塑料制品，所有高粱全部采用纯天然麻袋进行包装，而运输车辆也必须经过彻底清洁，专车专用。

茅台酒厂对农民的高粱实行订单收购，收购价高于市场价，有的年份收购价是市场价的两倍，以保证种植高粱的农户维持较高的收入水平。从2011年起，茅台酒厂陆续投入数千万元，为种植高粱的农户提供良种、薄膜等，成立了风险基金，在农户遇到自然灾害时提供保障，免除农户的后顾之忧。

近年来，茅台酒厂的生产规模逐步扩大，从10多年前年产3000多吨到现在年产四五万吨，原料用量不断增加，按照5斤粮一斤酒的比例，现在每年需要酿酒高粱超过20万吨。茅台镇、仁怀市及其周边地区的其他酒厂近年来也加入了抢购仁怀红缨子高粱的行列，种植户成了"香饽饽"，高粱种植面积不断扩大的同时，高粱的价格也不断上升。为了保证酿酒原料的供应和质量，也为了应对价格波动，茅台酒厂设置了原料基地办，在两年内再建20万亩有机小麦原料基地，确保满足产能扩大所需的有机原料供应。茅台酒厂还采取在生产周期之前一年进行原料收购的措施，修建10万吨规模的有机原料储备库，应对高粱可能因天灾造成的减产和市场价格的波动。

白酒酿造中，一些关键元素能够决定或改变白酒的风格。原料即为决定白酒风格的关键元素。把好原料关，是酿造高品质白酒的前提。在这一点上，作为高端白酒品牌的茅台不敢有丝毫的懈怠。

> **仁怀杂诗（之一）**
> 杨树
>
> 旧隶犍为郡，遗民尚古巴。
> 香醪分豆谷，鲜食佐鱼虾。
> 书老皮为瓦，田荒米带沙。
> 芹盐酸可嚼，此味近吾家。

14. 端午踩曲

　　酿酒必先制曲。酒曲是使粮食发酵成酒醅的前提。酿酒的第一道工序就是制曲。

　　茅台酒酿造工艺中有"三高"，即高温制曲、高温发酵、高温摘酒。之所以要高温制曲，原因极为简单，就是高温环境中微生物能快速繁殖，并能为酒曲快速吸收。

　　每年端午节过后，气温逐渐升高，茅台的酒师们就开始制曲。以此为起点，茅台酒长达一年的生产周期正式开始。这就是人们常说的"端午踩曲"。茅台地区的多数酒厂都与茅台酒厂一样，遵循端午踩曲、人工踩曲这种古老的踩曲工艺。随着茅台酒产量的不断扩大，用曲量也随之大幅增加，如今的踩曲并不限于端午时节，而是整个伏天都可以踩曲，只要是在高温环境中踩出来的曲，就能保证其上乘的质量。

　　曲药以小麦为原料。酒曲的"曲"在推行简化字前写作"麴"，为"麦"字偏旁形声字。小麦粉碎后加入水和母曲，搅拌，放入模具木盒，由踩曲工人赤足站在盒子里踩实。夏天的制曲车间，温度经常达到40℃。高温环境下迅速生长的微生物混入曲块，分泌出大量的酶，加速淀粉、蛋白质转化为糖分。制曲车间布满大量"曲蚊"，连张口呼吸时都有可能吸进小虫子。曲块踩好后，用谷草包起来"装仓"，10天后"翻仓"，即将曲块上下翻转，以保证曲块的每一面都能充分接触微生物，一般翻仓两次。30~40天后，曲块就可以出仓，堆放待用。整个工序计算下来，一块合格酒曲的生产用时为3~5个月。

端午踩曲工艺继承了端午时节"采"自然之曲以备造酒之用的古老酒俗，是对自然物候的遵从。中华民族的先民们尊崇天人合一，凡事都很注重"选时"，开工动土、搬迁出行、婚嫁丧祭，都要选个好日子或好时辰。《齐民要术》就有"七月上寅日作曲"的记载，江南民间也有"六月六日晒衣储水造曲酱"的说法。对制曲选时精确到日，是中国传统文化天人合一的体现。茅台的端午踩曲最早应该也是源于当地的酿酒习俗，后来经过反复的实践验证，才发现这一古老习俗正是茅台酒酿造过程中必需的工艺，这才被提炼总结为"高温制曲"。

从酿酒工艺的发展史来看，踩曲这种人工制曲方式，是酿酒工艺发展到一定阶段才出现的。在此之前应该是"采曲"，即采集自然生成的某种类似于"酒曲"的物质来造酒，完全是顺应天时的过程，谷物发霉了，生芽了，加上从自然界"采"来的曲，就有了酒。什么时候"采"曲呢？当然是有季节讲究的。为了向后代传授酿酒经验时便于记忆，先民们必须选择一个带有标志性的日子来标记这个季节性的时间，六月六、七月上寅日、端午这些古代就存在的节日，就成了合适的候选。随着酿酒技术的发展，人工制曲出现，人们通过比较发现，伏天踩制的酒曲，用于白酒生产比其他时间制作的酒曲更好，这才总结出伏天踩曲的经验并得以流传至今。

另一个说法似乎也能证明端午踩曲来自古老的传统。中国自古有端午采药的习俗，而酒在古代本来就是药的一种，至今在民间还流传着诸多以酒为药的做法。酒既是药，有"酒母"之称的酒曲自然也是药，酒曲有着酒药、曲药等别称也充分证明了这一点。贵州独山翁台水族乡至今还有这样的谚语：不信神,信雷神;不信药,信酒药。酒曲既然就是药,理当遵循端午采药的习俗,在端午时节采曲或者踩曲,这样,酿酒时就能更好地发挥酒药的威力。

茅台酒制曲另一个神秘的特色就是女工踩曲。

据传茅台镇女工踩曲已有600余年历史。端午时节制曲开始,茅台镇20岁以下的年轻女子,就被各个酒厂聘请前去踩曲。当地盛传,哪个酒厂请到的女子多且漂亮,酒就能大卖。在高温下的制曲房内,年轻女子们一边轻巧地踩着脚下的曲料,一边欢声笑语,本身就是一道靓丽的风景。传统社会,产品通常只在产地附近销售,女工踩曲就是一个活广告。茅台酒厂至今也还保留着女工踩曲这一古老的传统工艺。

女工踩曲应该也是源于自然规律形成的传统习俗。传说古代即有"处女踩曲凤头工艺",指的就是在农历端午节这天,未婚女子用鲜花洗脚后,站在盒子里用脚不停地踩制酒曲的过程。

踩曲为什么需要年轻女子?彪形大汉岂不更有力气?

是曲的特征决定了踩曲人的选择。酒曲将来要掺入高粱中,促进粮食发酵,以便酿出酒来。这就要求曲坯外紧内松,便于粉碎发酵。年轻女孩身体轻盈,踩曲时的力度恰到好处。如果是彪形大汉或者过于肥胖的女性,三下两下把曲坯踩实,效果就大打折扣。而且,由于是高温下制曲,而女性从生理上比男性耐热,因此在科技不发达的古代,聘用女工踩曲无疑是最为"科学"的选择。

对照现代微生物学、微生态学的研究成果,产生于古代的女子踩曲法具有较高的科学价值。农历五月端午时节,茅台镇气候温暖,空气湿度比较大,风速不快,光照充足,各种微生物生长繁殖旺盛,自然环境中的微生物种类及数量多,通过踩曲,让这些微生物充分和小麦等酒曲原料接触,形成了高质量的酿酒微生物群。未婚女子的脚部分泌物较少,霉菌少,即使在踩曲的过程中会流汗,汗液量也较小,能确保酒曲的酸碱度不会产生明显的变化,确保小麦等酒曲原料的纯天然性,确保多种酿酒微生物平衡快速地生长繁殖，确保酒曲的优秀品质。

　　至于传言所说的过去踩曲要找未婚女子，也有其讲究。中国文化讲究阴阳调和，特别是在古代，这种思想尤其盛行。端午被认为是天地至阳之时，在这一天开始踩曲，就需要"至阴"之物来调和。古人于是认为，代表"至阴"的未婚女子，就是踩曲的最佳人选。现在看来，这一说法并无科学依据。

　　现代科技的进步强烈冲击着酿酒这种带有鲜明传统手工业烙印的行业，酿酒业受益于新技术而安装了自动化的生产线，用上了先进的生产工具，提高了生产效率，但也简化了传统的酿酒工艺，因而也极有可能改变成品酒的品质。

　　中国很多酒企如今都在利用现代化的机械制曲。洋河酒厂就建有现代化制曲大楼。过去的人工操作场景已难觅踪迹，取而代之的是高大的厂房架构，整齐划一的车间布局，井然有序的机械设备以及快速稳定的机械制曲流程。从原辅料的处理到曲坯成型，两个系统的多个环节都经中心控制室联网控制，真正实现了一键控制和自动化。机械制曲克服了传统人工制曲劳动强度大、曲质不稳定、卫生条件差等不足，节约了大量的人力，减轻了劳动强度，配料更精确，拌料更均匀，曲块松紧度一致，曲坯成型规范统一。但洋河酒厂的生产工艺与其他酒厂有一定的差别，机械制曲是否有进一步推广的价值，还存在争议。

　　湖北白云边酒业 10 年前引进了一套机械化生产设备用以生产白云边高温大曲。当时，国内关于使用机械生产高温大曲的研究很少，没有较为成熟的资料文献。经过两年多的科学研究和生产实践，高温机械制曲生产的成品曲基本达到规定的质量标准，并成功应用于白云边酒的酿造生产。白云边高温机械制曲工艺现已制成文献资料，用以指导制曲生产。

　　白云边的高温大曲与茅台的制曲工艺相仿，是否对茅台有借鉴意义呢？其实，早在 20 世纪 80 年代，茅台酒厂就与国际知名公司合作，有过大规模机械制曲的尝试。茅台酒厂的第一代制曲机是仿照砖块成型原理制造，曲坯一次挤压成型，确实能大幅度降低工人的劳动强度，节省人工劳动力。但机械压制的酒曲过于紧密，发酵时内外温差大，散热差，曲子断面中心容易发生烧曲现象，曲块发酵力低，对成品酒的质量影响很大。因此，茅台酒厂很快就放弃了机械制曲的努力，回归人工踩曲。自那以后，不管其他酒企在机械制曲方面有什么技术突破，茅台酒厂都不为所动，坚持传统的人工踩曲工艺。

同处茅台镇的国台酒庄，过去生产工艺与茅台基本相同。从2013年开始，以机械制曲逐步取代人工制曲，降低工人劳动强度50%以上，而且改变了人工操作靠经验、凭感觉的不确定性，确保了酒曲的品质一致。但国台酒的品质一直无法比肩茅台酒，这当中是否有制曲的因素，人们不得而知。对于茅台酒厂来说，因其在酒业的特殊地位，在一项技术没有完全成熟之前，出于对产品质量把控的考虑，是绝不会轻举妄动的。故而，茅台酒厂至今一直坚持传统的人工踩曲。

人工踩曲，意味着劳动强度很高。对于这个主要依靠经验和感觉的工种而言，主要的工作都依靠人工完成，所以，踩曲至今仍是茅台酒厂最为劳动密集的环节。热衷于工业旅游的人们将少女踩曲看作一种美景，但刚到制曲车间的女工大多难以承受踩曲的工作强度，两天下来，腰酸背痛，腿会疼得下不了楼。

茅台酒厂制曲一车间至今还保留着一栋老旧的平房用于踩曲。可能是老房子，遗留下来的微生物多，制出来的酒曲酱香味尤为明显。这栋老房子里惟一能称得上现代化的设备，是一台专门用于打碎、搅拌曲料的机器。

厂房的一角，年轻的女工三五成群地往木质的模具里填满曲料，然后用脚踩出曲块。曲块最后要呈龟背型，四边紧，中间松，否则就无法进行完全发酵，制成合格的曲母。在曲仓里，用稻草包裹好的曲块要进行40天高温发酵，之后还要进行几个月的堆曲，才能用于酿造茅台酒。

在湿热的曲仓里，气温在35℃以上，正在发酵的酒曲中心足有60℃。曲仓里没有安装电灯，光线从一扇小小的窗户里射进来，一些女工借助走廊里的光亮细心地剥着已过 40 天发酵期的曲块上的稻草，一股浓浓的酱香味弥漫在曲仓里。

因为要保持环境高热高湿，让微生物能在全自然状态下充分参与曲块的发酵生成，因此无法利用空调、空气干燥器等现代化的手段来改善工作环境。所以，踩曲工人一般凌晨五点就开始上班，上午 10 点左右结束一天的工作。

如此"原始"的传统劳作画面，让人不免有时光倒流的感觉。然而，踩曲女工的现实生活状态充满了现代时尚的气息，与她们的职业状态形成鲜明的对比。她们大多开着私家车上班，在极其原始的工作环境中重复着传统的操作，下班后，沐浴更衣走出车间，又复归为衣着光鲜的现代女性。正是凭借踩曲女工们的坚韧和辛勤，人工踩曲这项承载着传统文明的酿酒工艺才得以传承，并最终成为茅台酒独特品质不可或缺的一部分。

枸酱（之一）

龙绍讷

南粤曾传枸酱名，人言道出夜郎城。
生来性本兼姜桂，食后功还陋橘橙。
紫芥脍鱼堪佐肴，青梅调鼎待和羹。
调嘲倘遇黄幡绰，听取随风唾玉声。

---

15. 重阳下沙

中国传统节日重阳节前后，赤水河谷的红缨子糯高粱已经成熟并收割，茅台酒新一轮生产工序隆重登场，这就是下沙。下沙即投料。茅台酒整个生产过程中，仅在重阳节前后分两次投料，所以叫重阳下沙。

赤水河谷夏季雨多，水土流失造成水质不好。以前人们对酿造用水的处理能力较低，而重阳节前后，赤水河水质是一年中最好的时候，清澈见底，阳光映衬下常看到鱼儿在河中游动。为顺应天时地利，特选择在重阳开始投料。另一个因素就是气候。当地夏季气温高达 35~40℃，高粱淀粉含量高，收堆、下窖升温过猛，生酸幅度过大，不利于酿酒。到了九月，气温降至 25℃左右，高粱也于秋季成熟，此时开始投料酿酒最为适宜。

重阳下沙，立春或除夕之前烤完一次酒，立春或除夕后，气温开始回升，到烤三四次酒的时候，气温非常适于使酱香酒产酒、产香的微生物繁殖生长，而三四轮次淀粉糖化程度、水分、酸度、糟醅通透性都比较合理，因此三四轮次酒是酱香酒产酒、产香高峰期。

重阳下沙秉承了千百年来的酿造工艺，体现了中国传统制造业顺应天时地利的文化传统。

居住在茅台镇一带的人们，在很早的时候就能顺应天时地利，以野果、谷物酿造美酒，久而久之便形成了对自然物候的崇拜。酿酒离不开水，因而茅台镇的先民们最早的自然崇拜对象很可能就是生生不息的赤水河。岁岁重阳时，茅台镇的先民们都要举行隆重的祭水仪式，十分虔诚地进行"招龙""祭水""安龙"等祭祀活动，以表达对自然神灵的感恩与崇拜，祈祷上苍赐予茅台人五谷丰登、平安吉祥、美酒满坛、粮谷满仓。

重阳祭水作为茅台镇千百年酿酒历史中亘古不变的习俗，至今仍在延续。每当农历九月初九重阳节来临，茅台镇赤水河畔都要举行古老的祭水仪式。鼓乐声中，人们虔诚地向天地鞠躬、敬香、敬酒，恭读祭文，表达着对赤水河的感恩与崇敬。

重阳下沙的"沙"，是指茅台酒的主要酿造原料高粱和其他辅料。在投料之前的初加工过程中，部分酿酒原料被粉碎，于是当地方言就形象地把经过初加工的原料统称为"沙"。

根据原料粉碎的程度和工艺，"沙"被分成多种类型。不同的沙，酿出来的酒在品质上有差异，有的差异还很大。

坤沙：根据方言音译而来，意思是完整的沙，又可写成捆沙、囫沙。所谓坤沙，就是指完整的高粱。事实上，100%的坤沙投料并不存在，所有的坤沙都维持着大约20%左右的破碎率，因为全部原料都保持完整不利于发酵，依靠其中破碎的部分才能更好地带动发酵。坤沙酒出酒率低，品质最好，核心工艺就是著名的"回沙"工艺，即两次投料、九次蒸煮、八次发酵、七次取酒，再经三到五年存放才能饮用。

碎沙：顾名思义就是指被碾碎的高粱，即在初加工中原料100%破碎，被打磨成粉状。碎沙生产工艺较为快捷，周期相对较短，出酒率高，不需要严格的"回沙"工艺，一般烤二三次就能把粮食中的酒取完，酒糟不能重复使用。这种酒酱香味比较淡，后味比较短，经过长时间的存放后酒体同样会有浓烈酱香味，酿造出来的酒也好入口。缺点是相对正统酱香来说要单薄不少，酒体层次感单一。初次接触酱香酒的人往往更容易接受碎沙酒。纯碎沙酒陈放多年后，香味提升仍然很小，但口感柔顺更好入口。白酒界经常有"浓郁派"与"清淡派"的派系之争，其实就是坤沙酒和碎沙酒之争。高质量的碎沙酒可以单独勾调销售，品质一般的通常和坤沙酒混合勾调后再进行销售。

翻沙：在经过9次蒸煮后丢弃的坤沙酒糟中加入新高粱和新曲药，即为翻沙。翻沙酒生产周期短，出酒率高，但品质较差，仅仅比酒精酒多了一点酱味，工艺控制不好还会出现苦、糊等杂味。翻沙酒大约相当于"废物利用"，因而价值不高。

窜沙：也叫串沙、串香，在经过9次蒸煮后丢弃的坤沙酒糟中加入食用酒精，即为窜沙。直接蒸馏后的产品称窜沙酒，产品质量差，成本低廉。市面上出售的几元到二十余元一瓶的酱香酒，基本都是这类产品。酱香的GB/T（国家标准）出台后，窜沙酿造因不符合酱香酒标准已经被淘汰。

窜沙酒已被淘汰，翻沙酒一尝便知，难以区分的是坤沙酒和碎沙酒。

坤沙酒和碎沙酒都源自生物发酵过程，区别在于工艺上的传统与非传统。坤沙酒采用传统工艺，用高温大曲作为糖化发酵剂，不顾及成本，只在乎品质，而碎沙酒采用了现代技术对工艺进行了改进，一般用麸曲作糖化发酵剂。在口感上，坤沙酒香气丰富，口味丰满，微苦带甘，略有酸涩，香而不艳，低而不淡，层次清晰，回味悠长；碎沙酒闻香单一，入口柔顺，不苦且甜，回味寡淡。初饮者往往视丰满为辣口，以寡淡为柔和，因而弃坤沙而好碎沙者多。当然，好的碎沙酒，在品质上甚至要高于品质较差的坤沙酒。

即便是坤沙酒，也有品质差异。优质坤沙酒入口时酱香突出，微苦带甘，酱香中透着淡淡的焦香、花香，在口中逐层释放，层次感清晰，回味幽雅，细腻绵长；一般的坤沙酒入口酱香味突出，但苦味较重，焦香有点露头，花香淡雅，层次感不够丰富，回味幽雅；新坤沙酒酱香突出，但入口暴烈，活力过大，燥气较重，易造成味觉麻痹，不宜细品。

这就解释了为什么同是酱香酒，有的几十上百元一瓶，有的高达数千元一瓶。除了品牌溢价之外，酿造工艺和酿造成本决定了价格。

茅台酒为坤沙酒，其品质远远高于其他坤沙酒，是坤沙酒的代表，是坤沙酒的经典。茅台酒的制曲车间、制酒车间和储存仓库全部位于茅台镇核心产区内，并且占据着核心产区的最佳位置，享有比其他坤沙酒更好的地理环境，酿造过程中必需的微生物群也最为丰富；茅台酒使用的酿酒原料全部来自赤水河谷特有的红缨子高粱，而且特别注重高粱种植的有机化，近年来更是大规模开辟种植基地，以保证其酿酒原料不受污染；茅台酒严格遵循传统的回沙工艺，坤沙中的破碎率在10%左右，对待两次投料、九次蒸煮、八次加曲发酵、七次取酒等繁复工序一丝不苟；茅台酒新酒存放时间至少五年，再经精心勾调成形；茅台酒老酒储存丰富，老酒点化新酒，勾调手段丰富、神奇。

茅台酒的投料分两次完成。重阳节前，气温适宜，高粱成熟，水质最佳，第一次投料开始，称重阳下沙。

第一次投料占总投料量的一半。第一步"润粮"，即将10%左右的高粱原料粉碎后，混入未破碎的坤沙中，再以热水（称发粮水）浇泼。边泼边拌，使原料吸水均匀。也可将水分成两次泼入，每拨一次，翻拌三次。注意防止水的流失，以免原料吸水不足。然后加入母糟拌匀（母糟是上年最后一轮发酵出窖后不蒸酒的优质酒醅）发粮水后堆积润料若干小时。

第二步蒸粮（蒸生沙）。在甑蓖上撒上一层稻壳，见汽撒料，1小时内完成上甑，圆汽后蒸料，原料蒸熟后即可出甑。出甑后再泼上热水（量水）。发粮水和量水的总用量约为投料量的56%~60%左右。

第三步：摊晾拌曲。泼水后的生沙，经摊晾、散冷，并适量补充因蒸发而散失的水分。当温度降到一定范围内时，加入尾酒和大曲，拌匀。

第四步：堆积发酵。生沙收堆，堆积时间4~5天，待品温上升，可用手插入堆内，当取出的酒醅具有香甜酒味时，即可入窖。

第五步：入窖发酵。对堆集后的生沙酒醅再加适量尾酒，拌匀，入窖，并撒上一层薄稻壳，用泥封窖，发酵。

至此，第一次投料完成。

重阳节后，打开窖坑。并按上述流程二次投料，即加入新的高粱，上甑蒸煮，再加曲药，收堆发酵后重新下窖。这一过程称为"造沙"。

造沙流程结束后，全年投料即告完成，生产周期内不再投料。这是茅台酒的独特之处，与其他白酒四季投料完全不同。茅台酒只在投料过程中给原料加水，此后的工序中再无加水环节。投料过程中，分别在下沙和造沙环节有两次蒸煮，但这两次蒸煮并不取酒。另一个神奇之处就是发酵时间的确定完全由酿酒师灵活掌握。经验丰富的酒师用手插进发酵堆，依据手感即可判断是否可以入窖。

造沙入窖后一个月左右，即开窖取醅，开始按轮次摘酒。

> **枸酱（之二）**
> 龙绍讷
>
> 蒌蒻胡为枸酱名，食经不见宪章呈。
> 论功端合居椒上，负性偏能与芥争。
> 绝胜醓醢调脯鼎，漫夸盐豉下纯羹。
> 黔中佳味知多少？试取浮留细品评。

16. 九蒸八酵七取酒

作为坤沙酒的代表，茅台酒的酿造采用著名的"回沙"工艺。所谓回沙，简单地说，就是同一批原料（坤沙）来来回回地反复蒸煮、发酵、取酒，直至把沙里的酒榨干为止。一个完整的回沙过程就是茅台酒的一个生产周期，其中重要的环节就是"九蒸八酵七取酒"。

重阳下沙后，坤沙经过两次蒸煮、两次发酵，即可开始第一轮次取酒。取酒采用固体蒸馏的办法，第一轮次蒸出来的酒叫"造沙酒"。造沙酒蒸馏结束，酒醅出甑后不再添加新料，经摊凉，加尾酒和大曲粉，拌匀堆集，入窖发酵一个月，再取出蒸酒，即得到第二轮次酒，也就是第二次原酒，称"回沙酒"。照此操作步骤和工艺，又分别蒸馏出第三、四、五轮次原酒，统称"大回酒"。以同样的工艺操作取得的第六轮次酒称"小回酒"，第七轮次酒称"枯糟酒"或"追糟酒"。至此，取酒完成，一个完整的生产周期也告结束。最初投入的原料经多次蒸煮取酒后成为酒糟被丢弃，俗称"丢糟"。

茅台酿酒人就是通过这样的"回沙"过程，不断蒸煮、不断发酵，慢慢地把酒"逼出"来的。

七个轮次蒸馏出来的酒，风味各不相同。第一轮次为造沙酒，酸涩辛辣；第二轮次蒸出来的酒比造沙酒要香醇，但仍有涩味；第三、四、五轮次的大回酒酒质香浓，味醇厚，酒体丰满，无邪杂味；第六轮次的小回酒酒质醇和，味悠长，有糊香，但微苦，糟味较浓；最后一次枯糟酒发焦、发苦。但每一轮次的酒都有不同用处，多种风味正是茅台酒在勾调时所必需的。

茅台酒的回沙工艺与其他白酒酿造工艺差异较大，特色鲜明。

茅台酒的生产周期特别长。从重阳下沙到次年八月丢糟，耗时一年，为茅台酒一个完整的生产周期，共计完成两次投料、九次蒸煮、八次发酵、七次取酒等工序。从第三轮起，不再投入新料，只加曲、加尾酒。由于原料为坤沙，粉碎较粗，醅内淀粉含量较高，虽然随着发酵轮次的增加，淀粉被逐步消耗，但直到整个生产周期结束，丢糟中的淀粉含量仍在10%左右，因此丢糟仍可用于酿制翻沙酒和窜沙酒。

茅台酒高温大曲的用量相当大。茅台酒在发酵过程中，用曲总量与投料总量比例高达1:1。但各轮次发酵时的加曲量应视气温变化、淀粉含量以及酒质情况而灵活调整，气温低则多用，气温高则少用，其中第三、四、五轮次可适当多加，而六、七、八轮次可减少用曲。

茅台酒的堆集发酵有区别于其他白酒的独特工艺。生产中每次蒸完酒后的酒醅经过摊晾、加曲后都要堆集发酵4~5天，既有利于酒醅更新、富集微生物，又便于大曲中的霉菌、嗜热芽孢杆菌、酵母菌等进一步繁殖，起到第二次制曲的作用。堆集品温到达一定范围时，微生物已繁殖较旺盛，再移入窖内进行发酵，使微生物占据绝对优势，保证发酵的正常进行。

以醅养窖、回酒发酵是茅台酒生产工艺的又一特点。发酵时，对糟醅采取"原出原入"，达到以醅养窖和以窖养醅的作用。每次堆集发酵后、准备入窖前都要用尾酒泼窖，保证发酵正常、产香良好。由于回酒较大，入窖时酒醅含酒精已达2%（容积比率）左右，对抑制有害微生物的生长繁殖起到了积极的作用，产出的酒绵柔、醇厚。

茅台酒生产用窖也与众不同。窖池用方块石与粘土砌成，容积较大，在

14~25立方米之间。每年在原料入窖前用木柴烧窖一次，除杀灭窖内杂菌之外，还可以除去枯糟味和提高窖温。由于酒醅在窖内所处位置不同，酒的质量也不相同。窖顶部位的酒醅蒸馏出的原酒属于酱香型风味，是茅台酒质量的主要成分；窖底靠近窖泥的酒醅蒸馏出来的酒为窖底香型；窖中酒醅蒸馏出来的原酒为醇甜型。蒸酒时这三部分酒醅应分别蒸馏，酒液分开贮存。

茅台酒是坚守传统工艺的代表。其工艺之古老、工序之复杂，足以称得上中国白酒工艺的活化石。有人戏言，茅台酒厂是中国当今最大的"作坊"。在"九蒸八酵七取酒"以及在此之前的踩曲、下沙等生产环节，除装卸、搬运、入窖、起窖等环节运用了机械手段外，其他生产环节的手工业痕迹还相当"顽固"地存在，润粮、摊晾、堆集、上甑……处处可见手工操作。很多时候，茅台的酒师们更愿意依赖自己的经验来完成各环节的生产。

重阳节前后下沙，往往是茅台酒厂一年中最忙碌的时候。不同的年份，气候环境有所不同。即使同一年中的这个时节，每天的气温也不尽相同，空气湿度也有较大差异，润粮时加多少水要依据这些气候条件由酒师们灵活掌握。之前也尝试过使用现代化的仪器，但很多酒师觉得，仪器还是不如经验判断可靠。在他们看来，靠仪器分析出来的加水量，总有点偏差。

堆集发酵最能体现酒师们的功力。什么时候堆，什么时候收，什么时候可以入窖，酒师们凭经验就能做出决策。这个环节中对温度的把握相当重要，而茅台的酒师们测试酵堆的温度简直是一绝，用手往酵堆里一插，即可判断此刻的温度是否适合某一道工序。

一年取酒7次，每次浓度都不同。什么温度下取酒，取多少，也完全依靠酒工的经验。最令人叫绝的一门功夫就是手捻，就是用手沾上少许酒液，稍加揉搓，即能大致判断酒精的浓度。手捻感觉较滑，表明酒精浓度较高，可以取酒；手捻感觉较涩，表明酒精浓度还达不到取酒的要求。更为神奇的是，很多酒师用手捻的办法，甚至能测量出酒精的度数，与仪器检测的结果相差无几。除了手捻，还能通过出酒时泛出的酒花判断，因酒精浓度不同，酒液表面张力

三、神秘的 15.03

不同，酒花的大小，消散速度也不同。酒花大如黄豆，整齐一致，消失极快时，酒精含量在 65% 至 75%；酒花大小如绿豆，消失速度稍慢，酒精含量约为 50% 至 60%；酒花大小如米粒，互相重叠（可重叠 2 至 3 层），存留时间较长（约 2 分钟）的，酒精含量在 40% 至 50% 之间。酒花大小不同，酒的度数和味道也不同，一般酒花越大，消散越快，酒精的度数越高。如果捻和看还不能做出准确的判断，就只能用嘴巴尝了。车间里很多酒师的钥匙串上都挂着一个只有半钱容量的小酒杯，就是用来尝酒的。虽然很多酒师平时并不喝酒，但尝酒并能据此迅速对酒的品质做出判断，是他们的基本功课。

茅台酒的回沙工艺周期长、用料多、工序繁杂、工艺难以把握，酿造成本比其他白酒高。白酒作为商品，其价格首先取决于品牌张力，当然也与市场供求关系和企业竞争策略等多种因素密切相关。而茅台酒之所以价格昂贵，除上述重要因素外，还有一个原因就是酿造成本较高。

原料成本：茅台酒出酒率低，粮酒率为 5:1，即 5 斤粮产 1 斤酒。这在各品牌白酒的生产中是最低的，其他的白酒仅 2 斤多粮食就能生产 1 斤酒。茅台酒所用粮食为本地生产的红缨子高粱，有机生产，产量低，收购价格高。茅台酒用曲量也很大，粮曲比高达 1:1，即 1 斤高粱要耗用 1 斤大曲，是所有蒸馏酒中用曲量最大的。茅台酒的高温大曲不仅是酿酒的糖化发酵剂，同时也是酿酒原料的一部分，曲香是茅台酒多种香味的重要来源。综合下来不难算出，茅台酒的原料成本远远高于一般白酒。

作业成本：茅台酒的回沙工艺特别复杂，工序繁多，因而作业成本高于一般白酒。重阳节前后分两次下沙，九蒸八酵，每一次蒸煮发酵都辅以摊晾、拌曲、堆集、入窖等高强度的作业，而且发酵次数多、时间长，取酒的轮次数也远远高于其他白酒，造成作业复杂程度增加，生产周期延长。

贮存成本：长期贮存是茅台酒质量的重要保证。刚蒸出来的酒杂质多、香味并不十分丰富，而且各轮次质量不一，并不适合马上饮用，因而茅台酒有一个至关重要的工序就是贮存。茅台酒需要分型贮存，即按不同轮次、不同酒体、不同香型分类贮存。茅台酒厂现有制酒车间二十三个，近六百个班组，每个班组出的酒各不相同，这满足了茅台酒酒体丰富多样的要求，但也增加了分型贮存的难度。茅台酒贮存的时间相当长，从车间蒸出来的酒要贮足五年才能包装出厂。茅台现在的年产量5万~6万吨，这就意味着常年贮存量需在30万吨左右，源于仓储、保管、安全、资金积压的成本都相当大。

老酒成本：贮存五年的酒未必就是口味醇厚的好酒，必须经过勾兑、调味后才能产生香味丰富、口感上乘的饮用体验，而在勾调中必须使用一定比例的老酒。所谓老酒，就是存放多年的陈年酒。一般而言，存放五年以上的酒就算是老酒，但用于勾调的老酒最好已存放十年以上，才能在勾调中更好地显现点化新酒的神奇效果。茅台酒厂目前尚有存放长达80年的陈年老酒。

其他成本：酿酒为重资产制造业，与其他制造业一样，需要承担人力资源、物流、环保、包装等成本。茅台酒的生产采用传统工艺，大多数作业环节都还是由人工完成，人力资源成本较高；茅台酒生产对环境的要求又特别高，所以在环保上的投入也高于一般企业；加上茅台酒产地较为偏远，交通不便，物流运输的成本也居高不下。

牂牁群苗杂咏

刘韫良

翠髻慵梳散发拖，笠尖斜插野花多。
鲍尊香酌茅台酒，醉向葡萄架下过。

17. 勾调是一种艺术

通过七个轮次蒸馏出来的茅台酒，其香味、口感和品质还达不到饮用的标准，需要经过精心的勾兑和调味，才能包装出厂，供人饮用。

三、神秘的 15.03

先给读者们普及一个行业内最基本的常识。所有的酒友，平时喝到的任何成品白酒，都是经过勾调的。勾调是白酒酿造中必须的、不可或缺的工艺流程，任何白酒都不例外。

白酒不可能像鸡生蛋那样一次出酒，至少也要分为头酒、中酒和尾酒。头酒的度数可高达 70 度甚至更高，后出的酒度数逐渐要低一些。这就不可能不勾调，起码也得调匀。有些大酒厂，每个批次产酒的气候、窖池、操作人员都不同，酿出的酒风味怎么说也不可能完全一致，这也是必须勾调的又一个原因。白酒行业有一种说法，七分工艺，三分技艺，这三分技艺指的就是勾调。白酒不仅需要勾调，而且还极为讲究。

茅台酒也需要勾调，而且勾调工艺之讲究、复杂，如同创作艺术品。

勾调主要是为了各种微量成分配比适当，从而达到茅台酒的标准要求，形成理想的香味和风格特点。茅台酒有三种典型体：酱香、窖底、醇甜。茅台酒分七个轮次取酒，每个轮次的三种典型体在数量和品质上都不相同。正是这种多样性成就了举世无双的茅台酒，但也给标准化生产带来了困难。于是，将七个轮次的三种典型体勾调成香味独特的酱香酒，就成为极其关键的环节。

新酒生产出后要装入陶土酒坛中封存，形成"基酒"。第一年进行"盘勾"，就是按照酱香、醇甜、窖底三种酒体"合并同类项"，然后存放 3 年。

3 年后，按照酒体要求进行"勾调"，即用几十种基酒甚至一两百种基酒，按照不同的比例勾调，形成茅台酒的口味、口感和香气效果。

勾调完成后，最后一项工作是"调味"。调味的时候要加"调味酒"。调味酒可能是老酒，也可能是用特殊工艺生产出来的。调味酒味道特殊，每次只添加少量，达到点化神奇的效果。茅台酒每年出厂的成品酒只占五年前生产下线酒的 75% 左右，剩下 25% 留作老酒用于以后勾调。勾兑和调味，是各家酒厂的核心机密。勾兑和调味完成后，继续存放半年到一年，等待醇化和老熟后才进行灌装投放市场。

前后工序统算下来，茅台酒从生产到出厂最短也要五年时间，贮存越久，茅台酒的酒体越柔顺，香气越优雅。

茅台酒没有任何添加剂，勾调时绝不允许添加其他任何外来物质，包括香味物质和水，完全以酒勾酒，以此酒勾彼酒，以老酒勾新酒。茅台酒基酒酒精度低，生产时摘酒52%～57%（容积比率），成品酒勾调时以酒勾酒不加浆，有别于其他蒸馏酒原酒酒精度高达70度以上，勾调时需再加浆的工艺。

勾调工艺是一门专业性很强的技术，也可说是一门神奇的艺术。勾调出一杯茅台酒，一般要用三四十种基酒调配，多时要用两百多种。整个过程没有公式，没有模板，靠的是经验和悟性，凭的是匠心独运，追求的是心灵感应，可感可悟而不可言。将多种酒体层层叠叠的芳香，勾兑调和成既柔和又有穿透力的醇香，形成口感上的平衡与层次感。整个过程不是机械的组合，而是新的创作。因此，茅台酒的勾调师不仅需要丰富的经验和精湛的技艺，更需要灵敏的感观和味觉，还要有杰出的个人天赋。

茅台酒的品质指标不全是物理和化学指标，到目前为止，茅台酒的内含物质已有精确含量数据的超过300种，已经确认种类但没有精确含量数据的超过2000种。所以，茅台酒每批次的品质要完全一样在理论上几乎不成立，在实际操作中茅台酒的品质标准是一个不同批次间接近于可以划等号的近似值。

茅台每一年都会组织一批厂内的国家级品酒师，对茅台一年以来生产的茅台酒做一次标准酒的认定，也就是说，抽出其中一个批次的酒作为标准酒留样，来年勾调时作为质量标准的对照。茅台酒随着存放年月的延长酒体会日渐老熟，品质会发生深刻的变化，所以标准酒的确定每年必须进行一次。

勾调的生产计划是有年度规划的，根据基酒的轮次和等级的数量，测算出全年可能的产量，然后以1000吨为一个单元，一次大规模的勾调将生产5～10个单元的成品酒。

在每一次大规模的勾调之前，会先有一次小勾过程，小勾大致相当于机械厂的中试，只有小勾的方案得到认可通过，才有可能进行大勾。

勾调的方案也就是小勾的配方，要经过四轮严格的审查：

第一轮，小勾组内部评审，内容主要是理化指标和口感，口感来自于鼻子闻和舌头尝，是无法用设备代替的。

第二轮，车间组织的评审小组，对小勾专家组内部评审出来合格的配方进行二次评审。

第三轮，由公司派出国家级的评审专家组成的评审组，对拟进入大勾的配方做最后的评审。

第四轮，大勾之后，勾调成功的成品酒储存六个月之后，由公司派出厂级评审组，做最后的出厂前评审。

后两次的评审团队，多由国家级专家组成。

茅台有众多身怀绝技的勾调师。茅台现有勾调师13人，其中6位省级专家、3位国家级专家。在茅台的用人机制中，勾调师是要进行岗前政审的，并且明确签订协议，禁止对外兼职。很多国家级的勾调师在工作岗位上数十年如一日地辛勤工作，是具备"工匠精神"的高级工程技术人员。

每一位勾调师的每一次勾调，都是根据自己的理解，从200个来自不同轮次、车间、存储时间的样品中进行选择并排列组合。通过品尝读懂这其中的每一个样品，最终勾调出来的小样，包含这200多个样品中90%以上的品种。提交的配方一定是自己认为最精确、最接近茅台酒的品质标准的。虽然不同的勾调师调制出的小样有一些差别，但这种差别极其细微。

为绝对保证茅台酒的品质，每一个勾调师都独立勾调，提交配方，但多数配方不能通过勾调小组内部评审而被放弃。每次对小勾配方的审查都是以盲评的方式，采用严格的淘汰制：四个勾调师团队，各有六七个人同时做勾调配方，而最终只能采用其中一个人的配方。勾调师各自做出配方后，由十几位品酒师进行盲评，评出的最佳一款就作为最终的配方。盲评之下，有的勾调师全年所做的配方都不能被评酒师选中，因而很多身怀绝技的勾调师都无缘展露身手。如果一个勾调师连续两年都没有一个方案被采纳,就必须换岗。

白酒勾调理论得到业界认可,源于前文曾提到的一篇雄文,即1965年由李兴发、季克良等人撰写的科研报告《我们是如何勾酒的》。正是这份引发白酒行业巨大变革的科研报告,奠定了李兴发一代勾调大师的地位,同时也为茅台酒的科学勾调打下了坚实的基础。

正规白酒生产厂家的勾调绝对不包括兑水和兑酒精,那是对酒的亵渎。中国台湾作家唐鲁孙号称喝遍中国名酒,但他在关于茅台酒的回忆中说,茅台酒是勾调出来的,最好的茅台酒勾调的是陈年老酒,而只售一块大洋的普通茅台酒则勾调的是普通烧酒。由此看来,道听途说的唐鲁孙或者喝了不少假茅台,或者根本就没弄明白茅台酒的制作工艺。茅台酒确实是勾调出来的,但所调的是不同年份、不同生产批次的茅台酒,而非别的任何酒。

茅台酒无论作为礼品酒还是今日的商务酒,最重要的依靠是"质量通天"的观念及其始终如一的坚持。

茅台酒的勾调最核心也最机密的环节是小勾。勾调师要反复勾调以确定"基酒"的香型和味道,拿来反复勾调的酒少三四十种,多的时候竟超过三百种。基准确定之后,才可以大范围勾调。至少这个环节是机器不能胜任的。茅台酒厂老资格的评酒师汪华去威士忌酒厂参观后曾感慨地说,所有的好酒都是舌头而不是机器在发言。因为她发现苏格兰那些老酒厂的勾调和评酒过程基本和茅台所采用的相同。

茅台的评酒师高手云集。评酒师们的鼻子和舌头相当宝贵,而且很难被机器或其他人取代。有外国人曾说过,酿酒大师季克良有"世界上最贵的鼻子",指的就是其评酒的功力。评酒会上,评酒师们不断地在端到自己面前的两种酒中挑出好的一种,然后投票。最后,在当天的8种酒中选出最好的一种作为大勾的配方。要知道这8种酒也都是大师之作。评酒师平时不可以吃辣椒之类的刺激性食物,也不能吃糖,以免损伤味觉。对于做汤炒饭都加辣椒的贵州人来说，这当然是一种折磨。

评酒师们常说，好酒都有老陈的香味，那种味道的唯一制造者是时间。周恩来当年招待尼克松喝的茅台酒就是用各种不同年份酒勾出来的，里面有30年的陈酒，专家们都说那种老香无可比拟。我曾在仁怀市的一次家宴中三人共饮一瓶茅台，很是轻松，喝完才知道这瓶酒是2005年出厂的。真正接触"不可比拟"的陈酒，是在茅台酒厂一位领导家中品尝到一瓶1985年出厂的茅台酒，只是大家都不忍多喝，太珍贵了。据说如果放到收藏家手里，脱手价可能接近20万元。

"严格地注明一切，勾调时才不容易出错。"严格执行新酒入库标注制度是正确勾酒的基本保证。茅台酒的勾调是在酒库封闭完成的。茅台酒库的占地面积是车间的3倍，六层高的楼房计有两百多栋，里面堆满了等待老熟的酒。不同的仓库堆放不同年份的酒，但存放那些60多年老酒的仓库是哪间，笔者自然也不知道，属于机密。茅台酒厂的酒库外人根本无法进入，即使因为工作关系进入了酒库，也要经过严格检查，连董事长也不例外。

20世纪90年代，借鉴国外葡萄酒、白兰地、威士忌的等级概念，中国开始出现了"年份酒"。

年份酒的"年份"是指陈酿时间，即酒从原料生产出来（基酒），经过储存（陈酿）、勾调成成品所耗的时间。需要重点说明的是，中国市场上的"30年陈酿"，并不是指整瓶酒存放了30年，而是在基酒中添加一定比例的30年陈酒。需要注意的是"一定比例"，因为需要添加多少陈酒，全凭勾调师的经验，他说多少合适就多少，当然这同样属于机密。

茅台酒厂最早在白酒界推出"年份酒"，而且先后推出四种：15年、30年、50年、80年。1997年7月首次包装30年和50年陈年茅台，1998年5月首次包装80年陈年茅台，1999年1月首次包装15年陈年茅台。

茅台酒因特殊的勾调工艺而存放老酒较多，这是各类茅台年份酒的物质资源保证。

特别值得一提的是茅台酒80年陈酿,每年限量生产,是国酒之尊。有消费者认为,80年的茅台年份酒,就应当全是由陈放期达80年的茅台酒灌装的,但这是一个误解,因为这种看法并不符合茅台酒的生产规律和物质组成规律。不同酒精浓度、不同香型、不同轮次、在不同储存容器和不同储存环境条件下的不同年龄的酒,品质会有明显差异。单纯某一年份、某一轮次的贮存老酒,未经勾调,未经严格的理化分析,香味组合成分的量比关系会失调,并不适合饮用。所谓80年茅台年份酒,其实是拿不同年份、不同轮次、不同典型酒体的酒加入一定比例的已存放80年的老基酒相勾调,最终形成符合特定口感和质量风格的成品酒。

第一批80年茅台年份酒,采用的是1915年巴拿马万国博览会获金奖后华茅和王茅封坛珍藏的老茅台酒,经精心勾调而成,未添加任何香气和香味物质。外包装古典、雅致,内包装为楠木木盒,陶瓶用中国宜兴紫砂陶烧制而成。酒盒内还配有一枚24K纯金巴拿马万国博览会金奖奖章(仿制),重半盎司。盒子、钥匙、瓶底都有统一编号,内附袁仁国、季克良新老两任董事长签名的收藏证书。对于收藏者绝对是难得的珍品。常说人生七十古来稀,何况八十高龄茅台酒?

茅台酒是不是越陈越好?

纯净的酒精水溶液几乎是没有香味的,而一般的白酒具有独特的色、香、味。包括茅台酒在内的白酒散发出的芳香气味主要是乙酸乙酯在发挥作用。新酒中乙酸乙酯的含量极少,是酒中的醛、酸反倒刺激喉咙,所以新酒入口生、苦、涩;新酒需要数月乃至数年的自然窖藏过程消除杂味,才能散发浓郁的酒香。

新酒放在酒坛里密封好,长期存放在温湿度适宜的地方,坛中的酒就会发生化学变化,酒里的醛类物质便不断地氧化为羧酸,而羧酸再和酒精发生酯化反应生成具有芳香气味的乙酸乙酯,这个变化过程行业内称之"陈化"。只是这种化学变化的速度很慢,有的名酒陈化时间需要几十年。之所以茅台酒每支必存放五年才出厂，首先就是陈化的需要。

　　酒要陈化，但也并非越陈越好。如果酒坛不经密封或密封条件不好，加之温湿度条件不当，时间长了不仅酒精会跑掉，而且还会变酸、变馊，进而酸败成醋。因为空气中存在着醋酸菌，酒与空气接触时，醋酸菌便乘机而入，酒精发生化学变化而成醋酸。

　　说茅台酒陈酒更好，也是有条件的，尤其是对器具、器皿和存放环境有严格的要求。倒是现代科技可以利用辐射方法照射新酒，缩短陈化时间。而科学工作者开发的陈化设备，非常适用于优质酒的加速陈化，8～10分钟即可获得半年到一年的陈酿效果。

　　因为茅台酒的贮存工艺特殊，即使是当年出品的茅台酒也已经是"五年陈酿"，所以一般的酒友对年份差距不大的茅台酒很难分辨，但如果拿茅台酒和其他酱香酒的新酒相比就非常明显。而茅台酒厂的陈年老酒又有别于一般的茅台酒，更与其他酱香新酒差异悬殊。

　　一看色泽。一般新酒无色透明，而陈酒带微黄色，越陈的酱香型白酒黄色越浓且清晰。

　　二是闻香。新酒多少有些刺鼻，而陈年酒闻香温和，老味飘香，幽雅细腻。

　　三是尝味。新酒有些刺舌尖，如品一点满口散，而陈年酒是成"团"进口进喉，越陈越不散。

　　四是感受。当你一口把酒喝到胃里，胃的反应有烧灼感即是新酒，陈年酒是不会有刺激感的，胃里会慢慢有热感，渐渐扩散至全身。

　　五是空杯留香。当杯中酒喝干，新酒在杯子里的留香比较容易消失，而陈年酒越陈，香气在杯子里停留的时间越长，有的陈年酒空杯留香的时间长达五天以上。

　　六是体验。陈年酒经过五年以上的贮藏，容易挥发的物质已经挥发了很大一部分，相对新酒而言，自然对人体的刺激微弱。

还有一种"小批量勾调"的茅台酒,为茅台酒大家庭中的上乘之作。小批量勾调酒是茅台酒厂多位勾调大师在茅台酒传统生产技艺的基础上,甄选不同年份的茅台酒,小批量精心勾调而成。每款小批量勾调酒均严格把关,酒体保持茅台酒卓越品质的同时,拥有鲜明的个性和丰富的口感。据传当年茅台酒厂为周恩来、邓小平等喜爱茅台酒的领导人进行过小批量勾调,而现在基本不再使用小批量勾调工艺了。2012年为了参加奥地利世界烈酒大赛,小批量勾调茅台酒再度出山,一举战胜了30个国家、75个优质烈酒厂商的500多种烈酒,包括阿普尔顿牙买加朗姆酒、百加得马丁尼、卡慕干邑、亨利爵士高级金酒、苏格兰威士忌、劳巴德酒、梅克斯马克、威士忌、麦迪沙酒、人头马等众多知名品牌,荣膺大赛金奖。

> **鹿山先生萧吉堂光远见示《七十遣怀》**
> **之作属和,歌以寿之(节选)**
> 赵懿
> 此为极乐世绝少,请堪自此长携壶。
> 吾谋区区倘可用,芳醪且向茅台酤。

四、迷人的 53°

18. 酱香始祖

全球各地的酒品类繁多,风味各异。对这些灿若星河的酒分门别类,是很多人乐意做的一件事情,但同时也是吃力不讨好的一件事情。迄今为止,还没有哪一种分类能得到比较一致的认可而不引起争议的。比如烈酒也就是蒸馏酒,通常被分为八大类,即金酒(Gin)、威士忌(Whisky)、白兰地(Brandy)、伏特加(Vodka)、朗姆酒(Rum)、龙舌兰酒(Tequila)、中国白酒(Spirit)、日本清酒(Sake),而茅台则认为,威士忌、白兰地和贵州茅台为世界三大著名蒸馏酒。再比如葡萄酒,按照欧盟葡萄酒相关法律规定,每瓶葡萄酒都要标明原料、工艺和质量等级,但具体等级由各国自己制定。结果,法国、德国、西班牙、意大利制定的等级标准都不一样,很难直接进行比较,让不懂葡萄酒的人一头雾水。

酒的风格无非是由色、香、味三大要素组成。一般来说，根据这三大要素对酒进行分类，就不会引起太大的争议。此外，各个国家均有不同于其他国家的酒文化，根据传统的酒文化对酒进行分类，同样也是可取的。白酒是中国传统而独有的产品，但酿造工艺五花八门，酒的风格千姿百态，酒的品类丰富多彩，分类也不是一件容易的事情。20世纪60年代中期开始，为了加强管理，提高质量，也为了相互学习，做好评比，以周恒刚等酒界泰斗为主体的相关专家对白酒的香型进行了系统的研究，通过对酒内香味成分的剖析、香气成分与工艺关系的研究，把中国白酒分成不同的香型。1979年第三届全国评酒会上，实施按香型进行评比。自此之后，白酒的香型分类渐渐为国内广大消费者接受，并最终得以定型。

按照香型，中国白酒被分成五大类型：

一是浓香型白酒。以泸州老窖为代表，所以又叫"泸香型"。浓香型白酒窖香浓郁、绵甜爽净，主体香源成分是己酸乙酯和丁酸乙酯。泸州窖酒的己酸乙酯含量比清香型白酒高几十倍，比酱香型白酒高十倍。另外酒中还含丙三醇，使酒绵甜甘洌。酒中含有机酸，起协调口味的作用。浓香型白酒的有机酸以乙酸为主，其次是乳酸和己酸，特别是己酸的含量比其他香型的白酒要高出几倍。浓香型白酒大多以高粱、小麦为原料，中温制曲，原料混蒸混烧，采用周而复始的万年糟发酵工艺，用曲量为20%左右。采用肥泥窖，为己酸菌等微生物提供栖息地，并强调百年老窖。泸州特曲、五粮液都号称是数百年老窖酿成。上市前贮存期为一年。除泸州老窖外，五粮液、古井贡酒、双沟大曲、洋河大曲、剑南春、全兴大曲、郎牌特曲等都属于浓香型白酒，贵州的鸭溪窖酒、习水大曲、贵阳大曲、安酒、枫榕窖酒、九龙液酒、毕节大曲、贵冠窖酒、赤水头曲等也属于浓香型白酒。

二是酱香型白酒。因散发类似豆类发酵时的酱香味而得名，又因源于茅台酒工艺，故又称"茅香型"。酱香型白酒优雅细腻，酒体醇厚、丰富、回味悠长。酱香不等于酱油的香味。从成分上分析，酱香酒的各种芳香物质含量都较高，而且种类多，香味层次丰富，是多种香味的复合体。香味又分前香和后香。所谓前香，主要是由低沸点的醇、酯、醛类组成，起呈香作用；所谓后香，是由高沸点的酸性物质组成，对呈味起主要作用，也是"空杯留香"的构成物质。茅台酒是这类香型的楷模。根据国内研究资料和仪器分析测定，它的香气中含有100多种微量化学成分。酱香型白酒的原料有高粱（酿酒）、小麦（制大曲），高温大曲，原料清蒸，采用八次发酵、七次蒸酒，用曲量大，入窖前采用堆集工艺，窖池为石壁泥底。贮存期3~5年。酱香型白酒的主要产地在贵州。除茅台酒外，贵州还有习酒、怀酒、珍酒、贵海酒、黔春酒、颐年春酒、金壶春、筑春酒、贵常春等酱香型白酒。此外，四川的郎酒也是享誉国内的酱香型白酒。郎酒产地虽归属四川，但酒厂所在的位置在赤水河流域，与贵州酱香型白酒主产区仅一河之隔。这说明白酒的香型与地理环境有着十分密切的关联。

三是清香型白酒。传统老白干风格，以山西杏花村的汾酒为代表，所以又叫"汾香型"。清香型白酒芬芳纯正，诸味协调，甘润爽口，余味爽净。主要香味成分是乙酸乙酯和乳酸乙酯，从含酯量看，比浓香型、酱香型都要低，而且突出了乙酸乙酯，但乳酸乙酯和乙酸乙酯的比例协调。清香型白酒的原料除高粱外，制曲用大麦、豌豆，制大曲的温度较浓香型、酱香型都低，一般不得超过50℃。清蒸工艺，地缸发酵。贮存期也是一年。除汾酒外，宝丰酒、特制黄鹤楼酒也是清香型白酒。

四是米香型白酒。米香型白酒2000年前以桂林三花酒代表，2000年后以冰峪庄园大米原浆酒为代表。米香型白酒蜜香清雅，入口柔绵，落口爽净，回味怡畅。主体香味成分是β-苯乙醇和乳酸乙酯。在桂林三花酒中，这种成分每百毫升高达3克，具有玫瑰的幽雅芳香，是食用玫瑰香精的原料。米香型酒酯含量较低，仅有乳酸乙酯和乙酸乙酯，基本上不含其他酯类。米香型白酒的原料为大米，糖化发酵剂不用大曲，而用传统的米小曲，采用半液态法发酵工艺，与其他白酒的固态发酵相区别。发酵周期仅7天左右，比大曲发酵的时间少 1/5 以上。贮存期也较大曲酒短，仅 3~6 个月。全州湘山酒也属米香型白酒。

五是其他香型酒。除以上几种香型外的各种白酒，统属其他香型。有些白酒工艺独特、风格独具，对其香型定义及主体香气成分有待进一步确定，或者以一种香型为主兼有其他的香型而无法归类，所以划归到其他香型。其他香型酒以董酒为典型代表，因为风格特异又被人们称为"董香型"。其风格特点是香气馥郁，药香舒适，醇甜味浓，后味爽快。主要香气成分也是乙酸乙酯和乳酸乙酯，其次是丁酸乙酯，药香以肉桂醛为主。由于含酸量较高，而且有比例的丁酸，所以风味特殊，带有腐乳的香气。西凤酒也属于其他香型白酒，而且自成一派。产自江西樟树的四特酒，"整粒大米为原料，大粬面麸加酒糟，红赭条石垒酒窖，三香俱备犹不靠"，因其香型风格独特，被中国白酒泰斗周恒刚先生定义为"特香型"。江西另一名酒李渡高粱，承袭古法，分层蒸馏，量质摘酒，香味和谐、净爽、秀雅，为兼香型的白酒中的上品。以山东景芝酒为代表的芝麻香型，从其他香型白酒中分支出来，成为一个独立的香型酒种。泸头酱、平坝窖酒、匀酒、朱昌窖酒、金沙窖酒、泉酒、山月老窖等，均采用大小曲工艺，产品有自己独特的香味与风格，都属其他香型。

白酒香型的划分是相对的。同属一种香型的酒，仍有自己的个性风格特点。白酒的香型就好比京剧的唱腔流派，梅、程、尚、荀四大名旦，余、言、高、马四大须生，是大的流派，大流派中又有支派，既允许发展个性，形成新的流派，同时又允许大的流派之外并存其他流派。随着技术的进步，酿酒工艺也在不断革新，当更多的新工艺出现时，还会产生更多的新香型。

酱香型白酒之所以自成一派，就是源自茅台酒，所以酱香型又称茅香型。不仅如此，茅台还是酱香型白酒工艺的科学总结者，是酱香型香味成分的发现者，是酱香型白酒这一称呼的创立者。因此，称茅台为"酱香始祖"，名实完全相符。

四、迷人的53°

在中国白酒香型的系统研究成果没有产生之前，茅台酒与其他白酒一样，也没有香型定位。历史上，茅台酒一直被笼统地称作"烧酒"。虽然也有诸如茅台烧、华茅、王茅等各种各样的正式叫法，但既没有带有香型特点的命名或称呼，也没有以香型为突出特点的宣传。然而，茅台酒有别于其他白酒的独特醇香，时刻刺激着茅台酒的酿酒大师们，激发着他们对茅台酒独特醇香深入研究的兴趣。

1964年，茅台酒厂经验丰富的酒师李兴发率领的科研小组，对茅台酒香型的研究取得重大突破。他带着三种不同香型的茅台酒，给驻在茅台酒厂调研的三位国内白酒专家品尝，并向三位专家简单表述了自己的研究成果。三位专家一致认为，这三种酒的味道迥异，差异明显。在得到初步的认同后，李兴发给这三种酒体分别命名，他把酱香味道好、口感幽雅细腻的称为"酱香"，把用窖底酒醅酿烤、有明显窖泥香味的称为"窖底"，把香味不及酱香型但味道醇甜协调的称为"醇甜"。

李兴发是茅台酒厂刚刚成立时就进厂当工人的"茅一代"。师承中国白酒的一代宗师郑义兴，同时也是后来茅台酒厂掌门人季克良的老师。从1955年起，李兴发长期担任茅台酒厂主管技术的副厂长，是典型的技术派。

李兴发发现酱香、醇甜和窖底三种典型酒体的那一年，季克良刚刚进入茅台酒厂担任技术员。季克良是食品发酵专业毕业的大学生，与李兴发这一代酿酒师比较，属于科班出身，理论功底扎实。于是，李兴发这个堪称伟大的发现，就交由季克良做最后的提炼和总结。

1965年，在四川泸州召开的全国第一届名酒技术协作会上，季克良宣读了用科学理论总结整理的李兴发科研小组的研究成果《我们是如何勾酒的》，向业界正式公布茅台酒酱香、醇甜和窖底三种典型酒体的发现。

经李兴发科研小组研究发现，茅台酒中挥发性和半挥发性成分963种，不挥发或难挥发性成分450~500种，总成分种类在1400种以上。三种典型酒体的主要成分分别为：酱香酒体多含羰基化合物，如3-羟丁酮、双乙酰、糠醛等，较多含有酚类化合物和杂环化合物，如 4 - 乙基愈创木酚、香草醛、阿魏酸、丁香酸等；醇甜酒体以多元醇含量较多，如丁二醇、丙三醇、丙二醇、环己六醇等；窖底酒体多含醛类、挥发性的低沸点乙酯类化合物，如乙醛、乙缩醛、异戊醛、己酸乙酯、乙酸乙酯、丁酸乙酯、乳酸乙酯、丁酸、己酸等。其中，酱香酒体是茅台酒的主要酒体，是构成茅台酒的主体成分。

季克良的报告语惊四座，反响强烈，与会专家高度重视。几个月后，轻工部在山西召开的茅台酒试点论证会上，正式肯定茅台酒三种典型酒体的发现，确定了茅台酒酱香型的命名。

正是茅台酒三种典型酒体的发现，拉开了中国白酒香型划分的大幕。所以说，茅台酒三种典型酒体的分型，不仅是茅台酒划时代的发现，也是中国白酒界革命性的巨变。此后，中国白酒界的专家按照茅台酒三种典型酒体划分的思路，开始对中国白酒的香型进行系统研究并取得了重大突破。1979 年全国白酒评比会上，明确将中国白酒划分为五种香型：酱香、浓香、清香、米香、其他香，把以香型划分中国白酒的做法正式确定下来。

李兴发的技术专长在勾调，是茅台酒厂的一代勾调大师。三种典型酒体的发现，完善了茅台酒的传统生产工艺，使勾调工艺更科学。同时，还为白酒香体鉴别做出了开创性的贡献，为白酒行业提供了规范、科学的评比标准。正是因为这一巨大的贡献，李兴发被称为"中国酱香之父"。

2011 年，酱香型白酒国家标准（GB/T 26760—2011）由国家标准化管理委员会正式发布，作为行业推荐性标准于当年的 12 月 1 日起正式实施。这一中国酱香型白酒的首个国家标准，是国家标准化管理委员会委托贵州省主持制定的，茅台酒厂是制定该标准的主要参与者。

浓烈的酱香就是茅台酒之魂。茅台酒的香气以酱香为主体，融酱香、窖底香、醇甜香等多种香味于一体，你中有我，我中有你，既有主体滋味的浓重，又兼有其他味中之味。茅台酒的酱香是"前香"和"后香"的复合香，"前香"以酯类为主，呈香作用较大；"后香"以酸性物质为主，是"空杯香"的特征成分，呈味作用较大。启瓶时，首先闻到幽雅而细腻的芬芳，这就是前香；继而细闻，又闻到酱香，且夹带着烘炒的甜香；饮后空杯仍有一股香兰素和玫瑰花的幽雅芳香，而且数日内不会消失，被誉为"空杯留香"，这就是后香。前香、后香相辅相成，浑然一体，卓然而绝。

散文大家梁实秋也写过茅台酒的香：一九三零年他任教于青岛大学，校内有"饮中八仙"，包括他在内。教务长张道藩（贵州人）有一次请假回贵阳，返校时带了一批茅台酒，分赠"八仙"每人两瓶。白酒非他们所爱，就都置之高阁。后来梁先生的父亲从北京来青岛小住，"一进门就说有异香满室，启罐品尝，乃赞不绝口。于是，我把道藩分赠各人的一份尽数索来，以奉先君，从此我知道高粱一类其醇郁无出茅台之右者。"

品鉴茅台，宜首观其色，次闻其香，三品其味，四持空杯念其芳。

荡香观色为品鉴茅台酒的第一步。举杯轻摇，酒浆挂杯不散，细细的酒花沿杯而生，旋即复归于灭。复观其色，欣赏茅台酒纯美的自然色彩。正宗的茅台酒一般清澈透亮，纯净柔和；年份略长的茅台酒则微微发黄，有厚重朴实之感。

第二步可闻茅台酒香。茅台酒之奇香，远在其他白酒之上。品茅台酒，必闻其香。开封瞬间，即香气四溢，奇香满室。倒酒入杯，执杯于鼻下，轻嗅其味，则芳香扑鼻而来，沁人心脾。轻荡再闻，香气萦绕，绵绵悠长。

咂香品其味为品鉴茅台酒的第三步。品茅台酒有三式，一抿二咂三呵。一抿，将酒杯送到唇边，轻呷一小口，吸气，让酒浆在口腔中肆意流淌，舌尖被甜酸包围，舌侧微涩，舌根微苦，缓缓咽下，柔和之感遍布。二咂，轻咂嘴巴，将酒咽下，饮后轻咂嘴，舌根生津。三呵，满口生香之际，先吸气后哈气，任由酒香自鼻腔悠悠喷出。三式要丝丝入扣，浑然一体，用心凝神而又从容淡定，充分调动味觉、嗅觉，捕捉每一个酒分子的香味，获得综合的美感享受。

最后手持空杯，复闻余香。茅台酒饮后空杯留香，且久久不散，持杯闻香，回味无穷。

品饮茅台，一般没有特殊的温度要求，这与饮用其他白酒基本一致。

人的味觉最为灵敏的温度范围为 21～31℃。低温使舌头麻痹，高温给舌头以痛感。甜酸苦咸鲜五种味道的强弱程度与温度变化的关系不尽相同：甜味在 37℃ 左右时最能品味出来；酸味与温度关系较小，10～40℃ 范围内味感差异不大；苦味则随温度升高而味感减弱；咸味的强弱之于温度的分界线为 26℃，高于或低于这一温度，咸味便会随温度的升降而逐渐减退。

人的大脑往往优先处理高于 35℃ 的"烫"的信息，此时对其他风味的体会将减弱。在 15～35℃ 间，甜苦鲜味随着温度增加而信号增强。白酒含有 98% 的乙醇和水，以及 2% 的微量成分，其中有上千种物质对风味与口感做出相应的贡献。综合下来，可以推断出品饮茅台酒的适宜温度为 21～35℃。

> **茅台名酒**
>
> 王彝玖
>
> 樽前竞赞茅台酒，华老时邀为至友。
>
> 一石犹嫌未尽欢，千钟饮罢方回首。

19. 经典的 53%VOL.

只要是略微了解茅台的人，就一定知道茅台酒有一个经典的酒精度：53%VOL.。

酒的度数表示酒中含酒精（乙醇）的体积百分比。凡是酒都有酒精度，啤酒、葡萄酒、果酒、白酒或其他杂七杂八的酒，无一例外都含有酒精。酒的度数测定通常是在 20℃ 恒温条件下，用仪器（酒表）测量单位体积所含酒精量。如果 100 毫升的成品酒中含有酒精 50 毫升，那么这就是 50 度的酒。

四、迷人的53°

茅台的53度酒，就是指100毫升茅台酒中含有53毫升酒精。酒精度都是以容量比来计算，所以酒精度标注为"VOL."，以示与重量计算之区分。也有以酒精度的单位V/V作为标注方式的，表示酒精的体积与酒的体积之比，50度的酒则标注为50%（V/V），其含意是100单位体积的酒中含有50单位体积的酒精。两者的区别不大，一般也不作区分，日常的叫法都是多少多少"度"。

酒精度数的测定和表示源于法国著名化学家盖·吕萨克（Gay Lusaka）的发明。因为这种表示方法比较容易理解，使用较为广泛，因而又被称为标准酒度，也称为盖·吕萨克酒度。除了用百分比表示，有的酒也用这一表示法的发明者名字的缩写GL表示。

英美两国不使用标准酒度，而是分别用英制酒度和美制酒度。英制、美制酒度怎么来的、怎么测的就不细说了，列个换算公式，就可以轻松算出英、美洋酒的度数。

标准酒度×1.75 = 英制酒度；

标准酒度×2 = 美制酒度；

英制酒度×8÷7 = 美制酒度。

中国白酒种类繁多，酒精度数因各地的饮用习惯和酿酒工艺的不同而有较大区别。从地域上来看，东北地区豪饮者多，喜好高度酒，白酒通常在50度上下；两广地区气候炎热，偏好低度酒，散装米白酒一般就只有40度左右；燕赵地区自古以来多慷慨悲歌之士，喝起酒来猛气十足，二锅头、老白干、烧锅这样60度以上的白酒随处可见。从工艺上来看，浓香型白酒可以蒸馏出70多度的原浆酒；酱香型白酒因工艺不同，只能蒸馏出50多度的基酒；米香型白酒采用自然发酵工艺，酿出来的酒很少超过20度。按照通常的认识，50度以上为传统白酒的酒度，一般被看作是高度酒，40度以下的为低度酒，介于两者之间的为中度酒。

酒度的测定方法大致有三种。一是传统方法，看酒花。在没有酒表的情况下，将酒慢慢地倒入容器，观察落在容器里的酒花，根据其大小、均匀程度、保持时间的长短，来确定酒精成分的含量。这种方法的准确率可达90%。二是用火烧。将白酒斟在盅内，点火烧煮，火熄后，根据剩在盅内的水量确定酒精的含量，这种方法受外界条件的影响较大。三是用酒表。此法简单精确，把酒精计和温度计直接放入酒中，三五分钟即可读取酒精度数。这也是现在各大酒厂的通用方法。

茅台酒最为经典的酒精度是53度，这也是目前所有茅台酒中最高的酒精度。

在茅台酒的早期历史上，人们并没有什么酒精度的概念，反正是好酒，拉开架式喝就是。1951年从烧坊发展为茅台酒厂后，才有了酒精度的测定和标注，高度茅台酒的酒精度数一直在53度左右。一段时间也曾有过54度和53±1度的茅台酒，随着生产工艺的稳定和对茅台酒品质认知的提高，最后确定高度茅台酒的度数为53度。茅台并不仅仅只有53度的高度酒，也有43度、38度等度数稍低的茅台酒。为适应年轻消费群体快节奏生活方式而创立的43度茅台酒，幽雅细腻，低而不淡，加冰加水不浑浊，品质同样纯正。

为什么茅台酒的53度成为经典的酒精度呢？有一个传播最广，貌似也很科学的说法：只有当酒精浓度在53度时水分子和酒精分子结合最牢固，亲和力强，配比最协调，酒味柔和因而能产生绝佳的口感。有个经典的科学实验，53.94毫升的纯酒精加49.83毫升的水，混合物体积不是103.77毫升而是100毫升，减少了3.77毫升。这个实验足以说明，蒸馏酒的酒精度在53度时，水分子和酒精分子缔合最紧密。53度为蒸馏酒最佳酒精浓度的说法，大多由此推断而来。

白酒不宜超过68度，否则不适合饮用。日常用于消毒的酒精，纯度也只有75%。国外诸如白兰地、威士忌、伏特加等传统名酒，酒精浓度都在65度以上，但饮用时都必须做加浆降度处理。笔者喝过最高度数的国产白酒是75度，度数太高，并不好喝。至于96度的波兰精馏伏特加，89.9度的爱尔兰苦艾酒，都是可以用来配制医用酒精的，喝的时候要禁止火烛，否则一不小心就会燃烧起来。所以，度数过高的酒，因为健康、安全、口感等因素，并不适合饮用。在有些国家，度数太高的酒都在禁售之列。

白酒度数太低，储存是个令人头疼的问题。低于40度的白酒就不适合长期储存，因为微生物会让酒变质变酸，严重影响口感。

所以，中国的高度白酒都以50度以上为主流，茅台酒的53度最为经典，五粮液、剑南春、泸州老窖也都以52度为主打。走主流路线，符合中国人的饮食习惯，不偏不倚，中规中矩。

有人认为，白酒的度数越高质量越好。其实，这是一种错误的认识，高度酒和高品质并没有必然的联系。

酒精度数高，溶解的呈香呈味物质多，复合感明显，对口腔刺激也更强，"过酒瘾"的效果肯定强于低度酒。但酒的度数与质量风味没有太大的关系，高度酒中也有不适合人们饮用的酒，低度酒中也有品质很好的酒。

中国白酒中，泸州老窖曾经生产过73度的基酒，不过需要经过勾调降低度数后才上市。一些农村和少数民族自酿的粮食酒，度数最高可达75度，而且不经勾调直接饮用原浆，极易醉酒。

国外蒸馏酒的度数更是高得让人恐惧。除了上文提到的当今世界度数最高的波兰精馏伏特加外，"生命之水"爱尔兰的Poitin、美国的Everclear 190、玻利维亚的Cocoroco、苏格兰Bruichladdich X4 Perilous威士忌等都在90度以上，比医用酒精的浓度还要高。

酒精度数如此之高的烈性酒，并非就是好酒。相反，这些烈性酒是"对生命极其危险的液体"，过量饮用，容易引起慢性酒精中毒，导致神经系统、胃肠、肝脏、心脏、血管等疾病，因而并不适合人类饮用。

酒友们经常说的一句话是"低度无好酒"。就低度酒容易变质这一点来说，这个说法有些道理，但不免以偏概全，品质优秀的低度酒并不少见。有些低度酒勾调痕迹太重，有害物质较多，由于香味不足，还要加入增稠剂、香味剂等化学物质，再加上放久了变质变酸，喝了的确会头晕口干。但大部分低度酒都是高度酒经过降度处理（在酿酒工艺中称"加浆"）而成，并不是人们认为的简单加水勾调。优质低度酒的工艺比高度酒还要复杂。中国白酒的特点是甘洌芳香、酒度较高。一旦降度，就和原酒的风味有明显差异，出现浑浊乃至沉淀，水味较重。勾调时如何保证低而不淡、低而不杂、低而不浊，并具有原酒风味，是一件很不容易的事。一般要经过基酒选择、加浆降度、浑浊处理、调香调味、静置贮存等多个工艺工序才能生产出优质的低度白酒，勾调难度要大于高度酒。一些名优低度白酒需要经过数次勾调，才能达到理想的品质。降度后的浑浊处理手段也多种多样，但要在除去浑浊的同时，又不至于同时除去其他香味，难度也很大。

有的白酒入口很辣，但跟酒度没多大关系。

纯酒精在味觉上是微甜而不是辣。酒的成分非常复杂，除了水之外，还有醇类、醛类、酯类、酚类、酸类……这些物质共同构成了白酒的口感和风味，当然也包括辣味的程度。造成入口辛辣感的主要是醛类物质，其中成分最多的是乙醛。醛类含量越高，酒越辣，品质越差，对人的身体健康越不利。

醛类物质主要因酿酒过程中的操作控制不当而产生。辅料（如谷壳）用量太大，并且未经清蒸就用于生产，其中的多缩戊糖受热后，生成大量的糠醛，产生糠皮味、燥辣味。发酵温度太高，或清洁卫生条件不好，引起糖化不良、配糟感染杂菌，产生甘油醛和丙烯醛，辣味也会增加。发酵速度不平衡，前火快而猛，酵母过早衰老死亡，造成发酵不彻底，产生较多乙醛，酒的辣味也会增加。

除加强工艺控制、规范操作流程、减少醛类物质产生等办法外，降低辣味的手段还包括陈放、勾调等。陈放的目的是等待酒的自然老熟，引起辛辣的物质逐渐挥发。勾调的作用在于使诸味协调从而掩盖酒体的辛辣感，但因为醛类物质并没有因此消失，所以不是真的不辣，而是在口感上觉得不辣。

> **中秋日携儿彝、绳、犹子桐、橙过棠洲（节选）**
> 莫友之
> 君山夏水且勿论，酒舫鱼湖今在手。
> 大儿赤足叫铜斗，小儿更劝茅沙酒。

20. 飞天传奇

"飞天"是茅台酒厂一件注册商标的名称。商标图案选自中国古代敦煌石窟中的壁画飞天，借用在西方社会影响很大的"敦煌飞天"形象，由两个飘飞云天的仙女合捧一盏金杯，寓意为茅台酒是友谊的使者。

贴上"飞天"商标的茅台酒被人们称为"飞天茅台"。飞天茅台是近年来茅台酒厂势头最为强劲的产品。然而，很多人可能并不知道，飞天茅台最早是用于出口境外的，直到很久以后才开始在国内市场销售。

说起飞天茅台的这段历史，绕不过茅台国际化的前沿阵地——香港。

远在烧坊时代，茅台酒就已经登陆香港。1945年抗战胜利后，贵阳南明卷烟厂经理谢根梅曾携500瓶茅台酒到香港销售。1946年，恒兴烧坊委托南华华威银行将300瓶茅台酒运到香港试销。1951年茅台酒厂成立后，产品经由国家糖烟酒公司及外贸部门继续在香港销售，并逐渐外延至澳门及东南亚地区。这片区域华人较为集中，因而很快就成为茅台酒外销的主要目的地。但由于名声大、销路好、利润高，制售假茅台酒的事件也频繁发生。

在那个百废待兴的年代，人们的知识产权意识还相当淡薄。茅台酒在海外销售多年，虽然包装上也印有商标，但并未在销售所在地进行商标注册。这种现象并不为茅台酒所独有，其他外销产品同样存在。而且，刚刚成立的茅台酒厂并未获得独立的出口经营权，产品的对外销售权归属国家糖烟酒公司或进出口公司等具有进出口经营权的机构,因而无法对茅台酒的海外销售做系统的筹划。

1951年茅台酒厂刚刚成立时,曾为茅台酒申请注册"工农"牌商标,但因其他酒厂已先行申请同名商标而未获核准。几经周折,才于1954年6月核准注册"金轮"商标,并开始在国内销售中使用。

在海外销售不断遭遇侵权的情况下,茅台酒厂于1956年委托香港德信行,在中国香港、中国澳门、新加坡、马来西亚和东南亚其他地区,以"金轮"(曾用名"车轮")为茅台酒进行商标注册。"金轮"商标图案的中心,当时国内流行的红五星赫然在目。在这以后,对外销售的茅台酒均以"金轮"为注册商标。也就是说,从1956年开始,国内外销售的同为"金轮"茅台。

后来,"金轮"因图案中的红五星被国外一些不怀好意的政客渲染为带有政治色彩,并因此在国外市场上遭到不公正待遇。此时,茅台酒厂仍然没有获得独立的出口经营权,其产品的对外经销都由贵州省粮油食品进出口公司全权代理。在"金轮"茅台遭受歧视的情况下,为改善茅台酒的外销境遇,贵州省粮油食品进出口公司授权香港的五丰行,在香港为茅台酒注册新商标。

1958年10月16日,用于外销的茅台酒新商标"飞仙"在香港注册成功。1959年启用该商标时,改"飞仙"为"飞天"。茅台酒正式使用"飞天"商标对外销售,飞天茅台由此登上历史舞台,拉开了传奇的序幕。

贵州省粮油食品进出口公司一鼓作气,陆续在美、俄、日等37个国家和地区进行了"飞天"牌贵州茅台酒的商标注册,将"飞天"商标在全球范围内的所有权悉数揽入怀中。

启用"飞天"商标后,金轮茅台不再对外销售,而用于国内销售,对外销售专营飞天茅台。

1966年,茅台酒厂的"金轮"和"飞天"两枚商标同时变更:"金轮"

改为"五星",并于1982年全版注册后沿用至今;"飞天"改为"葵花",在使用10年后,至1976年才得以恢复。

20世纪90年代以后,随着中国国力的提升,国际政治生态发生变化,五星茅台又可以出口国外,国内市场也获得许可使用飞天商标。而且,经过多方协调,茅台酒厂终于在2011年从贵州省粮油食品进出口公司取得了"飞天"商标在全球范围内的全部所有权。这样,五星茅台和飞天茅台就在国内外齐头并进,同时销售。一直以来,五星茅台和飞天茅台,只是商标差异而已,批次相同,勾调一致,酒体无区别,酒质无差异。

如果对茅台酒的商标品牌还一头雾水,记住茅台集团总经理李保芳高度概括的"金花飞舞"就行。"金"指金轮茅台,"花"指历史上用过的葵花牌,"飞"当然是飞天,"舞"取谐音即指五星茅台。

如今,在茅台集团拥有的300余件注册商标中,"飞天"是最具光彩的注册商标,没有之一。飞天茅台已经成长为茅台酒厂最具代表性的产品,业内人士和"茅粉"把最具代表性的53度飞天茅台简称为"普茅"。作为茅台酒厂的主力产品兼核心产品,飞天茅台近年来一直保持着单品酒销售收入的全球纪录。茅台集团产值的增长几乎都由53度飞天茅台所贡献。茅台的口碑、形象、声誉、信用,茅台在市场上的风吹草动,都与飞天茅台有着直接关联。

飞天茅台在投入国内市场销售之前,销量并不是很大,毕竟茅台酒的消费主力还是在国内。1976年,飞天茅台的产量只有28吨,在茅台酒总产量中仅占4%;20世纪80年代飞天茅台产量突飞猛进,达到200吨左右,在总量中占比超过15%。从数量上看,20世纪90年代以前的飞天茅台其实没有五星茅台那么强势。

飞天茅台转销国内市场之后,一飞冲天,连创佳绩,风头很快盖过了五星茅台。虽然茅台酒厂近年来不断地推出茅台家族的系列产品,并花大力气打造华茅、王茅、赖茅汉酱、仁酱、茅台王子酒等系列品牌,但飞天茅台持续火爆，销售量一路上升。2016 年，飞天茅台的销售总量达到 2 万多吨。2017 年上半年，在茅台系列酒销售取得重大突破（同比增长 268.72%）的情况下，飞天茅台的营业收入仍占总收入的 90%。由此可见飞天茅台的强劲，的确非同寻常。

茅台酒在过去 5 年的平均毛利率高达 91.1%，不但国内最高，即使在世界上也是数一数二的。不但在酿酒行业遥遥领先，即使与其他行业相比也高高在上。以出品 Johnnie Walker 威士忌而出名的国际酒业巨头帝亚吉欧毛利率只有 61%，可口可乐的毛利率是 60%，微软的毛利率是 75%，谷歌的毛利率是 59%。在国内，紧随茅台之后的五粮液，毛利率只有 65%。茅台如此之高的毛利率，原因就在于飞天茅台 90% 以上的占比。可以说，茅台的高利润率其实就是飞天茅台的高利润率。

在商品供应极大丰富的今天，茅台断货的声音不绝于耳。白酒销售的淡季旺季之别在飞天茅台那里消失得无影无踪，似乎全年都是旺季，每天都在旺销。除了少数低潮时期价格有所回落外，飞天茅台的价格经常呈飙升状态，茅台酒厂为抑制价格上升过快而设置的价格红线经常形同虚设。

在通胀预期下，飞天茅台还是具有保值升值功能的投资产品。去年出厂的飞天茅台，到今年至少升值 10%。2013 年出厂的飞天茅台，3 年后升值率在 100% 以上。如果是陈年的飞天茅台，升值率还会更高。在收藏界，因飞天茅台自 1976 年到 2006 年的 30 年间未在瓶身标注生产日期，民间交流和拍卖市场的价格受到影响，但仍是收藏爱好者的宠儿。一瓶 1959 年的飞天茅台拍卖价在 100 万元以上。不仅是陈年酒，就是陈年飞天茅台的空瓶都可以卖出不错的价格，20 世纪 80 年代的陈年飞天茅台空酒瓶在收藏市场一度被炒到 10000 元以上。当然，这很不正常。

飞天茅台已经不仅仅是供品尝饮用的白酒，而是变成了液体黄金，变成了投资对象，变成了珍贵藏品。

茅台酒这一名称，至少有三种说法：一是在茅台镇范围内甚至在赤水河谷范围内，采用茅台镇传统生产工艺生产的酱香酒都可以叫作茅台酒。二是茅台酒厂生产的白酒都可以叫作茅台酒。这点更少异议，茅台酒厂生产的酒不叫茅台酒还能叫什么？三是专指五星茅台和飞天茅台。

"飞天"和"五星"商标在注册时，是与"贵州茅台酒"捆绑在一起的，"飞天"和"五星"是商标，"贵州茅台酒"也是商标。也就是说，"贵州茅台酒"既是一种白酒产品，又是一个独有的品牌。除茅台酒厂生产的飞天茅台和五星茅台外，任何其他的产品都不能标注为"贵州茅台酒"，茅台酒厂自己生产的其他产品也不例外，就是说，只有"飞天"和"五星"才能是"贵州茅台酒"。飞天牌贵州茅台酒（简称飞天茅台）和五星牌贵州茅台酒（简称五星茅台）才是让人引以为耀、引以为尊、引以为贵的"正宗"茅台酒。

"飞天"和"五星"商标图案的设计者，于史料中已难以查找，2010年发行的《中国贵州茅台酒厂有限责任公司志》也没有这方面的记载。贵州茅台集团企业徽标和官网上，以及茅台酒的外包装和广告中广泛使用的行书体"贵州茅台酒"五个字，出自岭南书法大家麦华山先生之手。麦华山为广东省文史研究馆馆员，现代最有影响的书法理论家之一。他在题词时已届耄耋之年，次年即逝世于广州。"贵州茅台酒"成为他最后题写的酒名。

茅台酒的外包装上，采用威妥玛拼音法，将"贵州茅台"拼成"KWEICHOW MOUTAI"，与汉语拼音的拼写有较大差异。20世纪初茅台酒跨出国门走向世界的时候，汉语拼音体系还没形成。周有光先生主持开发的汉语拼音方案1958年后才正式推广使用。在此之前，都采用威妥玛拼音法翻译专用名词。威妥玛是一位英国外交家，同时也是著名的汉学家。他以罗马字母为汉字注音，创立威氏拼音法。该拼音法在1958年推广汉语拼音方案前，被广泛用于为人名、地名等专有名词注音，影响较大。1958年后，逐渐废止。但一些著名的专有名词，其拼写方法在此之前已为人们约定俗成，所以在1958年汉语拼音推广之后仍然使用威氏拼音法，"KWEICHOW MOUTAI"就属于这种情况。

飞天茅台酒瓶瓶口的红色丝绸飘带，也是一大特色。红飘带是中国古代酒旗的化身。酒旗亦称酒望、酒帘、青旗、锦斾等，是中国最为古老的广告形式。在包装车间的生产流水线上，机器贴标后，再用手工给一瓶瓶的茅台酒逐一拴上红飘带，据说扎红飘带也是机器比较难以取代人工的一件事情。每一条飘带上都有一个从 0 到 20 的编码（为避免混淆，不用 6 和 9 两个编号），每个员工手中的编码不一样，编码为当天拴飘带的员工工号，进入原始的工作档案，通过编码可追溯到这瓶酒的飘带是出于哪个员工之手。扎飘带的员工同时也是产品下线前最后一道兼职质检员。包装车间一个班组一天要包装三万多瓶酒，每个员工一天要拴近三千条飘带，完全手工操作，说扎飘带的员工是茅台酒厂最心灵手巧的人，恐怕不会遭到太多的反对。

> **送莫生奉母避地皖江，兼觐其尊人子偲先生**（节选）
>
> 黎庶焘
>
> 莫生近有江上行，顾我黯惨难为情。
> 我执茅台一樽酒，相携去折河桥柳。
> 男儿堕地重悬弧，四方天地皆吾庐。
> 那复穷愁恋乡里，仅供人怒供人娱。

21. 坚守和突破

每年的金秋时节，茅台酒厂都要隆重举行祭祀大典，祭拜茅台的酿酒祖师，祭拜酿酒工艺的一代宗师，祭拜酒神。祭祀大典上，茅台的主祭人员身着礼服，为历代祖师、宗师、酒神奉上高粱、美酒和香烛，虔诚行礼，宣读祭文，宣誓承诺。庄严的仪典上，茅台人以自己特有的方式来敬天地，缅先贤，祭酒神，祈求风调雨顺，酿出上好的美酒。

四、迷人的53°

祭祀是中国传统礼典的重要部分。"礼有五经，莫重于祭，是以事神致福。""国之大事，在祀与戎。"中国传统文化历来都很重视祭祀。每逢春节、元宵、端午、中秋、重阳等节日，各种类型的祭祀就会隆重登场，人们通过各种祭拜礼仪虔诚地表达对自然、神灵和祖先的感恩和崇拜之情。

中国酿酒业很尊崇一句话：佳酿天成。无独有偶，西方酿酒业也经常说美酒天赐。两者不谋而合，说明酿酒作为传统手工业，要酿出好酒，必须占尽天时地利人和。所谓天时，不外乎风调雨顺，五谷丰登，因而能为酿酒提供足够的原料。所谓地利，就是要有适宜酿酒的土壤、水源和微生物群。包括茅台在内的很多酿酒企业对地理环境的依赖充分说明了这一点。所谓人和，就是一代又一代的工匠创造并传承下来的酿酒技艺。中国白酒的酿造始于农业时代，时至今日，发达的工业化并未给酿酒业带来太多的变化，酿酒过程中的传统手工业成分仍然有较多保留，因而必须占尽天时地利人和，才能酿出好的白酒。

再高明的酿酒师也不敢保证他酿出的每一坛都是好酒，因为天时地利的差异，往往是造成酒的好坏的重要原因。

祭祀大典表达的就是人们对天地的敬畏之情，对传承千百年来优良传统的虔诚意愿，以及对坚守传统工艺的信心。茅台镇的自然环境得天独厚，千百年来形成的酿酒文化与酿酒技艺代代相承，成就了闻名中外的茅台美酒。茅台人每年隆重举办的祭祀大典实属虔诚所至，信仰所成。

如今，对茅台酒酿造工艺的传承和坚守，已经成为茅台酒厂全体员工信守的质量文化理念：崇本守道，坚守工艺，贮足陈酿，不卖新酒。这十六个字不只被制成标语在茅台酒厂到处张贴，而且每一个字似乎都刻进了茅台人的内心。茅台人以近乎偏执的状态牢牢坚守着酱香酒的传统工艺，以精细的工艺保证茅台酒的质量。任何技术上的改进、生产规模的扩大，只要与传统工艺相冲突并影响产品质量，就一定会被排除。

对传统工艺的坚守，不仅仅是对"术"的坚持，更是一种对"道"的追求。茅台酒的酱香酿造工艺为非物质文化遗产，其工艺流程早就有了口诀式的总结概括。一瓶普通茅台酒从投料到出厂先后必须经过制曲、制酒、贮存、勾调、检验、包装等六大环节、30道工序、165个工艺处理，全部工艺流程至少5年时间。复杂的工艺正是茅台酒的价值所在，偷工减料，忽视其中的任何一个工艺环节，哪怕只是在某一个小的工序上马虎大意，生产出来的就不是真正的茅台酒。对传统工艺的坚守，其实就是对茅台酒质量的坚守。

坚守传统工艺，既是职业操守，也是职业能力。作为非物质文化遗产的茅台酒传统酿造工艺，远远不是简单地背诵工艺口诀就可以坚守的，也不是只要按照工艺流程机械地操作就可以坚守的。实践证明，在很多时候，酒师们的手感、目测以及对空气光线等自然条件的运用比机器设备更有效。当其他白酒企业已经实现全面机械化的时候，茅台酒厂没有盲目跟风，还在坚持人工制曲、人工上甑等工序，就是对茅台酒独特生产工艺的坚守；当茅台酒的产能已达数万吨仍然远远不能满足市场需求的时候，茅台酒库里30多万吨"新酒"也不为所动，就是对坚持贮足时间、坚决不卖新酒的坚守。

茅台酒不可以快速生产，不可以异地复制，不可以盲目地扩大规模，究其原因，仍然绕不开传统工艺的影响。工艺决定品质，忽视传统酿造工艺，片面追求数量上的跨越，最终也只能在事实面前败下阵来。

茅台酒坚持的质量铁律有个"四服从"原则，即产量服从质量，速度服从质量，成本服从质量，效益服从质量。即使市场对茅台酒有着饥渴般的需求，即使巨大的经济利益时刻诱惑着茅台，茅台也绝对不会突破陈足五年的工艺要求，绝对不会以降低质量为代价去追求所谓有快速发展。

茅台之所以传承百年，离不开对"崇本守道"精神的坚守。从作坊到工厂，从计划经济到市场经济，从烧坊品牌到民族精品，一百多年来的剧烈变迁中，正是锲而不舍的传承和坚守，才成就了屹立不倒的茅台传奇。

坚守并不等于保守，传承也不等于不思进取。在日新月异的工业化时代，固步自封必然被时代抛弃，开拓进取才能勇立潮头。茅台守望传统，并不意味着墨守成规。

茅台曾有一句宣传语：有一种信念，是矜持；有一种精神，是担当；有一种力量，是创新；有一种梦想，是超越。茅台应当有所矜持，矜持于世代相传的古老技艺，避免浮躁，避免跟风，避免随波逐流，避免为利所惑；茅台也应当有所担当，把茅台酒的质量与消费者的健康当作一种责任；茅台更应该做的就是勇于创新，不断地超越自我。

在茅台酒厂的高层管理者看来，世界在变革，经济在转轨，结构在转型。世界酒类企业的发展方式、管理形式和思维模式也需要与时俱进，正所谓以变应变、以变制变，树立变中求新的新理念，闯出变中求进的新路子，展现变中突破的新作为。要在变中求新，不断增强内生动力。深度开发"原字号"，培育壮大"新字号"，做到"无中生有""有中生新"，让"老树生新枝，新芽成大树"。要在变中求进，不断激发市场活力。加强营销方式的创新与谋变，建立"互联网＋大数据"营销模式，不断优化市场资源配置，提高市场营销效率，提升市场服务水平，让消费者喝酒少烦心、多舒心。此外，还要在变中突破，不断释放文化魅力。

创新必须坚持科学精神，在尊重科学的前提下，去探索茅台的未来。

多年来，茅台一直致力于酿造微生物体系的科学研究。茅台酒厂与中国科学院微生物研究所合作，对茅台大曲和茅台酒醅中的微生物体系进行了深入研究，从酿造茅台酒的这一独特资源中，分离鉴定出79种微生物，并据此建立起我国第一个白酒微生物菌种资源库。

茅台集团还致力于食品安全体系中关键技术的研究。茅台白酒检测实验室通过中国合格评定国家认可委员会（CNAS）的评审，成为白酒行业首家经CNAS认证的实验室。为了让茅台酒的安全、健康因素得到切实的保障，茅台酒厂创造性地制定了茅台酒原材料农药残留的检测方法，从源头上为"绿色茅台"实施把控。与此同时，茅台酒厂还在行业中率先开展白酒包装贮存材料中无机元素，特别是重金属元素的研究。目前，已经能够定量分析陶瓷坛和乳白玻璃瓶中约 50 种无机元素，达到了及时动态监控原材料质量的目的。

2017 年 7 月，茅台技术中心"菁华 QC 小组"自主创新型课题《酒醅乙醇含量快速测定新方法的研发》取得成功，并被转化到公司生产管理部实验室，正式上线运行。课题研究的酒醅乙醇含量快速测定新方法具有快速、准确、灵敏度高、易操作的特点，可以实现从入窖到出窖整个制酒生产过程中对乙醇含量的监测，填补了国内白酒行业全过程检测乙醇含量的空白，提升了茅台的自主创新能力和转化能力，保证了茅台的科技创新在行业内的领先地位。该课题在全国 QC 小组成果发表赛上荣获一等奖，"菁华 QC 小组"也被中国质量协会推荐为 2017 年度全国优秀质量管理小组。

自 2008 年以来，茅台累计注册 5042 个 QC 小组，参与者达 45600 人次，涌现出 29 个全国优秀质量管理小组、79 个轻工行业/贵州省优秀质量管理小组。

惟思既往也，故生留恋心；惟思将来也，故生希望心。惟留恋也，故保守；惟希望也，故进取。惟保守也，故永旧；惟进取也，故日新。既要有坚守，也要有突破；既要依托盖世无双的酱香酒酿造工艺，又要紧跟时代的步伐不断推陈出新。

为了适应新的历史时期不断变化的消费需求，茅台转变市场理念及产品结构，积极推出新产品，产品结构从"单品独大"到"1＋N 组合"，市场理念从"名酒"到"民酒"。一曲三茅四酱的产品组合，近 200 款个性化产品的开发，文化酒、纪念酒、收藏酒市场的开拓，一系列的创新举动为茅台酒厂培育出众多新的增长点。

创新营销思路，改革销售渠道，推动营销转型，健全营销网络。茅台以百年老店之尊，积极拥抱互联网，转变营销战略，融入"互联网＋"，强化"智慧营销"，让扁平化、智能化销售成为新常态。在主打核心产品的同时，充分注重普通人、年轻人等消费群体的培育，通过一批子品牌充分释放商务消费、大众消费的潜力。

　　茅台人从不拒绝技术的革新和进步，但始终不放弃对传统工艺的坚守。底线是技术的革新不能损害茅台酒的品质，任何一种技术革新手段一旦对茅台酒的品质造成伤害，则必须无条件地为品质让路，果断放弃机械制曲即为典型例证。如果说在革新和传统两者之间非要找一个倚重点，茅台人更多地钟情于传统工艺的坚守，对技术革新则往往是大胆假设、小心求证，显得异常谨慎。

　　当人们开启一瓶茅台酒的时候，似乎看不到茅台太多的变化。是的，不变的是传统的工艺，是悠久的文化，是对优良的品质，是对高品位生活的追求。但在这不变的背后，潜藏的是科技带来的突破，是创新带来的旺盛生命力。人文茅台、传统茅台的背后，是科技茅台、绿色茅台。

> **寄送邹叔绩归新化，并呈邓湘皋显鹤学博（节选）**
> 莫友之
> 酒尽欲起语稽迟，亟归转益别后思。
> 悔不小住聊娱嬉，寻闻取道延辰岐。
> 且喜执手映动曦，茅台竟负三日卮。
> 合并渺渺当何时，沅西南支湘南支。

22. 工匠与大师

　　工艺的传承离不开一代又一代的酿酒工匠，工艺的改良成就了一个又一个酿酒大师。在茅台酒厂，大师坚持的是工匠精神，工匠展现的是大师风采。精益求精的大师其实也是工匠，精雕细琢的工匠其实就是大师。正是一代又一代工匠般的大师和大师级的工匠，共同谱写出史诗般的茅台。

作为传统特色鲜明的行业，茅台的酿酒技术人员在很长的一段时间内并没有专业分类，而是笼统地被称为"酒师"。既然是酒师，在酿酒的各个环节都得是老师。酒师们熟知茅台酒酿造从制曲到勾调的每个工艺，有丰富的经验掌控发酵、蒸酒等至关重要的环节，对酒的品质和风格能迅速作出准确的判断，并且善于发现问题，有能力找到解决问题的办法。一句话，过去的酒师是全能型的酿酒高手。

随着生产规模的扩大，酿酒技术的进步，各工艺环节的专业性要求越来越强，酒师队伍的专业分工逐渐成型，不同的酒师专注于不同的酿造环节，成为该环节名副其实的专家。

茅台酒厂的酒师如今被统称为酿造师，但更多的人依然习惯传统的称呼。按酱香型白酒的工艺流程，茅台酒厂的酒师大致分为四类：制曲师、制酒师、勾调师、品酒师。

制曲师。粮为酒本，曲为酒骨。酿酒必先有曲，曲的好坏决定了酒的品质，故而酿酒业有"万两黄金易得，一两好曲难求"的说法。酱香型白酒酿造工艺极其复杂，有"一曲二窖三工艺"之说，制曲之重要可见一斑。茅台酒制曲的特点是高温大曲、人工制曲、端午踩曲。每年气温最高的季节里，茅台的制曲师在接近40℃的车间里，用双脚踩出一块又一块的酒曲。茅台现有6个制曲车间，90个制曲班组，千余名制曲工人，其中能称得上制曲师的有数百名之多，但能够掌握磨碎拌料等关键工艺的制曲师，每个班组只有一名。

制酒师。制酒师特指专注于投料、堆集、入窖、蒸酒等生产环节的酿造技术人员，是茅台酒厂的技术骨干队伍。如果把茅台酒比作一件艺术品，那么制酒师就是这件艺术品的主创人员。他们的创作直接决定着作品的成败，影响着作品的风格。从酒甑里蒸馏出来的新酒有酱香、醇甜、窖底三种典型酒体，其中酱香最为珍贵。新酒中酱香酒体比例的高低，是考验制酒师水平的试金石。高水平的制酒师能以相同的工艺流程，从相同的酒醅中蒸馏出更高比例的酱香新酒。茅台目前共有 23 个制酒车间，共 582 个制酒班组，近万名制酒工人，制酒师达千余人。根据企业"十三五"规划，茅台在 2018 年还要新增三个制酒车间共 60 个制酒班组。

勾调师。勾调师的工作就是应用一定的品酒技术，将不同班次、不同质量批次、不同酒龄、不同质量档次、不同口感特征的白酒按照一定的规则进行组合和调味，使之形成符合消费者品味的饮用成酒。茅台酒以酒勾酒的勾调工艺极为复杂，很多时候全凭勾调师出神入化的经验和感觉。茅台酒的勾调工艺极为神秘，勾调师的日常工作外界难得一见。至于那几个做勾调配方的首席勾调师，更是神龙见首不见尾。

品酒师。品酒师的任务就是喝酒、评酒。他们应用感官品评技术，评价酒体质量，引导酿造和勾调，同时进行酒体设计和新产品开发。品酒是一个非常辛苦的职业，品酒师每年要品尝几千种新酒，记忆中枢全是酒的味道。在茅台酒厂，勾调师做的勾调配方要经多位品酒师盲评打分，分数最高的配方才被应用于量化勾调。茅台酒厂拥有多位嗅觉味觉超常的品酒师，拥有世界上最昂贵的鼻子和最灵敏的舌头。季克良、钟方达、彭茵、王莉、吕云怀、刘自力等 6 人为首届中国首席白酒品酒师。二级品酒师属于省级专家，一级品酒师属于国家级专家，这两级品酒师茅台酒厂共有 26 名，目前在岗的有省级 6 名，国家级 3 名，还有国家认定的"专家级品酒师"，目前在岗的总工程师王莉、勾调一部负责人钟琳、首席勾调师王刚、首席品酒师彭璟都是专家级品酒师。

虽然略有分工，但茅台酒厂全能型的酒师大有人在。这些十八般武艺样样精通、几乎无所不能的酒师，有的已经成为酿酒大师，其余的则是最有潜力成为大师级酿酒专家的一批人。在 2006 年和 2011 年仅有的两次"中国酿酒大师"评定中，茅台酒厂就有季克良、吕云怀、刘自力、丁德杭等五人先后获得"中国酿酒大师"这一中国酿酒业的最高荣誉称号。在此之前，老一代的茅台酒师中，也有众多赫赫有名的大师级人物。现在的酒师中，大师级的实力派人物也不在少数。这些都是全能型的酿酒专家，是茅台的"扛鼎揭旗之士"，正是他们的殚精竭虑，呕心沥血，才有了茅台酒的酿成。

茅台一直视质量为生命，对产品精益求精。在总经理李保芳的力推下，茅台出台了《关于全面开展质量提升运动的指导意见》及《首席质量官管理办法》等文件，提出要在2020年建成集团全面质量管控体系和技术支持体系，建立首席质量官制度。在2017年10月召开的茅台酒生产质量大会上，总工程师王莉成为了茅台集团的首位首席质量官。首席质量官制度开白酒行业之先河，是茅台集团启动新一轮全面质量提升计划的重大创新之举。

在茅台酒厂的历史上，有三位功勋卓著的酿酒大师，对茅台酒酿造工艺的改良和最终成熟做出了巨大的贡献。除了前文提及的茅台酒三种典型酒体的发现者、一代勾调大师李兴发，另外两位分别是茅台酒厂继往开来式的人物郑义兴和王绍彬。

在赤水河谷酱香型白酒生产区域，提起茅台郑氏家族，几乎无人不晓。郑氏家族世代酿酒，而且人才辈出。在遥远的烧坊时代，郑家酒师就名动江湖。成义、荣和、恒兴等三家烧坊的酿酒环节，都由郑家酒师一手掌控。在巴拿马万国博览会获奖的茅台酒就有郑家酒师的杰出贡献。三大烧坊合并前，郑氏家族就有"四大酒师"活跃在各大烧坊的窖池边。其中，最负盛名的就是郑义兴。

茅台酒获巴拿马万国博览会金奖的前两年，18岁的郑义兴经本家酒师介绍，进入成义烧坊做学徒。学成后，先后在成义、荣和、恒兴三家烧坊担任酒师。郑义兴是酿酒天才，精通酱香酒酿造的各项工艺，从制曲、下料到最后的勾调，每个环节都驾轻就熟。他高超的技艺和丰富的经验，让各大烧坊争相重金聘请。茅台镇至今还流传着郑义兴神奇的传说：烧坊想要聘请到这位天才酒师，提前一年就得和他订立合约，定金是几根金条，还要看他的心情。

1953年，58岁的郑义兴欣然出山，进入成立仅两年的茅台酒厂工作，在

四、迷人的53°

接近花甲之年扛起了振兴茅台酒的大旗。

郑义兴进入茅台酒厂的时候,刚刚成立的茅台酒厂在大形势下,也提出了"沙子磨细点,一年四季都产酒"的增产节约口号,并改变传统工艺,把重点放在提高茅台酒的年产量上,最终导致茅台酒质量下滑。有着40年酱香酒酿造经验的郑义兴从一开始就坚决反对违背了茅台酒生产规律的做法,指出抛弃传统工艺,就只能生产出普通的高粱酒。1956年,茅台人在日益严重的产品质量问题面前,经过认真的反思,放弃了片面追求产量的做法,采纳郑义兴的建议,全面恢复传统酿造工艺,以提高产品质量为重心。两年后,茅台酒的合格率由1956年的12.19%、1957年的70%提升至99.42%。在坚守传统工艺和大幅提升茅台酒质量方面,郑义兴功不可没。

茅台镇的酱香酒酿造工艺有代代相传、口口相授的传统,有些关键环节更是非亲不授、非徒不授,在一些酿酒世家更是保留了传男不传女的习俗。刚从私人烧坊合并而来的茅台酒厂,酿酒技术人员成长缓慢,酒师奇缺。当时,以郑义兴为代表的三大"郑家酒师"是茅台酒厂的技术中坚。面对人才紧缺的现状,郑义兴义无反顾地承担起了传业授徒的重任。他结合自己40多年的酿酒经验,收徒授业,并将郑家五代以来口口相传的酿酒技法整理成册,供茅台酒厂的酿酒技术人员学习和参阅。同时动员其他酒师解放思想,将各自掌握的酿酒技术整理出来,相互借鉴,互补长短。经过郑义兴的不懈努力,茅台酒厂初步制定了茅台酒统一操作规程和酿造流程,为后来的发展奠定了坚实的基础。受益于郑义兴的无私奉献和开放精神,一大批新生代酒师迅速成长起来,其中部分酒师后来还成为茅台酒厂赫赫有名的酿酒大师。发现茅台酒三种典型酒体的一代勾调大师李兴发,就是郑义兴的得意门生。

在茅台酒厂开创期间建立奇功的另一位酿酒大师王绍彬,比郑义兴小十七岁,但比郑义兴提前两年进入茅台酒厂担任酒师。王绍彬出身贫寒,18岁刚成年即进入荣和烧坊做酒工。到1951年担任茅台酒厂酒师时,已经积累了20多年的酿酒经验。王绍彬对茅台酒的杰出贡献至少有三个方面:一是开业授徒，毫无保留地向年轻人传授酿酒技艺，为急需人才的茅台酒厂培养了大量技术骨干。他的弟子中也不乏大师级的酿酒专家，著名的酿酒大师许明德即出自他的门下。二是与郑义兴一起，力主恢复茅台酒的传统生产工艺，为保持茅台酒的高贵品质不遗余力。三是积极探索茅台酒传统工艺的改良措施，发明了"以酒养糟"的新工艺。

王绍彬是贵州省的劳动模范，作为贵州省先进工人代表出席了新中国第一次群英会，并受到毛泽东、刘少奇、周恩来等党和国家领导人的接见。王绍彬是为茅台酒厂"献了青春献子孙"的典型，自他算起王家一家四代都与茅台酒厂结下了不解之缘。如今，王家第三代已经成长为茅台集团的中高层管理干部，第四代子孙中也有进入茅台酒厂接过老一辈旗帜继续前行的青年才俊。

前辈师长们励精图治的大家风范，为后来人的大展宏图树立了旗帜。改革开放年代，一批后起之秀正式登上茅台的大舞台，以超越前辈大师们的视野和雄心，率领百年茅台实现了历史性的跨越，使茅台酒厂成为中国酒业一座无法逾越的高峰。他们对传统工艺的严格坚守，他们面向未来的锐意进取，他们对茅台酒厂跨越式发展的卓越贡献，成就了他们一代酿酒宗师的地位。

与上述酿酒大师们一样，茅台酒厂众多的酒师们上承茅台的优良传统，勤勤恳恳，兢兢业业，以精益求精的工匠精神，继续演绎着茅台酒的品质传奇。

制曲师任金素1988年进入茅台酒厂制曲车间上班。因为茅台酒酿造工艺的特殊性，制曲都在高温环境下完成，因而与制曲车间关系最密切的词汇就是脏、苦、累。任金素就是在这个"脏、苦、累"的制曲车间中度过了她29年的职业生涯，从小姑娘到老大姐，从小任变成了老任。29年的汗水，足以流淌成河；29年的踩曲，足以踏平高山。任金素用29年的辛勤耕耘，使自己从一名普通制曲工成长为贵州省劳动模范，成长为茅台酒厂首席酿造师，成长为地地道道的大师级工匠。

任金素有句比较拗口的口头禅：要做就要做最好。酒曲经过第一次发酵后，掰开会呈金黄色，所以叫黄曲。茅台的酒曲都是自然发酵，人工不能调节。黄曲占比高就意味着技术水平精湛。合格酒曲中黄曲的占比要在80%以上。任金素指导下的制曲班组生产出来的曲块，黄曲占比都达到83%以上。

茅台酒的制曲工艺中，有两个被称为A级控制点的重点工序。一个是磨碎拌料的比例控制，一个是对翻曲温度的控制。任金素仅用肉眼观察，就能精确地判断拌料的比例。她对曲醅厚度的掌握可以精确到毫米。她用手一摸就能判断出曲块的温度，误差不会超过1摄氏度。

任金素牵头成立的"阳光技能创新工作小组"（后更名为"任金素劳模创新工作室"），大胆承担茅台公司磨曲设备及母曲输送设备改造实验项目，并取得了成功。设备上线运行后，每年为公司降低人工成本100多万元。

作为制曲车间的"老大姐"，任金素的传、帮、带做得有声有色。茅台酒厂共有90个制曲班组，每个班组就只有一名制曲师能够掌握磨碎拌料这道工艺，而这些制曲师都是任金素手把手带出来的徒弟。

这就是任金素的"功夫"。

在茅台酒厂，像任金素这样的大师级工匠还有很多。受限于篇幅，就不一一展示他们的"功夫"了。

茅台酒独特的酿造工艺一直以来都是通过师徒相授的方式进行传承的。师徒之间除工艺传承外，更多的是工匠精神的传承。一代又一代的传承，锻造了一代又一代的"国酒工匠"，成就了一代又一代的酿酒大师。

酿酒奇才郑义兴就是学徒出身。他在茅台酒厂的众多徒弟中，就有后来名满天下的"中国酱香之父"李兴发。李兴发创造的茅台酒勾调技术，从理论到实践，对茅台酒厂都具有里程碑式的意义。李兴发的徒弟中，最出名的就是有着"茅台教父"之称的季克良。不但在茅台酒厂，就是在中国白酒界，季克良也是首屈一指的酿酒大师。季克良功成身退之后，经他调教的多名弟子正在茅台酒厂磨炼着自己的大师"段位"。

茅台酒厂档案室保存着一份 1955 年 6 月 1 日订立的"师徒合同"。订立人是两对师徒：一对是老师王绍彬和徒弟许明德，一对是老师郑军科和徒弟彭朝亮。合同主要条款摘录如下：

（一）老师意见：一切有关酿造茅台酒的技术决不保留，全部与徒弟交代，多说多谈，保证徒弟学懂、学会、学精、学深，能单独操作并爱护徒弟。

（二）徒弟保证尊重老师，虚心向老师学习全部技术，学懂、学会、学深，能单独操作后仍要永远尊敬老师。

（三）学习内容包括酿造茅台酒整个操作过程，从发原料水、蒸粮、下亮水、收糟温度、下曲到酒糟下窖、上甑、摘酒、踩曲、翻曲等一一教会、学清楚。

（四）老师保证全部技术限 1957 年 6 月 1 日教会徒弟，徒弟保证全部技术限 1957 年 6 月 1 日学会。

该师徒合同签订后，茅台酒厂掀起了拜师、参师热潮。拜师是指徒弟直接拜师学艺，技术不高的或没有技术的工人向有丰富经验和生产技术的老酒师学习，拜老酒师为师，是直接师徒关系。参师是一些已有一定技艺技术基础的酒师，或已经带徒弟的酒师，想向经验更丰富的老酒师拜师学艺，多数人是平辈或师兄弟，是间接的师徒关系。至 1958 年，全厂计有 20 余名老酒师开业授徒，100 多名技术工人拜师学艺。1959 年以后，师徒制停顿，直到 20 年后的 1978 年才正式恢复。

茅台酒的传统工艺源于国酒先辈的智慧与经验，是一代又一代茅台人手口相授的历史文化。千百年来，师徒相传模式是茅台酒酿造人才培养的主要渠道。师带徒的优良传统，为工艺传承做出了不可磨灭的历史贡献。2005 年，茅台集团下发了《关于师带徒活动的通知》，大力支持和鼓励员工向经验丰富的老酒师、曲师拜师学艺。2008 年，实施《师带徒活动管理办法》，继续深入开展师带徒工作，持续做好茅台酒制酒、制曲、勾调等技艺的传帮带，培养出一批业务精湛、有较强行业引领力量的技术精英，打造出一支技术过硬，有较强行业影响力的技术梯队。

实践证明，茅台酒厂的师带徒制度，有利于从生产基层发现人才，有利于从生产源头坚守工艺、传承工艺、创新工艺，有利于在生产实践中积累经验、推动创新，有利于工匠精神的传承，有利于大师级的酿酒人才脱颖而出。

与陈君刚柔遇于京，赋此赠之

刘璜

飘零辽左无家客，地老天荒剩劫灰。
几度药言非玉屑，十千茅酒负金罍。
唯闻息壤茉芜遍，尚有阳和黍谷回。
难得相逢又相别，五云深处且衔杯。

23."茅N代"

茅台酒厂有一个突出的现象：员工中子承父业者很多。全家都在茅台酒厂工作或者一门三代都有人在茅台酒厂上班的也不在少数。员工子承父业的现象在一些老国有企业中同样存在，但像茅台酒厂这样大面积的存在并不多见。茅台人习惯把这种现象称为"茅二代""茅三代"。

1951年茅台酒厂刚刚成立时，仅有39名员工。到1953年三家烧坊全部合并完成时，在册员工也只有52人。20世纪80年代，茅台酒厂进入快速发展时期。随着生产规模的扩大，作为一家以传统生产方式为特点的劳动力密集型企业，茅台用工需求增加。茅台酒厂的老工人、全国人大代表刘应钦就向全国人大提交了《重视解决茅台酒厂技术力量后继无人的问题》的提案。

提案得到批复，并经由贵州省具体落实，茅台酒厂员工子女经过正当招工程序考查合格后可以进入茅台酒厂。于是，许多茅台酒厂员工的子女在这一时期进入茅台酒厂，延续父辈们钟爱的酿造职业。这批员工就是"茅二代"。到了新世纪的规模效益时期，茅台的员工数量陡然增加，"茅三代"作为新锐力量入职茅台，开启了他们的国酒职业生涯。

"茅二代"李明英15岁时就跟着父亲，也就是勾调大师李兴发学习勾调，可谓近水楼台先得月。李兴发外出指导他人勾调时，总是把李明英带在身边，手把手地教女儿如何勾调，并且经常测试女儿评酒的准确程度和勾调的技术水平。从样酒品评、基酒勾调、老酒点化到最后调味，如何计算和降低勾调成本、如何降低浓度，李明英一点一滴地从父亲那里得到了真传。在李兴发指导的酒企中，有一些生产酱香型之外其他香型的白酒，经常跟随父亲身边的李明英也就学会了其他香型的勾调技术。同时掌握多种香型勾调技术的勾酒师并不多见。20世纪80年代，不到20岁的李明英进入茅台酒厂，成为"茅二代"，正式女承父业。李明英先是在茅台的附属酒厂从事勾调工作，后又到制曲车间学习制曲，1993年经过严格的考核，调入茅台酒厂酒体勾调中心。尽管李明英身怀绝技，但刚开始勾调出的酒样还是经常不能通过品酒师的选评。每当品评落选，李明英回到家中都要耐心地向父亲请教。有一个身为勾调大师的父亲经常指点，李明英的茅台酒勾调技术突飞猛进，到后来，几乎每次都能勾调出合格的茅台酒。

1951年茅台酒厂刚成立时就担任酒师的王绍彬，一家四代都与茅台结缘，每代都有传承茅台酒的接力者。王绍彬的儿子王正道医学专业科班出身，大学毕业后已经在外地有一份很不错的工作，但在王绍彬屡次三番的动员下，还是回到了父亲珍爱一生的茅台酒厂，成为"茅二代"，而且一干就是30多年，直到从茅台酒厂退休。王绍彬的孙子辈都是在四季飘着酒香的茅台镇上长大，五六岁的时候就开始跟着爷爷跑实验室、进车间，"摸堆子，看烤酒"，看的、玩的都和茅台酒息息相关。成年后，王绍彬的几个孙子孙

四、迷人的53°

女都通过严格的考核进入了茅台酒厂,成为"茅三代"。他们从酿酒工、制曲师干起,一步一步地成长为了茅台酒厂的中坚力量。如今,王家已有"茅四代"承载几代人的期望入职茅台,延续着祖辈、父辈的荣光。

类似李兴发、王绍彬这样的"茅台家庭"在茅台酒厂还有很多。全家都在茅台工作,甚至一个家族十多口人都在茅台工作的并不少见。很多人在茅台出生,在茅台长大,外出求学毕业后,怀着浓浓的茅台情结,通过严苛的考核,进入茅台酒厂,像他们的祖辈、父辈一样,制曲、馏酒、勾调,用汗水书写茅台酒厂的辉煌。

子承父业并非一定之规,"茅N代"更非近亲繁殖。"茅N代"是酱香工艺和茅台文化的传承人,是茅台重要的软实力。

酱香型的茅台酒是有着独特酿造工艺的传统产业,在漫长的历史中,茅台镇陆续出现的酿酒烧坊不下几十家,这些烧坊各自都有秘而不宣的工艺绝活,蒸馏出来的酱香酒也风格各异。茅台酒酿造工艺复杂,酿造过程的掌控和成品酒的勾调全凭酒师的经验和感觉,而每个酒师的经验和感觉又有不同,从而带来了茅台酒味型风格的差异。采各家之长,集多种风格于一炉,融不同味型于一体,正是茅台酒超越其他酱香型酒的奥妙所在。要做到这一点,就必须依靠工艺技术水平各有不同的酒师。所以,茅台酒厂成立初期,大量从当地烧坊寻找和聘请经验丰富的酒师。受限于历史上酿造工艺传承的形式,很多酒师的"绝活"大多只在家族内部传授。虽然新的茅台酒厂不遗余力地培养新生代技术人才,但无论如何也比不上直接使用"茅N代"更有效。生于斯、长于斯的"茅N代",幼承庭训,耳濡目染,对复杂的茅台酒酿造工艺掌握得更为娴熟,对博大精深的茅台文化理解得更为透彻,毫无疑问是茅台工艺和文化的最佳传承人。

"茅N代"也是茅台品质和品牌的保护者。出于对茅台的深厚感情,几乎所有的茅台人都在本能地保护着茅台酒的品质和品牌。

茅台酒厂很多家庭世世代代生活在茅台,工作在茅台,呼吸着带有浓郁酒香的茅台空气，衣食住行都与茅台酒厂密切相连。茅台的兴衰荣辱，与他们息息相关。茅台就是他们共同的大家庭，茅台酒就是这个大家庭共同的宠物。因而对茅台酒品质和品牌的保护完全是出自内心、发自肺腑。20世纪80年代，赤水河谷一些新创建的酒企，以高于茅台酒厂工资几十倍甚至上百倍的报酬吸引茅台酒厂的技术人员，虽然也有部分酒师为利益驱使走出茅台，但大多数员工不为所动，对自己呕心沥血建立起来的茅台酒厂忠诚有加。茅台酒厂所在地，有"中国酒都"之称的仁怀地区如今拥有千余家酿酒企业，其中的一些酒企依然不断地以高薪酬、高待遇引诱茅台酒厂的技术人才，但离开茅台酒厂而"另谋高就"的人少而又少。在茅台酒厂的员工心中，在任何情况下都不做有损茅台酒厂利益的事，是本分所在。在茅台酒厂，几乎听不到员工任何抱怨茅台酒厂的声音。外界对茅台酒哪怕一丝一毫的质疑，他们都会挺身而出，自觉地维护茅台酒的品牌声誉。茅台酒厂员工的忠诚度和茅台酒厂的凝聚力由此可见一斑。可以肯定地说，这与大量使用"茅N代"不无关联。

"茅N代"还是茅台酒厂发展的新引擎。"茅N代"的使用，不断地为茅台酒厂注入新力量，极大地增强了茅台酒厂的活力，是茅台酒厂持续发展的动力。如今的茅台酒厂，在高端酒市场几无竞争对手，但依然面临着持续发展、跨越发展的挑战，80后、90后"茅N代"的培养任重道远。

随着互联网时代的到来，茅台酒厂的技术创新在加速，对新员工基本素质的要求越来越高。近年来，茅台酒厂为广揽人才，一直坚持面向社会招聘新员工。因为经营业绩大幅飙升，到茅台酒厂上班成了很多高校毕业生的愿望。如今，"茅二代""茅三代"要进入茅台酒厂，必须与来自四面八方的年轻人同场考试、同台竞争，并无任何特殊待遇。2017年茅台面向社会招录300多名制酒制曲工人，引来几十万人报名，以致报名系统在开始报名后的第二天就无法登录。

招工招考之所以吸引人们的眼光，有一个重要因素就是人们对公平公正的热切期望。茅台酒厂作为有影响力的知名国有企业,坚持"设计有效性强于执行有效性"的精细化管理思路,凭借良好的制度设计以及精心的组织实施,置招工招考于阳光之下。此前有过一次面向集团内部职工子弟的招聘,由于过程完全公开公平,所有未被录用者及其家人都心服口服。

第一,坚持按规则办事。严肃制定并严格遵守规则,没有"特殊情况下"之类的"灵活性",一旦出现"原则上"就为破坏原则打开了缺口。招录男女比例按1:1执行、内退顶替等建议,或因违背用工需要,或因不符合国家政策,均被坚决排除。即使有一些合理的建议,但因不符合《公司员工子女招聘办法》,自然也不予采纳,只是记录在案以提交下一年职代会审议修订。根据茅台酒厂生产岗位的特点,设定新聘人员的体能标准,体能测试不合格者不得参加文化考试,自动失去招录资格。招考一概没有"例外",按计划数从高分到低分录用,不预留指标,不增加计划,不扩大比例,堵死各种关系通道。

第二,从报名到最后录用的每个环节都有精确的流程设计。全程设计了三个公示环节,分别是符合员工子女招录条件人员的资格公示、文化考试成绩公示和拟录取人员公示。充分考虑各个流程环节的可操作性,如异地委托第三方命题和阅卷、三套试题随机选择、试卷在全程监督下押运等。备选试卷3份,全部按考生数印刷出来,现场由监督委员任抽一份开考,另外两份即时作废。

第三,对招考的监督来自多个方面:一是来自茅台酒厂官方的监督,公司监察室和厂务公开办负责对整个招工过程进行监督。二是利用公告、公示等环节,接受社会的监督。最具特色的是员工监督,成立"员工子女招录监督委员会",在由15名成员组成的监督委员会中,有13名为应聘者的家长。监督委员们在认真学习和掌握员工子女招录文件和各项规定的基础上,按分工参与员工子女招录全过程工作,一经发现员工子女招录过程中存在违规违纪行为,有权要求立即纠正,并向纪委监察室和工会报告。监督委员们的电话一律公开，以便他们收集员工和群众的意见和建议，接受举报。广泛的监督充分保证了招工过程的每个环节都在阳光下进行。

很多"茅二代""茅三代""茅四代"也同样参加每年的招考，在完全同等的条件下接受茅台酒厂的严格挑选。

2016年茅台酒厂发起"百年老店传承人计划"，将目光对准"茅二代"经销商，在茅台酒厂的经销商队伍中培育新生代力量。该计划包括"茅二代"经销商的分期培训、安排"茅二代"经销商到茅台酒厂体验一线车间的生产、举办"茅二代"经销商全国交流座谈会等。

企业与经销商是真正的命运共同体。从计划经济时代到市场经济时代，茅台酒厂在发展，茅台酒厂的经销商队伍也在壮大。很多茅台酒厂的经销商都有20年以上与茅台酒厂合作的历史，其中不少经销商甚至专营茅台酒，对茅台酒厂有着相当高的忠诚度。然而，时代的变化对老一代经销商提出严峻的考验，老化的知识结构在变幻莫测的市场面前力不从心。茅台酒厂到了经销商队伍新老交替的关键时期。为保持与时代共进的步伐，保持与茅台酒厂的同步发展，选择和培养"茅二代"经销商自然被提上议事日程。做百年老店，把茅台事业传下去，是所有茅台人的共同愿望。因而，百年老店传承人计划是放眼长远的战略之举，"茅二代"经销商培育是注入新鲜血液的创新之策。

茅台酒厂的管理高层充满了对"茅二代"经销商队伍的期待。他们认为，目前喝茅台酒的人大部分集中于"30后"到"80后"年龄段，下一步茅台酒厂应当瞄准"90后"和"00后"，这就需要做好针对年轻人的营销工作。"茅二代"经销商是茅台酒厂未来市场营销的生力军，不但要做茅台酒厂营销事业的传承者，也要做茅台酒厂文化的弘扬者，更要成为茅台酒厂市场建设的创新者。茅台酒厂着力培育"茅二代"经销商的目的，就是要打造茅台酒厂与经销商在命运、价值、利益和战略方面的共同体，为未来的茅台酒厂储备营销人才，确保茅台酒厂的市场越来越稳固。

培育"茅二代"经销商，不是简单的成员更新，而是观念、意识和精神的蜕变。初步遴选的"茅二代"经销商，长处和优势特别明显，综合素养普遍高于上一代。年轻人见多识广，视野开阔，对新事物更加敏锐，分析和把握市场的能力更强，十分有利于营销思路的创新。

无独有偶，中国众多的白酒企业也与茅台酒厂一样，关注经销商队伍"酒二代"的培育和成长。五粮液的"五二代"已经在成长之中；泸州老窖的"经销商接班人"培训班正在传经授业；劲酒成立专门的服务渠道商部门，全面评估经销商接班人的优缺点，并安排他们接受更细化的理论和实践训练；西凤成立专门的基金，资助和鼓励"酒二代"的学习和创业；山东花冠酿酒集团成立企业大学，让"商二代"在接班前接受充分的培训……

长江后浪推前浪，一代新人换旧人。"茅一代"经销商将随着时间的推移逐渐隐退，"茅二代"经销商全面走向前台是历史发展的必然。对于茅台酒厂来说，如何培养懂酒、爱酒的下一代高端消费者，是发展的下一个百年大计。对于世界知名白酒的经销商来说，如何完成从"茅一代"向"茅二代"的过渡和交替，实现事业和感情的永续传承，同样是关系到基业长青的大事。

> **骤寒忆芷升弟庭芝**
>
> 莫友之
>
> 骤觉茅台酒力轻，禁寒只自闭柴荆。
>
> 那堪今夜南明客，独倚孤檠听雨声。

五、喝酒不如闻香

24. 三人争购一瓶酒

　　中国人大概没有不知道茅台酒的,但并非所有人都品尝过它的醇香。芳名远播的茅台酒,对于很多人来说,仅仅只是一个概念。饮用茅台酒,对一些普通大众来说,还是相当陌生的生活方式。

　　以茅台酒的高端价格,中产及以上阶层最有可能成为茅台酒的消费群体。根据各路经济学家的测算,我国中产以上阶层人数如今已突破1亿。以茅台酒厂目前的生产规模,每年投放市场的茅台酒(专指经典的飞天茅台)约为4000多万瓶。1亿多消费者争购4000多万瓶酒,计算下来,平均三个人争购一瓶。如果考虑到生活水平的提高,越来越多的人加入到茅台酒的消费行列,争购的程度还要激烈。茅台酒可谓滴滴如珠,瓶瓶皆珍。

　　2016年以来,市场上茅台酒经常缺货,于是有人认为这是茅台酒厂的饥饿营销。其实，茅台从不做饥饿营销，只因为出产量少，最后变成了"营销的饥饿"。

上海的一个年轻人原本打算在五一举办的婚礼上使用茅台酒宴请宾朋。春节后就开始打听哪里可以买到飞天茅台，上海的捷强烟草糖酒（集团）有限公司、海烟烟草糖酒有限公司以及一些大型超市都去找过，全部断货。京东上有货，但需要先预约再抢购，而且获得抢购资格后每个账号也只能抢购两瓶。1919酒类网直供则是一人限购一瓶。万般无奈之下，只好换成别的酒。

如此紧俏的茅台酒会涨价吗？根据对市场供需关系的长期研究，以及对茅台酒市场的特别关注，可以做一些分析和推论。

从2015年下半年开始，市场回暖之后茅台酒持续热销。2017年茅台半年财报显示，时间过半，茅台酒的销量已远远超过全年计划的一半。进入原本属于酒类销售淡季的7月，茅台酒的销售并未显出淡季景象，反而供应全面"吃紧"。尽管一再加大供应量，市场饥渴仍难消解。众所周知，今年投放市场的茅台酒是5年前蒸馏出来的酒，这意味茅台酒年度销售量是恒定的，不可能像其他企业那样加班多生产。根据茅台酒厂全年投放计划量推算，下半年投放市场的茅台酒非常有限，不会超过3000万瓶。加之茅台多次重申"不卖新酒"，强调明年的投放计划不提前，也就是说没有寅吃卯粮的可能，增量投放的空间并不大。即使通过各种调节手段增加投放，数量也极为有限。

或许经销商和业内人士的预测更有说服力。上半年任务已完成全年的近七成，根据以往的经验，下半年还有旺季，很多茅台酒的经销商都预测，下半年的货源将进一步趋紧，茅台酒铁定涨价。经销商都想多囤货，但如今既没有库存，也没办法再弄到货。业内人士则认为，茅台酒市场缺货现象严重，很多经销商可能确实是仓库无货，但也有部分经销商在涨价预期下，向零售市场发货不积极。

茅台酒厂官方则表态：茅台酒市场价格回升属供求关系转变后的正常现象，茅台坚持用公开、透明的方式向市场和消费者传递正确信息，不以垄断行为抓营销，不以行政干预做市场。茅台酒厂积极促进经销商效益的合理回归，但不允许任何追求暴利的行为。在价格问题上，守住终端零售价格红线，把"老百姓喝得起、承受得了"作为价格高低的重要检验标准。

然而，市场缺货依然严重，经销商库存告急，纷纷求货。茅台酒的价格一路"飞天"，终端价格突破1500元/瓶，让1299元/瓶的"红线"形同虚设。为统筹兼顾各种因素，2017年12月，茅台酒厂将终端价格红线调整为1499元/瓶。

从近几年的销售情况来看，由于营销转型成功，茅台酒的消费者结构发生改变，公务消费退出主力消费群，其他消费群体迅速崛起。商务接待、民间各类庆典中的茅台酒用量大幅上升。在一些大中城市，年轻的消费者也在扩充茅台酒的消费群。因此可以判断，茅台酒在市场上的紧俏，还是来自于刚需，还是来自消费者。

市场紧俏，必然导致价格上升。这是市场规律所致，非人力所能控制。虽然茅台酒厂严厉处罚高价出货的经销商，甚至祭出取消经销商资格这样的"重刑"，但还是不能控制茅台酒价格的上升。上有政策，下有对策。经销商们面临重罚的压力，当然会严守茅台酒厂设置的价格红线，主要出货渠道的流通价严格按照茅台酒厂的规定执行，但由于批条、零单的出货价，价格红线就难以管控了。对于很多经销商来说，因为仓库里并没有太多的茅台酒，走批条、零单途径出货已经足够，哪里还有货走主渠道？一句话，还是酒太少。

茅台酒厂采用传统的区域营销布局，价格红线只对该区域本身发生作用。当外区域的货进入本地市场，批发价与批条酒的价格是一样的。举例说，在广东区域，价格红线只能管控广东经销商，当其他区域的酒进入广东市场时，价格是不受控的。

不排除有囤货的人。有经销商囤货，也有消费者囤货，还有把茅台酒当投资的囤货者。囤货当然有风险，经销商囤货会受到来自茅台酒厂的严厉处罚；投资性质的囤货具有不确定性，因为目前茅台酒价格已经较高；仅仅为了消费而囤货的数量应该不会太大。虽然2017年上半年有市值将近70多亿元的茅台酒被囤的传言被证明为不实消息，但囤货现象肯定是存在的，只不过量大量小的问题。在涨价预期下，囤得越多，将来有可能赚得越多。这时候出售茅台酒，对于一般经销商来说，无异于送钱给别人。对于终端零售来说，按茅台酒厂的控价标准销售，每瓶飞天茅台的毛利十分微薄，门店开支平衡下来，赚不了什么钱，所以大多情况下也不急着卖酒，而是等着下一波涨价。

面对如此市场状况，茅台酒厂可谓喜忧参半。喜的当然是大好的销售形势，没有哪家企业不希望自己的产品畅销；忧的是供需紧张的局面导致囤货、价格上升，茅台酒厂因此要承受来自社会各界的巨大压力，毕竟茅台酒在中国早已超出了一般商品属性的范畴。

最好的解决办法当然是增加投放，但说来说去还是一个老问题，茅台酒的产量有限，新酒又不能卖，无论怎么增加也无法满足市场需求。

2017年全年飞天茅台投放计划为2.68万吨，比2016年的2.29万吨的销量增加了17%。两位数的增幅，还是难以满足市场需求。2017年下半年，茅台酒厂想尽一切调剂办法增加投放，可投放市场的飞天茅台总量大约也不过区区1.28万吨，共2000多万瓶，除去节假日，平均每天投放市场约80吨。就这样的投放量，乐观测算，也只能满足市场需求的50%左右。

增量投放之外，就是约束经销商。

目前茅台酒厂的国内经销商总数达到2412个，国外经销商达到94个，合计2506个。其中年销量50吨以上的大经销商为数不多，更多的是一些中小经销商。

大经销商的存在，对茅台酒厂有两个不利：一是大经销商容易形成地区垄断进而控制市场，二是不利于茅台酒厂的扁平化管理。这两个因素都严重影响到茅台酒厂对市场的调控效果。

为此,茅台集团党委书记、总经理李保芳上任后,一直致力于整治经销商队伍,其中一个措施就是削减大经销商的数量,在一些茅台酒销售的重点区域,年销量80吨以上的大经销商被砍掉不少。然而,中小经销商比例上升,新的问题随之出现,茅台酒厂设置的价格红线推行受阻,中小经销商囤货现象大量存在,造成市面缺货更加严重。

从2017年3月份茅台酒价格快速上涨的时候起,茅台酒厂就呼吁经销商保持定力,以讲良心、负责任的态度,从讲政治的高度,以长远眼光认识价格问题的重要性和稳定价格的必要性,与茅台酒厂共同研究茅台酒的市场价格问题,让消费者痛痛快快地喝上茅台酒。茅台集团总经理李保芳认为,虽然茅台绝不借销售旺季涨价,今年也坚决不调价,但茅台酒的供求矛盾将成为一个常态,茅台酒销售形势的变化使得销售方式趋向扁平,资源进一步向经销商手中聚拢,因而深入研究市场、创新茅台酒的销售体制势在必行。

巨大的压力之下,茅台酒厂加大了对经销商的约束力度。除设置价格红线外,还对各省区经销商进行集中检查和专项整治活动。对82家违规经销商根据情节轻重做出削减或暂停执行茅台酒合同计划、扣减20%保证金、提出黄牌警告等不同程度的惩罚,甚至祭出了"终止并解除合同关系、扣除全部履约保证金、30个工作日内撤出专卖店、销毁茅台知识产权标示标志、办理相关手续"的史上最严厉处罚。

三个因素决定茅台酒的供应将持续紧张:一是稀缺,二是品质,三是计划。每年不足3万吨的供应量,供需矛盾无法在短期内得到根本解决。价格管控并不符合市场规律,只能算是不得已而为之,而且容易陷入"供应不足——销售旺盛——价格上升——价格管控——囤货增加——市场供应不足——价格再度上升"的死循环,实际效果并不理想。

如此看来,在未来很长的一段时间内,想喝上茅台酒,还得加入到三人争购一瓶酒的行列。

> **福泉楼**
> 黄龙
> 一片孤城接太清，参差楼阁与云平。
> 露栖丹桂寒仍发，风动飞泉石自鸣。
> 异域不妨频醉酒，更深何处忽吹笙。
> 故侯马矗空秋草，笑指浮云万感轻。

25. 变与不变

中国酿酒的历史源远流长，中国人喝酒的历史同样源远流长。数千年来酿造的美酒醉倒了多少英雄豪杰，也喝晕了不少好酒之徒。中华五千年的文明史，由喝酒喝出来的酒文化是其中不可或缺的部分。从祭神拜祖到文化娱乐，从饮食烹饪到养生保健，从沙场点兵到文学创作，从庙堂典仪到亲朋欢聚，都少不了酒。中国人几乎做任何事情，都要来上一杯酒。酒以成礼、酒以传情、酒以治病、酒以求欢、酒以忘忧、酒以壮胆……无论在哪里，无论干点啥，酒都不离不弃，如影随形。几千年来，概莫能外。

怪不得连外国人都认为中国人最爱喝酒。2013年美国有线电视新闻网评选"世界上最爱喝酒的国家"，中国排名第二，仅次于"坐落在酒馆里"的英国。

明清以后，白酒（烧酒）隆重登场，并逐渐赢得中国人的喜爱。时至今日，白酒已成为中国人饮用的主要酒类。中国最具有代表性的酒也是白酒，中国酒文化其实就是白酒文化。

当五花八门的洋酒登陆中国时，很多人发出疑问：洋酒会改变中国消费者的饮酒习惯吗？洋酒会不会取代白酒成为中国人饮用的主要酒类？

针对这些疑问，对中国白酒文化有着深刻认知的茅台酒厂作出判断：至少到目前为止，中国白酒文化有"四个没有变"，即白酒作为中国人情感交流的载体没有变，作为中华民族的文化符号之一没有变，作为中国人偏爱的消费品没有变，中国人消费白酒的传统风俗习惯和文化习惯没有变。

很多外国人不理解的是，为什么中国人有那么多喝酒的由头，婚丧嫁娶、生日节庆、盖房搬家、待亲送友，都要喝酒。其实，这就是对中国酒文化的不理解。在中国，喝的是酒，表达的是情感，喝酒是中国人相互表达情感的一种方式。有朋自远方来，不喝酒不足以表达对他人的深情厚意；节庆假日，不喝酒不足以表现祥和欢乐；丧葬忌日，不喝酒不足以寄托哀思；艰难困苦，不喝酒不足以消除寂寥忧伤；春风得意，不喝酒不足以直抒胸臆。中国人以酒为载体传达情感的方式，是喝了几千年的酒才形成的，轻易难以改变。

传达情感之外，中国人还赋予喝酒各种各样的文化内涵。先秦时期，喝的是礼仪，酒礼是那个时代最严格的礼节。饮酒尤以年长者为优厚，"六十者三豆，七十者四豆，八十者五豆，九十者六豆"。汉武帝禁酒，实行国家专卖，为的是节约谷物，富国强兵，酒又与经济发展、国家富强密切关联。魏晋时期，饮酒乃名士风流。三杯下肚，豪气冲天，"志气旷达，以宇宙为狭"。名士们借酒抒怀，喝着喝着就是人生感悟、社会忧思、历史慨叹。及至唐宋，酒又有了激发创作灵感、活跃形象思维的功效，"一杯未尽诗已成，涌诗向天天亦惊"。唐诗宋词，每诵三首，必闻酒香。到了明清，"酒道"盛行，喝酒变成了修身养性的功课，把普通的饮酒提升到讲酒品、崇饮器、行酒令、懂饮道的高度……喝酒喝到如此境界，喝酒喝得如此神奇，这酒风酒俗、酒礼酒德还变得了吗？

中国人喝酒，特色鲜明。白酒是餐中酒，是用来配餐的，仅就这一点，全球罕见。无酒不成席，有席必有酒。独酌对饮者少，呼朋引类者众。凡喝酒必有菜肴，所谓美酒佳肴是也。其实，佳肴倒未必，下酒菜一定要有，鸡鸭鱼肉最好，花生毛豆也行。推杯换盏之间，天南地北，海阔天空。"兀然而醉，豁然而醒，静听不闻雷霆之声，孰视不睹山岳之形。不觉寒暑之切肌，利欲之感情。俯观万物，扰扰焉如江汉之载浮萍。"中国人的酒席上，白酒永远是主酒，其他的酒只是点缀，亦或是装饰，喝得最多的必须是白酒。那种去酒吧点上一杯啤酒、睡前倒上一杯红酒的喝法，那种在酒里兑上果汁、苏打水、可乐、雪碧的喝法，根本就不是白酒的喝法，与中国的白酒文化相去甚远。

至于洋酒，在中国的主要消费区域为深圳、广州、上海、北京等"洋气"城市，以及星级酒店、酒吧、KTV、夜总会等"洋气"场所；主要消费群体为旅华外国人、海归人士、商务人员、白领阶层和追求时尚的年轻一代，年龄在25～45岁；消费心态与其说是对洋酒文化的认同，还不如说是追时髦赶潮流，至少有相当一部分人如此。洋酒永远也不可能成为中国主流的酒品，永远也不可能超越中国白酒在酒界的至尊地位，更不要说取代，因为中国更多的饮酒者、好酒者、嗜酒者根本喝不惯洋酒，他们就是喜欢中国的白酒。

所以，茅台酒厂关于中国白酒文化"四个没有变"的判断，实乃对博大精深的中国白酒文化贯微动密的宏论。

当然，中国白酒文化没变，并不等于消费生态也没变。相反，近年来中国白酒消费生态的变化还挺大。

摆在各大酒企面前的一个突出问题，就是白酒的消费群体年龄偏大。"50后""60后""70后"是当前白酒消费的主要人群，白酒消费热情较高，消费量大，在白酒消费者群体中占较大份额。一项中国城市居民调查显示，白酒的重度消费者（指每天至少喝1次白酒）中，53%年龄在45岁以上，只有47%的人年龄在45岁以下。随着这些资深酒友年龄的增长，他们的白酒消费量也会逐渐下降。消费市场的生力军"80后""90后"，整体上对白酒的兴趣不大，基本上还没有养成喝白酒的习惯，喝得少，买得也少，而且年龄越小，白酒的消费量越低。

互联网的加入也给传统白酒业带来了变化。用互联网思维革新白酒业，传统的商业模式被改造，产业价值链和竞争格局被打破。随着"互联网+"的推进和白酒企业的转型，新兴酒企立马从中找到了机会。就连原本做计算机的联想也一头扎进白酒酿造行业，对旗下丰联集团收购的四家传统酒企低调地施以互联网改造，快速地实现了盈利。

喝酒的人当然注重酒的品质，好不好喝，上不上头，都有讲究。在重要的节庆仪典中，还要讲面子，什么品牌，口碑如何，也是要考虑的因素。中国人喝酒喝了几千年，洋酒或许能糊弄，白酒绝不能含糊。既要品质好，还要有合理的性价比，价格太高喝不起，所以中端甚至低端价格的白酒仍然有较为旺盛的需求。所以，产品创新是白酒的必然趋势，找到品质和价格的平衡，将名优白酒的品质和中低端的价格结合起来，有效的市场优势才能形成。

说回茅台酒。让那些每天都要喝上几杯的酒友们天天喝飞天茅台这样的高端白酒，显然不切实际。茅台酒的产量极为有限，即使偏好酱香型白酒的酒友们大多也只有望"茅"兴叹。富裕起来的中国绝大多数家庭每年消费一瓶茅台酒也是完全可能的，实际上却做不到，不是买不起，是舍不得。然而，茅台酒又是酒中王者，喝酒的人无不以喝上茅台为幸、为荣。茅台酒的需求无疑极具刚性，而飞天茅台的产量即使再过一百年也满足不了这种刚性需求。因而，将茅台酒分出层次、系列，开发多种不同的茅台酒，是补充不同茅台酒消费者需求的唯一办法。

茅台酒厂当然意识到了这一点，所以就有了产品策略的变化：在进一步做大单品规模的同时，加大力度开发系列茅台酒，实施"双轮驱动"，试图用多个层次的茅台酒分支产品消除茅台酒爱好者的饥渴。在茅台酒厂的中长期战略规划中提出的"133战略"，就是开发多层次茅台酒的重大安排。

"1"就是倾力打造一个世界级核心品牌：贵州茅台酒。世界蒸馏酒第一品牌的地位，不但要巩固，而且还要提升，保持飞天茅台单一品牌销售收入世界第一、酒业品牌价值全球第一的地位牢不可破。

第一个"3"指的是三个典型的全国性战略产品：茅台王子酒、茅台迎宾酒、赖茅。在中国酒界，卖酒就是卖故事，喝酒就是喝文化，这三个品牌历史悠久，底蕴深厚。尤其是有着历史光辉、不失贵族气质的"赖茅"回归茅台酒阵营，对白酒市场有着极大的文化冲击力。

第二个"3"为三个区域性重点产品：汉酱、仁酒和贵州大曲。茅台酒厂毕竟是茅台酒厂，出手必是大作。汉酱、仁酒和贵州大曲是茅台酒厂的三大老"酱"，此次作为重点品牌披挂上阵，肩负重任，旨在为茅台酒渗透各区域龙头酒企之必守阵地——腰部市场。一向专注于高端产品的企业，下沉到腰部市场，考虑到工艺、人工等成本因素，往往风险较大。由老"酱"出马，稳健、保险，可以为茅台酒渗透腰部市场节省更多的精力和资源。

随着"133品牌战略"的实施，茅台酒厂将在中国的白酒市场上形成一个产品集群。飞天茅台一骑绝尘，"三茅"纵横捭阖，"三酱"多方渗透，产品布局合理，层次分明，充分考虑了茅台酒的多种消费需求。未来想喝茅台酒的时候，或许会被问到：你要哪一种茅台？

产品结构变了，营销策略要变；时代变了，营销方式要变；消费者的要求变了，营销质量要变；竞争格局变了，营销模式要变。

其实，茅台酒厂的营销一直做得很有高度。在中国白酒企业中，营销费用占销售收入比重在20%以上的企业达70%；还有5%左右的白酒企业，营销费用占比接近50%，相当于卖出去的酒钱有一半用于卖酒；只有不到10%的白酒企业将营销费用控制在5%以下，茅台酒厂就在这个10%的阵营当中。

尽管如此，在产品结构有较大改变的情况下，营销策略仍需做出相应的调整，从营销手段到营销模式，从服务思维到服务质量都要变。飞天茅台对于大多数人来说，只闻其名，难见尊容，太多的人终其一生都闻不到其醇香。飞天茅台过去、现在、将来都只能满足小众消费，奢侈消费。至于普通家庭逢年过节喝上一瓶茅台酒，在理论上当然成立，但并非飞天茅台的营销重点。这一点众所周知，无须掩饰。"三茅""三酱"面向大众白酒市场，这是区域龙头酒企极力捍卫的地盘，在这一块的营销并非茅台酒厂的强项，如何在非强势领域显现茅台酒厂的气势和优势，制订与茅台酒厂核心能力相匹配的营销战略很重要，找到层次分明的营销手段也很重要。

茅台酒厂的"九个营销"即顺应变化而成，并迅速成为茅台酒的营销"秘籍"：

在工程营销上下大功夫，就是把培养酱香型白酒消费群体，引领酱香型白酒消费潮流，不断实施品牌战略、文化战略和差异化战略，作为茅台酒厂营销的系统工程，大力拓展茅台酒和酱香型白酒在市场中的份额，增大市场占有率、影响力、辐射力。

在文化营销上下深功夫，就是利用产品文化力、国酒文化底蕴和品牌优势进行营销，把茅台酒文化故事化，讲好茅台酒故事，加大对长期适量饮用茅台酒有利健康的宣传，加大对茅台酒品质、工艺、文化、环境、诚信、社会责任方面的宣传，塑造企业和民族品牌的正面形象，传播中国白酒正能量，实现文化与品牌营销并举的和谐效应，不断增强茅台酒厂对白酒文化的诠释能力和对中国白酒文化走向世界的引领能力。

在事件营销上下巧功夫，就是"搭车"营销，做到巧妙"搭车"，善于"搭车"。积极参与到政治、经济、社会文化重大事件中，通过会议、活动赞助和合作，吸引媒体、社会团体和消费者的兴趣与关注，强化茅台酒厂在重大事件中的影响力，提高企业及产品的知名度、美誉度和忠诚度，树立良好品牌形象。

在服务营销上下细功夫，就是坚持"行动换取心动，超值体现价值"的服务理念，通过建立精致服务体系、完善服务标准、精简业务流程、弥补物流短板，切实做好售前、售中、售后服务，加强客户关系管理和亲情服务，不断提高市场服务水平和能力，以优质服务促进销售，提升顾客占有率和满意度。

在网络营销上下强功夫，就是深耕细作，强化市场意识，不断优化渠道，健全营销网络，不断向商务消费、大众消费、家庭消费、休闲消费、酒店消费和社区消费转型，丰富、完善茅台酒在三四线城市营销网络的布局和建设。

在个性营销上下硬功夫，就是大力将个性营销打造成全新的"体验式营销"，做到顾客体验无缝化、透明化、可视化和个性化；瞄准全球知名人士，瞄准全国有大网络的企业，开发定制酒。

在感情营销上下真功夫，就是真心服务顾客，加强感情沟通，增进情谊，将感情转化为销售力，不断扩大"朋友圈"，不断增加"回头客"。

在诚信营销上下实功夫，就是坚持"百年老店，百年诚信"，恪守"四大诚信"，即质量诚信、经营诚信、价格诚信、推介诚信，大力开展"放心酒工程"和免费鉴定活动，抓好"七个打假"，捍卫茅台酒的品牌形象，捍卫茅台酒百年老店的金字招牌。

在智慧营销上下精功夫，就是利用互联网、大数据技术，打破线上线下的界限，建立从实体店到网店的全渠道销售方式，打造线上销售、线下体验、线上与线下一体化的营销链，接通联系到消费者的"最初一公里"和"最后一公里"。创新"互联网+大数据"营销模式，加强与全国知名电商及连锁酒商合作。积极对接"中国制造2025"，用三至五年时间，建设白酒行业首个集B2B2C、物联网、防伪溯源、大数据分析调度、产业金融服务、收藏拍卖于一体的综合品类交易平台。

"九个营销"是逐渐形成的。其中最重要的"工程营销"早在20世纪90年代后期就已经提出。"智慧营销"的提出则来自于互联网的压力。"80后""90后"逐渐成为白酒的新兴消费人群后，网购白酒的需求增大，线上销售每年都在翻番地增长。针对年轻消费者更喜欢线上消费的特点，茅台酒厂顺势而为，希望以"智慧营销"牢牢抓住这个有无限增长可能的消费群体。

做酒的企业，兴衰存亡最终掌握在喝酒的人手中。有人喝你做的酒，企业才能生存下去。"九个营销"洋洋大观，核心只有一个，就是以喝酒的人为中心，吸引更多的人来喝茅台的酒。抓住了这个核心，营销就一定是"赢销"。

> **与友人约登东山雨阻不果**
> 陈绍虞
> 天涯高阁几回凭，约伴寻芳载酒登。
> 客里有诗酬岁月，雨中无梦到崚嶒。
> 身沾飞絮依垂柳，马怯冲泥挂短藤。
> 自笑迂疏惟有拙，只将独醉谢良朋。

26. 文化茅台

中国人喝酒喝的是文化。河朔的避暑之饮是文化，会稽的曲水流觞也是文化；文人墨客行令是文化，贩夫走卒猜拳也是文化；高雅一点的慢饮细品是文化，粗犷一些的"感情深一口闷"也是文化；文艺青年以酒激发灵感是文化，平头百姓借酒寻求刺激同样也是文化……不管如何，只要喝起来，酒里就都是文化的味道。

喝酒的人喝文化，卖酒的人当然也要卖文化。深谙其道的茅台酒厂率先在中国白酒业提出"文化酒"概念。"带头大哥"的文化酒，引来跟随者一片，白酒界顿时文化昌盛。五粮液卖尊贵，剑南春卖喜庆，国窖1573卖历史，汾酒卖馆藏，郎酒卖红色，水井坊卖高尚，洋河卖情怀，金六福卖福气，董酒卖密酿，古井贡酒卖年份，泸州老窖卖老窖，酒鬼干脆就卖一个

"醉"字……卖酒的人顺应喝酒的人的所谓文化需求，纷纷亮出了自己的"文化"。

然而，文化这东西不是说有就有，也不是贴个标签立马就有了文化。单论酒的文化，无论底蕴和内涵，还是品质和气度，都少有堪与茅台并肩媲美的。

茅台酒是有文化的酒，首先来自悠久的历史。单说起自明清的"烧坊"，这悠长的历史就能沉淀出茅台酒浓浓的酒香。更不要说还有金光闪闪的巴拿马万国博览会奖章为茅台酒做历史背书。百年来始终如一地视金奖荣誉为生命的，在全球范围内，除去茅台酒厂几无第二家。在巴拿马万国博览会获得奖章的企业和产品为数不少，中国也有产品与茅台酒同时获奖，但高度认同巴拿马万国博览会金奖价值，并通过百余年的时光将这一价值发挥到极致的，舍却茅台酒厂也无第二家。什么是文化？这就是文化。仅有漫长的历史而没有传承，不注重历史的沉淀，不挖掘历史的价值，那历史就只是一纸记录，而不是文化。

茅台酒是有文化的酒，还来自与众不同的酿造工艺。中国白酒虽然都是蒸馏酒，但茅台酒九蒸八酵、三高三长的蒸馏工艺较其他白酒远为复杂。独特的酿造工艺始自传承，终于坚守，堪称中国传统工艺的活化石。数百年来沧海桑田，流程重组、技术改造、设备更新，而工艺的本质不变，工艺的灵魂仍在。

茅台酒是有文化的酒，在于酒中散发的人文光辉。仅红军长征经过茅台镇的故事就充分显现出茅台酒浓厚的人文色彩。红军在茅台镇喝了三天酒，茅台人却讲了不止八十年。红军的故事、红色的渊源，成为茅台酒独有的内涵价值，不可复制，无法强求。茅台酒里不仅浸满红军的故事，这些故事还演绎成茅台酒的红色文化。万里长征的红军、茅台地区的红土壤、酿酒的红缨高粱、酒瓶上的红飘带以及红商标等系列红色的组合，酿成了红色的茅台。

茅台酒是有文化的酒，也在于它的威仪和影响。茅台酒见证了现代中国几乎所有的重大历史事件。从1949年的开国宴席主酒，到融化中美、中日坚冰的外交酒；从普天同庆的欢乐酒，到出征将士的壮行酒；从"两台"辉映日内瓦的友谊酒，到香港、澳门回归时的祝贺酒；从中国加入WTO、申奥成功时的喜庆酒，到"神舟"飞船遨游太空的庆功酒……茅台酒作为文化使者，时而仪态万方，时而威风八面，在现代中国政治、经济、外交的多个场合出足风头。

茅台酒是有文化的酒，还在于它是绿色的酒，是健康的酒。赤水河谷的原始生态，酿酒原料的绿色供应链，确保了茅台酒的绿色环保。茅台酒"喝出健康来"的理念，虽然引来了一些争议，但反映的却是茅台酒厂倡导文明饮酒、健康饮酒的先进文化。

文化既已入酒，卖酒就是卖文化。随着从卖酒到卖文化的转型，茅台酒最大的价值所在就不再是酒，而是文化。

茅台集团总经理李保芳把在百年传承与创新中华丽蝶变的茅台文化提炼为具有丰富内涵的"酒香、风正、人和"六个字。

"酒香"涵盖了茅台立身的主业特征和品质价值。

茅台发轫于酒、扬名于酒，发展依赖于酒。因而，扎扎实实、心无旁骛地酿好酒，切实做好"酒的文章"，夯实发展基础，把主业做强、做优、做大，不断提升茅台的影响力、控制力和抗风险能力，仍是必须坚定不移、坚持不懈的立身之本。不深耕主业，或者主业做不好，当然就做不了其他事情。

茅台酒香飘百年、历久弥香，既得益于得天独厚的酿造环境，更缘于茅台人长期以来对传统工艺的矢志坚守、对品质把控的一丝不苟、对品牌培育的诚信追求、对市场开拓的不懈努力。今天的茅台，要保持"酒香"、夯实根基，关键仍在品质与品牌。一方面，要精益求精地酿造，确保品质过硬，让独一无二的"香味"浓郁。品质的坚守，关键在于统筹好传承与创新，在传承上坚守，在创新上坚定。把精益求精的工匠精神贯穿于工作的全过程，一笔一画写好"酒"字，以"酒香"迷人。另一方面，要尽心尽力地培育、维护品牌美誉，让众口皆碑的"香气"传承。品牌的提升，主要在于形成强大的品牌魅力。魅力由内而外，既要有底气十足的竞争力；也要有公众"点赞"的公信力。所以，茅台的品牌魅力在做"实"。

"风正"涵盖了茅台践行党风、政风、行风的组织要求。

中国人自古崇尚"正"。以"正"为高洁，以"正"为操守，以"正"为修养。"潮平两岸阔，风正一帆悬"。惟有风清气正，才利于实干创业。

茅台的"风正"，追求的是"风清则气正，气正则心齐，心齐则事成"，使茅台的发展具有良好的人文生态和环境。切实树立和强化"大茅台观念、大集团意识、一盘棋思想"，始终站在集团的高度和层面谋事干事。始终秉承"爱我茅台，为国争光"的企业精神，全身心投入茅台的发展中去，用心干好本职工作，用心提高执行力。不断强化担当意识和工作责任，始终坚持"马上就办，办就办好"，让干一件事、成一件事的理念深入人心、见诸于行。

茅台作为我国白酒行业的领军企业，理应在引领产业发展上有新作为和新贡献，树标杆、做榜样。在确保自身"风正"的基础上，善于倡导、敢于担当，主动引领行业发展的"正风"。要恪守匠心，始终坚守工艺标准、严守质量底线、严格产品标准，坚持正当竞争、尊崇基本诚信、遵守商业道德，引领行业规范发展；要善于创新，在宏观经济下行和行业深度调整中稳住心神、冷静面对，更加注重以改革促创新，以创新促转型，增添动力，增强活力，妥善应对挑战，引领行业稳健发展；要广交朋友，坚持和而不同，以更加开放的胸怀，与业界知名企业增进友谊、加强合作、促进共赢，引领行业协调发展，为茅台发展注入更加强大的动力。

"人和"涵盖了茅台构建利益相关方关系的基本愿景。

中华文明历来强调天人合一、尊重自然，"万物各得其和以生，各得其养以成"。就茅台而言,"人和"重在与投资人和股东、消费者、经销商、员工等各利益相关方和谐相处、共生共赢。

茅台是全民所有的国有企业,又是上市公众公司。深入贯彻"创新、协调、绿色、开放、共享"发展理念,集中精力抓生产、促销售,做强主业,不遗余力抓金融、促增长,做大体量,统筹推进公司有序、健康、持续发展,努力创造更多财富与效益,确保国有资产保值增值,股东利益稳步增长,致力于创造价值,达成与投资人和股东的"和"。

茅台的口碑既来自过硬的产品品质,也来自客观公正的市场导向。始终注重市场配置资源的决定性作用,善于因势而谋、顺势而为、乘势而上,跳出传统思维,摆脱传统依赖,用创新的手段和办法抓营销。经销商是茅台的合作伙伴,消费者是茅台的衣食父母。坚持从正面引导,用公开、透明的方式向市场和消费者传递正确信息,强化消费者忠诚和信心;与经销商群策群力,共同促进经销商效益的提高与合理回归,不期望暴利,不追逐暴利,让老百姓喝得起、承受得了。

企业的发展最终靠的是人。珍惜企业上下团结一心、实干创业的大好局面,保持同舟共济、务实奋进的精气神;精心统筹员工收入与企业效益间的关系,确保二者同步增长、比例适度,提高员工预期,激发员工激情。建设以人为核心的茅台文化,提升茅台发展软实力,让一线员工有奔头,让广大员工健康工作、快乐生活,有更多获得感。充分发扬企业家精神和工匠精神,坚持引进"达人"、推出"匠人"、培养"传人",面向国内外招揽一批战略、市场、金融、管理、大数据和公关等领域的创新型精英人才,培养一批懂传统工艺、守质量信仰的工匠队伍,增强茅台发展的引领力和支撑力。

概括起来,茅台文化就是:靠"酒香"立身,靠"风正"强魂,靠"人和"成事。

"酒香、风正、人和"的文化内涵明确表达了茅台的战略意图。作为中国制造业符号性的品牌,茅台当然不仅仅满足于做一款文化酒。茅台的战略大方向是：以茅台的潜质和优势，围绕酒业、一体化业务、同心多元化业务和金融投资业务四大板块，按照既定发展理念、策略和路径，走出一条独具茅台特色的发展之路，推动迈进"大茅台时代"，将茅台做强、做优、做大、做久。茅台酒文化只是一个引子，只是一个排头兵，最终展现在世人面前的应当是一个以茅台酒文化为特色的文化茅台。

近几十年来，中国以超强的学习能力和创新意志，在改变自身的同时，也影响着全世界。工业化之后的世界史一直是由西方文化统领潮流。然而，江山代有人才出，各领风骚数百年。经济的快速发展极大地激发了中国人的文化自信。近年来兴起的孔子热、老子热、诵经热、书画热、茶道热、旧宅热、文物热、中医热、养生热，体现了中国传统文化的强势复兴，说明独特的文化资源正在中国崛起的过程中扮演着重要的角色。

中国发起的"一带一路"倡议，绝不仅限于经济领域，更不可能是简单的产能转移。从 2017 年 5 月在北京"一带一路"国际合作高峰论坛的空前盛况就不难看出，随着在诸多领域领跑态势的形成，中国已然踏上了重振汉唐雄风的"动车组"。振兴中华，首先固然需要经济的强大，而最终的标志一定是民族文化影响着世界。没有文化的再度崛起，就没有中华民族真正意义上的复兴。借助这条经济带传递优秀的民族文化，把中国文化"带"出去，拉开以文化影响世界的时代序幕，基本条件已经成熟。

优秀民族企业的社会责任，不只是赞助希望小学，不局限于扶贫济困，而是要有大担当，要挑起历史的重任。在这个历史的重大关口，国酒茅台酒厂理应当仁不让，充当中国的文化使者。打造一个代表中国民族工业的"文化茅台"，是时代赋予茅台酒厂的使命，是国家和民族赋予茅台酒厂的责任。

今日的茅台酒厂，经历了数十年品质时代的磨练和十几年品牌时代的努力，完成了超越同行、率先出境的旅程，在国际市场享有很高的知名度和美誉度，在国际友人中有极高的提及率。2017 年 6 月初，WPP 和 Millward Brown 发布"2017 年全球最具价值品牌 100 强"榜单，茅台酒厂以其品牌价值170亿美元荣誉上榜；而在BrandZ公布的"2017最具价值中国品牌10强"中茅台酒厂排名第9，且是各品牌中唯一的工业实体。有国家综合实力作支撑，有民族历史文化作背书，茅台酒厂代表中国酒业、代表中国企业走向国际舞台的资格已完全具备，作为"中国名片"当之无愧。

文化茅台不同于以往的茅台酒文化，其功能也不仅局限于品牌的传播和产品走向世界。文化茅台是一个工程，是一个负载中国文化内涵、肩负民族重托、承担社会责任的工程。

民族的就是世界的。中国白酒是独特的，正因为它的独特性使之最有可能在文化上成为"世界的"。作为产品，茅台具备和平涵义，杯酒泯恩仇；作为企业，茅台代表工匠精神，一钱半一杯的普通茅台酒必须经过30道工序、165个工艺环节、历时5年酿造而成；作为品牌，茅台酒厂持续追求卓越，处在绝对的"一哥"地位依然强调"五自精神"——自出难题、自找麻烦、自讨苦吃、自我加压、自强不息。茅台文化中热爱世界和平、坚持工匠精神和追求卓越品质的特征，也正是文化茅台的价值诉求，代表的是中国文化主体的一部分。因此可以说，文化茅台完全可以成为中国文化走向世界的重要标签。

笔者认为，"文化茅台"工程至少有以下主体项目可以率先展开：

一是建立"一带一路"茅台窗。随着"一带一路"倡议的实施，沿线各国的重要枢纽城市不仅仅是所在国政治和经济的中心点，也将成为各国文化交流的汇集地。茅台应在"一带一路"沿线重要城市的国际机场开设茅台专卖店，作为展示、传播、推广中国文化元素的重要窗口，把"一带一路"变成茅台传播中国文化宽阔绵长的"高速公路"。

二是设立"世界工匠茅台奖"。为了宣扬工匠精神（尤其是食品行业的工匠精神），设立茅台世界工匠基金，委托第三方权威评选机构具体运作，联合全球媒体公正公开海选，每年评选一次"世界工匠茅台奖"，在全球范围内的食品行业推举、评选出三位能够代表工匠精神的获奖者。

三是"东方三宝"再定义。联合国际权威品牌及文化机构、媒体以及文化学者团队评选"东方三宝",并对结果进行权威发布。"东方三宝"暂定为"贵州茅台、景德镇瓷器、杭州西湖龙井茶"。联合杭州市、景德镇市政府的资源和力量,共同组织和推进,以统一的口径定义"东方三宝"并对外宣传。墙里开花墙外香,传播由外而内。通过国外网络社会媒体等力量进行民间炒作,产生社会影响,再让信息传入国内,组织国内主流媒体和影响力大的新媒体、自媒体联盟响应,形成共振,并持续推动成为多次热点。

文化茅台不仅仅是企业行为,而是代表国酒、代表中国民族工业的行为。因而文化茅台的创建,必须坚持国际性、独创性。要有全球视野、国际高度,以中华民族伟大复兴的中国梦为大背景,让茅台酒厂作为杰出制造企业的"中国名片",在国际舞台上展现自己的独特优势。要与众不同,像茅台酒那样不可复制。为人之不为,才能独树一帜;为人之不能为,才会石破天惊。文化茅台不仅仅要展现茅台的文化特征和品位,更要体现茅台酒厂的历史责任和担当。

> **山中杂诗**
> 黎汝谦
> 猴栗丛丛猬刺包,剥来小火漫煨炮。
> 磁瓶盛满茅台酒,野味芳香胜馔肴。

27. 国酒

茅台酒是国酒。如今,茅台酒在人们心目中的国酒地位已经牢不可破。茅台酒成为国酒,既非自封,亦非炒作,而是经过百余年历史沉淀的必然结果。

1915年巴拿马万国博览会获得金奖,为茅台酒日后成为国酒奠定了基础。20世纪初期的中国是一副积贫积弱的形象，除了丝绸、瓷器、茶叶等老几样，其他产品在世界上几乎无人知晓。茅台酒于此国家困顿之际，从大山之中一骑杀出，并一战成名，开启了中国产品走向世界的大门。仅此一点，茅台酒就有充分的资格成为中国白酒的代表，乃至成为中国民族产品的代表。

1949年10月1日在北京饭店举行的"开国喜宴"，茅台酒被选为宴会主要用酒，确定了茅台酒作为国酒的基调。从此以后，每年的国庆招待会，茅台酒都是指定用酒。而且，在若干重大政治经济文化活动中，茅台酒当仁不让，频频亮相。茅台酒几乎成了国家级宴会的专用酒。

茅台酒作为民族产品符号性的代表，为新中国外交事业也屡立奇功。毛泽东就用茅台酒招待过朝鲜领导人金日成、越南领导人胡志明和苏联开国元帅伏罗希洛夫等国外贵宾。茅台酒厂至今还珍藏着数张毛泽东和外宾用茅台酒碰杯的照片。周恩来1954年在瑞士日内瓦出席国际会议时，在中国代表团举行的招待宴会上用的也是茅台酒。1972年中美关系正常化，尼克松访华，毛泽东、周恩来用茅台酒款待。同年9月，日本首相田中角荣访华期间，一直喝的也是茅台酒。1984年12月，中英联合声明正式签署后，邓小平也用茅台酒宴请"铁娘子"撒切尔夫人。两年后，邓小平在北京钓鱼台国宾馆美源斋接待首次访华的英国女王伊丽莎白二世，用的是自己珍藏20多年的茅台酒。茅台酒的意义和分量可见一斑。

很显然，茅台酒在中国的对外交往中就是中国白酒的形象代表。正是随着这一次次在外交场合的"抛头露面"，茅台酒的国酒名分水到渠成，国酒地位也越来越牢固。

茅台酒成为国酒，与共和国第一任总理周恩来不无关联。周恩来是否于1935年随红军长征到达茅台镇时第一次喝上天下闻名的茅台酒于史无考，但这次喝茅台酒的经历让周恩来记忆深刻，也让善饮的周恩来对茅台酒念念不忘，在以后的多种场合力挺茅台酒，从而成就了茅台酒的国酒之尊。开国喜宴，就是周恩来力主用茅台酒作为宴会主酒。1950年国庆招待会，周恩来亲自打电话到贵州调拨茅台酒。茅台酒和汾酒曾一直为孰先孰后、孰师孰徒的问题争论不休。1963年在一次全国性会议上，周恩来发话摆平争议：茅台酒的香型和酿造方法与汾酒完全相同，南北两方不存在师徒关系，但要说先后，茅台酒理应在先。赤水河上游不准建化工厂，确保茅台酒生产的水源水质，最早也是出自周恩来的指示。可以说，没有周恩来就不会有茅台酒的今天。茅台酒厂一直以来也尊周恩来为"国酒之父"，在茅台酒厂总部的广场上，由淮安市政府赠送的周恩来"国酒之父"的雕像就矗立在最为显眼的位置。

在新中国的历届评酒会上，茅台酒都在中国名酒之列，这是茅台酒作为国酒的另一个重量级筹码。

第一届全国评酒会于1952年在北京举行。当时全国酿酒业处于整顿恢复状态。除少数原属官僚资本的酒企被没收为公有外，大多数酒类生产都为私人经营。负责酒类生产管理的中国专卖事业公司，按照事先确定的入选条件，收集全国的白酒、黄酒、果酒、葡萄酒103种。本届评酒会主持专家朱梅、辛海庭，结合北京试验厂（现北京酿酒总厂）研究室的化验分析结果，评出全国名酒共八种，其中白酒四种：茅台酒、汾酒、泸州大曲酒、西凤酒。这次评酒会翻开了中国酒类评比历史的新篇章，八大名酒的评选结果也确立了中国酒业的基本框架。茅台酒众望所归，以其优良的品质、独特的工艺、悠久的历史和良好的口碑名列白酒类榜首。

第二届全国评酒会仍在北京举行，时间是1963年10月，此时距第一届评酒会举办已11年。这次评酒会由轻工业部主持。白酒、黄酒、葡萄酒、啤酒和果露酒五大类共196种酒参加评选，酒样由全国27个省、市、自治区选送。中国白酒界泰山北斗级的大师周恒刚受命出任评酒会主持专家。本届评酒会共评出全国名酒18种，全国优质酒27种，其中白酒类八种：五粮液、古井贡酒、泸州老窖特曲、全兴大曲酒、茅台酒、西凤酒、汾酒、董酒。此时，一代勾调大师李兴发还在对酱香酒的三种典型酒体做艰难的比对和辨别，白酒的香型理论还不成熟，所以这届白酒评选并未区别白酒的不同香型，结果，香气浓厚者占尽优势，后来被称为浓香型的白酒大获全胜。而放香较弱的清香、酱香型白酒得分较低，第一届评酒会上的四大著名白酒中茅台酒、西凤酒和汾酒都因为这个因素而排名相对靠后。这也是茅台酒在历届评酒会中唯一一次未能占据榜首位置。两年后，以李兴发和季克良发现酱香酒三种典型酒体为发端，白酒香型理论横空出世，茅台酒占据中国名酒（白酒类）榜首的位置就再也没有失守过。

第三届全国评酒会于改革开放后的1979年8月举行，距离第二届评酒会又过去了13年，仍由轻工业部主持，地点改在风光旖旎的海滨城市大连。与前两届相比，本届评酒会有几个"高大上"的亮点：一是制定《第三届全国评酒会评酒办法》共九项近百条款，评酒规范化、标准化；二是在白酒类别按酱香、浓香、清香、米香、其他香等五种香型分别评比，进一步确认了中国白酒的香型分类；三是评酒委员会阵容强大，除周恒刚、耿兆林出任评酒会主持专家外，另有评酒委员65人，其中白酒评酒委员就有22人。除少数特聘委员外，绝大部分专家均经考核后才获聘出任评酒委员之职。第三届评酒会共评出全国名酒18种，优质酒47种，其中白酒类名酒8种：茅台酒、汾酒、五粮液、剑南春、古井贡酒、洋河大曲酒、董酒、泸州老窖特曲酒。13年过后，八大名酒重排座次，茅台酒重返榜首，洋河大曲异军突起，西凤酒日渐式微，浓香型白酒强劲如旧。第三届评酒会准备充分，组织严密，方法科学，评定合理，令人信服。尤其是白酒评比，历史意义重大，堪称中国评酒史上的里程碑。

第四届、第五届全国评酒会改由中国食品工业协会主持，分别于1984年在太原、1989年在合肥举行。两届评比中，茅台酒均毫无悬念地占据白酒类榜首位置。从第四届起，突出品牌意识，所有酒类一概以单行品种参评。在这两届荣获金奖的茅台酒即蜚声中外的飞天茅台。

20世纪90年代以后，在中国经济飞速发展的大背景下，各大酒企纷纷汇入市场经济的大潮，企业改制，经营独立，盈亏自负，衡量酒企的标准快速转变为销量、营收、利润等要素。相形之下，全国评酒会的含金量开始下降。为保护"中国名酒"的权威性，轻工业部毅然决定停办全国评酒会。于是，1989年的第五届评酒会成为"绝唱"。然而，"中国名酒"的概念已深入人心，历届评酒会评选出来的"中国名酒"或将成为后来者难以逾越的高峰。

首届评酒会评出的白酒四大名酒中，茅台酒、泸州老窖、汾酒蝉联五届"中国名酒"称号，西凤酒蝉联了四届，足见首届评酒会的权威性和含金量。在一共举办的五届评酒会中，茅台酒四次荣登榜首，作为中国白酒的标杆毋庸置疑，以茅台酒为中国白酒的代表，称茅台酒为"国酒"，应该没有任何争议。

对于来之不易的"国酒"荣耀，茅台人在倍加珍惜的同时，也当仁不让地享受着。在对外宣传时，不无骄傲、理直气壮地喊出：到茅台喝国酒去！

茅台酒的国酒名号，还有它在海外良好声誉的贡献。巴拿马万国博览会金奖已经说烂，毋须再说。早在20世纪40年代，在其他的中国白酒还"养在深闺人未识"时，茅台酒的前身"赖茅"已在海外销售，并取得良好业绩。1953年，成立仅两年的茅台酒厂即以中国香港为桥头堡，向东南亚地区销售茅台酒。几十年来，茅台酒厂在海外市场深耕细作，既赚银子又赚名声。中国的白酒成千上万种，所谓名酒也不下数十种，但在海外，不少人只知道两种：茅台酒和其他中国白酒。

目前茅台酒厂在全球一共发展了94家海外经销商，直接发货的国家和地区已经达到63个，产品分布于五大洲和全球重要免税口岸，海外市场的销售网络布局日趋完善。2016年，茅台酒海外销售量高达1721.03吨，实现出口创汇3.14亿美元，同比增长50%，占中国白酒出口创汇总额的3/4，遥遥领先于其他白酒品牌，稳居全国第一。未来五年，茅台酒厂力争在海外市场实现年均15%以上的增长，到2020年，海外销量力争占到茅台酒总销量的10%以上，实现消费群体从以华人市场为主向西方主流市场为主的转型。

2015年11月，茅台酒重返首获国际殊荣之地的旧金山，以"金奖百年，香飘世界"为主题，举行茅台酒荣获巴拿马万国博览会金奖100周年庆典活动。旧金山市长李孟贤在出席庆典活动时宣布，每年的11月12日将被定为旧金山的"茅台日"。一个中国企业获得这样的殊荣，在旧金山的历史上并不多见。商务活动密集、各类前沿产业发达的旧金山，是全球一线品牌竞争最为激烈的城市之一，广告林立、流通迅速。茅台在此高调举办百年纪念庆典，是一场成功的品牌造势，是对跻身全球一线品牌阵营的自信，其国际影响至少在中国白酒企业中无出其右者。

中国政府提出"一带一路"倡议后，茅台酒厂即开始在沿线国家深耕布局。继2015年莫斯科、米兰茅台酒大型推广活动后，2016年年底又在德国汉堡举行茅台酒"一带一路"专题推介活动。根据"一带一路"沿线国家市场需求，茅台开发了"一带一路"茅台纪念酒，并在德国汉堡正式发售。目前，茅台酒已经进入26个"一带一路"沿线国家，销量达到全球总销量的18.91%，其中在东盟国家的销量占到了沿线国家总销量的71.11%。在中欧和东欧区域，茅台酒同样发展喜人，新增了立陶宛、白俄罗斯、乌克兰等地的经销商，销量同比增长接近90%。如果说在此之前茅台酒以其品牌影响力已经获得海外主流市场的持续认可，那么"一带一路"倡议的出台，则为茅台酒打破产品布局界限，进一步深度参与国际竞争提供了又一个以国徽为背景的窗口。

作为与法国科涅克白兰地、英国苏格兰威士忌齐名的世界三大蒸馏酒之一，茅台酒多年来在海外获奖无数，其品牌价值也一路飙升。根据世界上最权威的品牌评估机构Brand Finance发布的报告，茅台酒的品牌价值在2015年即超越连续十年来排行第一的世界知名品牌尊尼获加（Johnnie Walker）威士忌，成为世界最昂贵名酒品牌。该机构发布的2017全球烈酒品牌价值50强排行榜（Top 50 spirits brands 2017）上，茅台酒品牌价值为115.48亿美元，继续排名首位。

茅台酒，中国偏僻地区酿造的烈性酒，经过几代人的品质坚守，经过上百年的文化酝酿，终于成为中国民族工业符号性的品牌，成为全球飘香的国家名片。茅台酒作为中国"国酒"，名副其实，当之无愧。

> **仁怀风景竹枝词**
> 卢郁止
> 茅台香酿醑如油，三五呼朋买小舟。
> 醉倒绿波人不觉，老渔唤醒月斜钩。

28. 收藏界宠儿

酒是用来喝的，名酒则另当别论。对于名酒，喝掉它只是体现了它的现实价值。除此之外，名酒还具有投资价值。很多人囤积名酒，以待增值，其实就是一种投资，指向的是名酒的未来升值空间。名酒还有它的文化价值，体现名酒文化价值的方式就是收藏。如果一件商品既可以使用，又可以投资，还可以收藏，毫无疑问就是名贵的商品。如果一种酒同时具备这三种价值，那当然就是名酒中的上品。

茅台酒就是这样的酒。可以喝，手执一杯，醇香扑鼻，仰头入喉，回味无穷。可以投资，茅台酒是稀缺产品，市场供应有限，多年来其价格涨得多跌得少，保值是一定的，增值的空间也很大，甚至还可以用于抵押。可以收藏，文化品位高，工艺特点明显，品牌世界知名，在酒界的地位尊贵，关键是酱香酒越是陈化品质越高。

所以，茅台酒除了饮用、投资外，一直以来也是收藏界的宠儿。自从成为"国酒之尊"，茅台酒更是引来无数藏家争相追捧，收藏价值越来越高。

一般来说，只要有收藏茅台酒的意向，随时都可以入手。只要是飞天茅台（含五星茅台），任何一款都有收藏的价值。

按茅台酒的出厂时间来分，当然是时间越长收藏的价值越高。酱香酒讲究的就是一个陈化时间，陈化时间越长，老熟得越透，价值就越高。因为茅台酒酱香型的特质，年份始终是衡量收藏价值的重要标准。但若时间太长，50年、80年的酒就只能收藏，而不能直接饮用，非要饮用，必须重新勾调。棋圣聂卫平曾经藏有一瓶20世纪20年代的绝版茅台酒，为1985年胡耀邦所赠，属稀世珍宝。2001年为庆祝中国国家男子足球队杀进世界杯，聂卫平决定喝掉这瓶茅台酒。喝之前，特邀勾调大师季克良亲自赴京重新勾调。

通常以新中国成立初期、"文革"时期、改革开放、经济腾飞四个时期作为茅台酒收藏的梯级，越靠前的酒收藏价值越高。四个时期的划分是粗略的，同一时期不同年份的酒，收藏的价值也有不同。收藏界亘古不变的真理就是物以稀为贵。经济实力雄厚并具有丰富藏酒知识的藏家，往往指向存世较少的品种。20世纪五六十年代的土陶瓶茅台酒是首选，稀少，年代久远，为重量级藏品，价值都在百万元以上，而且升值率极高。对一般的藏家，20世纪80年代的飞天茅台或五星茅台，就是很不错的收藏。

茅台酒按照商标类别分，有金轮、五星、飞天、葵花几种。

五星的前身是金轮。商标图案是一样的，只是名称改变而已。金轮茅台存世不多，殊为珍贵。五星茅台一直在国内销售，存量较多。1966年7月改用五星商标时，使用带有"开展三大革命运动"字样的背标，直到1982年年底废弃。使用该背标的茅台酒因具有浓厚的时代感，而成为基础收藏品种。

1959年开始生产的飞天茅台一直是外销品牌，当时的产量就不多，目前存世更少，按理说相当珍贵。但1976年至2006年的飞天茅台在瓶身并未标注生产日期，只是在每箱的装箱单上标有出厂时间，从而严重影响到这一时段的飞天茅台的收藏价值。不过，如果谁藏有整箱这一时期的飞天茅台，必定价值连城。

葵花茅台也是时代的产物。"飞天"商标因"四旧"嫌疑遭弃用后，以"葵花"牌取而代之，对外销售。1967年开始启用，1975年2月停用。葵花茅台只存在几年时间，而且因其红色寓意而出口销量不大，存世不多，因而备受藏家追捧，收藏价格高于 20 世纪 70 年代的飞天茅台。

1978 年，工作人员在整理仓库时发现被闲置 3 年的"葵花"牌商标 25.8 万张，本着勤俭节约的精神，这批商标被用于当年的内销包装，背标则采用当时内销茅台的"三大革命"。这批葵花茅台因而被俗称为"三大革命葵花"或"三大葵花"。"三大葵花"在茅台酒发展历史上是个特殊的存在，时代感强，意义特殊，而且数量极为有限，因而纪念价值高。其收藏价值远高于同年生产的五星茅台和飞天茅台，1978 年生产的五星茅台现价值 5 万元左右，"三大葵花"现价值则在 10 万元以上。

此外就是纪念酒的收藏分类。纪念茅台酒，纯为收藏而打造，品位独特，文化气息浓厚，而且与历史重大事件紧密关联，每一款都是限量发行，是茅台酒藏家心目中的圣品。

茅台纪念酒分两大类：一类是茅台官方发行的庆典纪念酒，如香港回归纪念酒、澳门回归纪念酒、国庆周年纪念酒等，礼品盒包装，设计独特，高贵典雅，是藏家至爱。另一类是定制纪念酒，如建军 70 周年纪念酒、人民大会堂建成 50 周年纪念酒等，多为普通茅台酒，仅增加相关文字而已，而且品种繁多，门类复杂，收藏价值与普通茅台没有太大的差别。

纪念酒中，"前三件大事""后三件大事"六款纪念酒在收藏界名头极高。前三件大事为 1997 年纪念香港回归茅台酒、1999 年纪念澳门回归茅台酒以及同年 10 月国庆 50 周年盛典纪念茅台酒。后三件大事为 2001 年北京申奥成功纪念茅台酒、中国国家男子足球队杀入世界杯纪念茅台酒以及中国加入世贸组织纪念茅台酒。这几款茅台纪念酒与重大历史事件关联，限量生产，外观设计精美，而且距今已有近 20 年的酒龄，因而收藏价值很高。这几款纪念酒都有流通的收藏空间和成熟的真伪鉴别技术，相对于其他年份更久的茅台藏品，真品率更高，更易于收藏。

其中，最为珍贵的首推 1997 年纪念香港回归茅台酒，陈酿精心勾调，限量生产 1997 瓶，绝版发行，酒瓶、酒标、绝版说明书都印有独立编号，背标和绝版说明书均有中国白酒泰斗季克良的亲笔签名。2007年5月，在深圳举行的世界名酒珍品拍卖会上，一瓶1997年纪念香港回归茅台酒以18万元的价格被拍走。同年12月，在贵阳举行的国酒茅台慈善拍卖会上，另一瓶纪念香港回归茅台酒被贵阳一家公司以25万元的价格拍走。

1992年茅台酒厂特制了一款纪念酒——汉帝茅台酒。汉帝茅台酒外包装为青铜铸造、外镀纯金的方形龙首盒，形同玉玺，一次铸造成型；盒盖把手为龙头形状，口含金珠，胡须可动，栩栩如生；内置酒瓶两侧，各有一支青铜制造的酒樽。该款纪念酒一共生产10套，铸造包装的模具制造完成后即被销毁，单套造价高达10万美元。汉帝茅台酒除1瓶留存茅台酒厂外，其余9瓶在香港拍卖后便了无音讯。19年后，汉帝茅台酒才重现江湖，在2011年首届陈年贵州茅台酒专场拍卖会上，一套汉帝茅台酒以996.8万元的天价，刷新了茅台酒拍卖成交价格的历史纪录。

茅台酒藏家众多，但各家风格迥异。玩高端的，指向稀有品种；一般的藏家，玩玩基础品种；博爱的藏家，不论高中端，见酒就藏。河南的张姓藏家，据传是目前收藏茅台酒数量最多的，但到底有多少，只有他自己能说清楚；深圳的刘姓藏家，茅台酒收藏曾经打破上海大世界吉尼斯纪录；贵阳的肖姓藏家，专门收藏新中国成立前的茅台酒瓶和酒坛，为全国第一人。有的是专业藏家，茅台酒的知识丰富，收藏功底扎实；有的一开始就是业余爱好，喜爱茅台酒，偏好茅台酒文化，玩着玩着就成了茅台酒专家。

从外地初到贵州的李勇，对茅台酒并无兴趣也不了解。经人介绍到茅台酒厂当货车司机后，才慢慢与茅台酒结缘。李勇自称在茅台酒厂经常做的三件事：看酿酒，看别人打"酒官司"，跟酒师交朋友。李勇先是学到不少茅台酒知识，接着对茅台酒产生浓厚的兴趣，着手自己酿酒。他自费到中国轻工业协会组织的高级酿酒班接受培训学习，学成后就在仁怀开起了作坊，并能准确辨别十多种不同香型和口感的酒，令业内勾调师、品酒师刮目相看。因在全国糖酒会现场鉴别出某知名白酒企业故意拿出来的一瓶高仿酒，李勇逐渐为业界所知。李勇的茅台酒收藏不显山不露水，主要指向稀少品种，20年来共藏有几百瓶陈年茅台酒。每一瓶茅台酒，都有详细记录，都有故事，都有生命。李勇的收藏和宣传得到了茅台酒厂的认同和鼓励，前几年还获赠一瓶由季克良等茅台"大佬"联合亲笔签名的茅台酒。如今作为国家级白酒高级勾调师和品评师，李勇还在酿酒，并与藏酒形成良好互动，但主要精力则放在藏酒上。与其他各种头衔相比，他更喜欢中国藏酒协会认定的"茅台酒收藏专家"这个头衔。

山东临沂茅台酒藏家迟志亮，一开始是为了纪念好酒的父亲，在家中存放一些名酒，时间一长，就对这些名酒的产地、原料、香型和工艺等有所了解，最终产生藏酒兴趣，最爱收藏的就是茅台酒。为收藏茅台酒，迟志亮倾尽家财，房子都卖了，座驾也从奥迪车到途锐车，再到二手中华车。迟志亮几乎每日必买茅台酒，宽裕时买稀缺品种，紧张时买点普通品种，属于不论高中低端见酒就藏的那一类人。1954年的"艹"头三节土陶茅苔，20世纪60年代的"大脚丫"飞天、矮嘴木塞黄酱、葵花、三大革命、铁盖、红皮、陈年、方印、1704，还有种类繁多的纪念酒，迟志亮藏有近百个品种共2000多瓶茅台酒。其中，1996年前出产的茅台酒的存量，就达到1500瓶。从1954年到1996年间，仅缺少了两个年份的酒，其他年份都有实物藏品。

2009年，"嗜"酒如命的迟志亮以150万元高价购得一瓶稀世孤品——1954年"艹"头三节土陶茅苔。该瓶茅台酒瓶身标注1954年生产，按茅台酒5年存贮装瓶出厂计算，应为1949年新中国成立之年酿造，为新中国第一代茅台酒，历经60余年，见证了茅台酒厂公私合营后恢复生产的最高水平。自1951年茅台酒厂组建至1953年间出产的茅台酒，目前未有实物在收藏市场出现，因此，该瓶茅台酒为有准确出产年代以来最早的茅台酒。这瓶茅台酒正面商标为"车轮"图案，繁体"贵州茅苔酒"，"艹"头"苔"字，右下角厂名为中英文标注，是茅台酒厂建厂以来第一批出口包装的茅台酒。"车轮"为茅台酒早期在香港注册商标，仅使用5年即被"飞天"取代，"贵州茅苔酒"中"艹"头"苔"也很快为简体"台"字替代，因而这张商标也为绝世孤品。该瓶茅台酒20世纪50年代出口新加坡，历经半个多世纪沧桑历史，酒瓶上当年的出口报关凭条、商标、封口都很完整，且至今具有饮用价值，其历史价值和文化价值更是无法估量。

说起茅台酒收藏，不能不提2011年以近千万元的天价拍下汉帝茅台酒的大藏家赵晨。更令人咋舌的是，赵晨在拍得这瓶"酒中之王"后，曾轻描淡写地说，成交价格远低于自己的心理价位。

20世纪90年代开始藏酒的赵晨，初出茅庐即显大玩家本色，仅用十多年时间就将中国17大名酒及55种优质酒的几乎所有品种完整地藏入自己的酒窖。之后，目标直指茅台，专注收藏稀世茅台酒。

在赵晨看来，他收藏的茅台酒从来就不是一种投资品，而是一段悠久的史话，一章优美的诗篇。赵晨一直主张用文化收藏茅台酒，只有以丰厚的文化基础作为背景，才能深层次地享受藏品带来的无限内涵。对于个人来说，收藏是一种享受；对于民族来讲，收藏是对文化的一种传承，一种保护。

赵晨的茅台酒收藏足迹遍及全球，听到哪里有茅台酒，就往哪里跑，中国香港、东南亚、中西欧，茅台酒历史上的外销地，都是他发现"宝贝"的好出处。在不长的时间里，赵晨收藏的茅台酒总数达上千瓶，自民国时期的"赖茅"到新中国成立后的"五星""飞天""葵花"等，几乎没有断代。2008年，他的茅台酒收藏被载入上海大世界吉尼斯纪录。

2011年，赵晨的《茅台酒收藏》出版，开个人出版藏酒研究书籍之先河。该书凝聚赵晨多年来茅台酒藏酒心得，对茅台酒的发展历程以及文化传承进行了深入研究，对茅台酒的起源、名称、与文化政治的关系、兴盛原因一一做了考证，对茅台酒收藏的历史、现状、现存藏品以及收藏知识做了百科全书式的介绍，并对茅台酒文化发展的一系列问题提出独特的见解。该书既是一本茅台酒收藏指南，也是一部茅台酒文化的大辞典。

稀缺一直是茅台酒的特点之一，所以在物以稀为贵的收藏界，茅台酒收藏的故事永远动人心魄。在茅台酒收藏中倾听藏品的故事非常重要。一款茅台酒，年份、包装、存量固然重要，但藏品本身与其他茅台酒不同的经历、背后鲜为人知的故事，同样会给藏品增加很多文化价值。

茅台酒的收藏，是茅台酒文化传承的一部分。茅台酒的地位与社会影响力，决定了其收藏价值和增值潜力。或许在不久的将来，茅台酒收藏就会像世界上那些知名的酒品收藏一样，集万千宠爱于一身，引无数英雄竞折腰。

> **之溪棹歌（之三）**
> 陈熙晋
> 茅台村酒合江柑，小阁疏帘兴易酣。
> 独有葫芦溪上笋，一冬风味吞头甘。

29. 假冒伪劣伤害不了茅台

喝茅台的也好，藏茅台的也罢，最担心的就是碰到假茅台。

然而，假茅台还真不少。究竟有多少，的确是一件不容易说得清楚的事情。前几年坊间流传，市面上 90% 的茅台都是假的。而茅台官方坚称，市面上的假茅台不会超过 5%。由于假茅台的制售花样繁多，根本无法统计，哪怕是粗略一点的统计都不可能，所以这两个数字应该都不是精确的。

说市面上 90% 的茅台都是假的，过于夸张。茅台酒 2016 年的销售额 500 亿元左右，按 90% 假茅台酒的说法，那真真假假的茅台酒一年的销售额应该在 5000 亿元左右。而 2016 年中国白酒的销售额总共才 9800 亿元。难道中国的白酒消费者半数以上都在喝茅台酒，包括真真假假的茅台酒？中国上规模的白酒企业有 1500 家左右，它们都是怎么卖酒的？所以，90% 假茅台酒的说法相当不靠谱。

5%假茅台酒的说法，似乎也可商榷。虽然茅台酒厂以及各地的工商、公安部门打假力度很大，但可以肯定的是，被打掉的假茅台酒只是冰山一角，而远非全部。仅凭打假数字判断假茅台酒的多寡很难做到准确，从民间经常爆出的买到、喝到假茅台酒的事件比例测算，5%的数字有点低估。

从制造端看，假茅台酒大致有三种类型。第一类是制假。酒瓶、商标、瓶盖、飘带、喷码、防伪标识、外包装等，完全按照茅台酒的样式制造。技术手段根本不用担心，道高一尺魔高一丈，真茅台酒做成什么样，假茅台酒就能做成什么样，典型的专业化、产业化制假。近年来，经过各方大力整治，规模化制造假茅台酒已经极为少见，但小批量的制假仍然很多，全国各地都有，茅台酒厂的所在地茅台镇也有。这一类假茅台酒，制假者往往冠以"高端定制"之美名，消费者则称之为"高仿茅台酒"。大家都刻意地避开那个"假"字，让人哭笑不得。第二类是仿造。内外包装均仿冒正宗茅台酒，打擦边球，有侵权嫌疑，但并不打茅台酒的招牌。说它造假，肯定不是，它有自己的商标，有自己的厂家；说它不是造假，外包装上做得却又跟茅台酒大致相当。含混、模糊、暧昧，任由评说。茅台镇大大小小的酒厂中，至少有三分之一的产品走这条路线。第三类是造假。回收正宗茅台酒包装，灌装假酒。酒瓶、包装盒、飘带、瓶盖，全是茅台酒厂出品的正宗货，只有酒不是。让那些习惯依靠包装判断真假茅台酒的人经常上当。此类情况较多。假如一些市场上茅台酒空酒瓶都能卖到100多元的传说属实，那么这些回收的酒瓶必然用于造假。

从销售端看，几乎任意途径都有可能买到假茅台酒，让人防不胜防。茅台酒因其"国酒"之名，加之供应有限，所以在市面上很好卖，真茅台酒抢手，假茅台酒也抢手。街边烟酒销售部有假茅台酒，大型商场超市也有假茅台酒；实体店有假茅台酒，网上也有假茅台酒。据公开报道，一向以正品行货自居、宣称100%为正品的B2C电商唯品会在2015年的一次所谓特惠活动中，卖的全是假茅台酒。少数不守法的茅台酒经销商、专卖店也制售假茅台酒。广东梅州的一家茅台专卖店经营者即因此锒铛入狱。北京有一家高档餐馆，来此就餐的大多是高端成功人士。由于经常来就餐，所以没喝完的酒一般就寄放在餐馆，留到下次再喝，其中就有不少茅台酒。经偶然来此就餐的一位茅台酒专家肉眼鉴定，十瓶中有八瓶是假茅台酒。

那些收藏茅台酒的，自以为是行家里手，有火眼金睛，但一不小心也会受骗上当，因为陈年茅台酒、纪念茅台酒的造假也已经到了登峰造极的程度。20 世纪 80 年代的 53 度飞天茅台礼盒回收价高达 1400 元；茅台年份酒的礼盒回收价格，15 年的 300 元，30 年的 1000 元，50 年的 3000 元至 4000 元，80 年的上万元都有人回收。回收礼盒的用途，收藏的少，造假的多。目前市面上 20 世纪 80 年代初的陈年茅台酒售价大概 4 万元左右，即使品相差一些的也不会低于 3 万元。算下来，造一瓶假的陈年老酒，扣除成本，可以获得接近两万元的利润，当然会吸引很多不法商人铤而走险。

对于那些平常接触茅台酒较少的消费者来说，真假茅台酒的辨别并不是一件容易的事。

茅台集团旗下现有数十家子公司，其中茅台酒股份有限公司、茅台酒厂技术开发公司、茅台集团习酒公司、茅台集团保健酒有限公司等四家子公司生产白酒。都是茅台集团的子公司，产品不叫茅台酒还能叫什么？所以这四家公司生产的白酒都可以笼统地称之为茅台酒。但这四家公司的每种白酒都有自己独立的商标和品牌，只是在标注生产厂家时带有"茅台集团"字样而已。总经理李保芳到任后，对茅台旗下各公司的白酒品牌进行了大力整治，茅台的品牌管理步入规范化，茅台品牌的辨识度也因此得以提升。

茅台酒股份有限公司就是名动四海的飞天茅台（五星茅台）的生产企业，是茅台集团的台柱子。各种纪念茅台酒、年份茅台酒也都由这家公司生产。茅台酒股份有限公司现在每年的产量在 5 万吨左右，但能勾调成飞天茅台（五星茅台）的只有 2 万多吨。剩下的酒怎么办？最后还是要勾调成酱香型酒，而且品种很多，所以可以称之为茅台系列酱香酒。系列酒现在主打前文已经介绍过的"三茅""三酱"等六个品种，品质都很不错，性价比高，是茅台酒，但不是消费者所指的"普茅"。

1992年成立的茅台酒厂技术开发公司，生产白酒，也是酱香型，而且品种很多，比较有名的有富贵禧酒、茅台醇、富贵禧原浆、贵州大曲等几种。该公司为茅台集团下属子公司，还是茅台酒股份有限公司的参股公司，产品当然也可以叫茅台酒，自然也不是假茅台酒。

茅台集团习酒公司位于遵义市习水县，与郎酒一河之隔。生产习酒（浓香型、酱香型）系列白酒，以及六合春、九长春等高档白酒。习酒公司的产品只在标注生产厂家时有"茅台集团"字样，外观设计和包装与茅台酒有明显的差异，区别起来相当容易。

茅台集团保健酒有限公司的前身是茅台酒厂劳动服务公司，现为茅台集团全资子公司，该公司生产的白酒品种也很多，主要品种有茅台不老酒、白金酒等。

"茅台"和"贵州茅台"均系茅台酒厂的注册商标，目前仅授权以下品种使用：茅台酒股份有限公司生产的"贵州茅台酒"系列（飞天、五星）、"茅台王子酒"系列、"茅台迎宾酒"系列，茅台酒厂保健酒业有限公司生产的"茅台不老酒"系列，茅台酒厂技术开发公司生产的"茅台醇"系列。其他任何使用"茅台"和"贵州茅台"商标或者打上"茅台集团某某酒"名号的产品，均为假冒伪劣茅台酒。

此外，茅台镇大大小小上千家酒厂作坊生产出来的酒大多以"茅台镇酒"行走于市面。打打擦边球，起个与茅台酒相似的名称，或注册一个混淆视听的商标，也在常理之中。在茅台镇酿造的酒，而且是采用当地传统工艺生产的酱香型白酒，当然可以说自己是"茅台的酒"。这类酒均与茅台酒无关，但只要不构成对茅台酒的侵权，就不是假茅台酒。

茅台镇除了茅台酒厂外，还有很多上规模的酿酒企业，国台、贵海、红四渡、坛王窖酒等都是不错的酱香酒，市场售价也不高，饮用可以，收藏的价值并不大。但是，茅台镇确实有做假茅台酒的。对茅台镇很多人来说，在同样的地理环境中，以相似的工艺，仅从口感和香型上，酿造一款"准茅台酒"并不困难，普通消费者喝起来也很难分辨出真假。在茅台镇制造假茅台酒确实比在其他地方要方便很多，所以，在高额利润的诱惑下，制假造假时有发生。

最难鉴别的当属完全仿制茅台酒的假酒。

常用的鉴别方法不外乎三种：闻、看、尝。

闻：酱香酒香型独特，与其他白酒的香型有较大差异。茅台酒又是酱香酒的代表，其品质远远高于一般酱香酒。所以，经常喝酒的人通过闻香即可分出真假。不过这种办法的准确性不高，很多假茅台酒的酱香气味接近正宗茅台酒，一般的人区别起来比较困难。

看：茅台酒的包装有很多防伪设计，通过包装识别真假茅台酒是最常规的办法。一看瓶盖。正宗的贵州茅台酒都配有一个官方识别器，通过识别器观看茅台的防伪标签会出现与肉眼所观看到的不同的效果，帽套表面图文消失，并出现彩虹色的背景和黄色"国酒茅台"及"MOUTAI"文字，顶盖帽套顶部也会呈亮银色或金色。二看飘带。飞天茅台正面皆有两条红色飘带，飘带与瓶身的前标贴纸垂直、挺括，正正堂堂地压在标贴的"茅"字上。内飘带上有阿拉伯数字，从零到几十不一致，一箱酒中不太可能六瓶都是同一个数字。三看瓶底。查看酒瓶底部，会出现四种标识：小方块、MB、CKK、HB。同一箱茅台酒瓶底标识一致，如标识各不相同，就是假茅台酒。四看细节。使用5倍以上放大镜可以看到"飞天"商标图案左边的仙女头上的三颗珍珠，没有珍珠或珍珠模糊即为假货。此外，还可以通过观察防伪标识、喷码、出厂序号等进行识别，至于包装物印刷稍有模糊、贴纸不正或有皱褶的，都不可能是真酒。

尝：词学大家卢冀野在《柴室小品》中记载：抗战时期，专为喝茅台酒来贵阳，喝了华茅老板华问渠先生的一瓮七八年的陈茅台酒，始知天下假茅台酒之多。茅台酒真正的好处，在醇，喝多了不会头痛，不会口渴，打一个饱嗝，立即香溢室内。一般来说，只有会喝酒的才能尝出真假，而不会喝酒的只能用上不上头作出第一判断。

在假冒伪劣茅台酒的挑战面前，茅台酒厂一方面不断提高茅台酒的防伪技术，一方面持续加大打假力度，对假冒伪劣毫不手软。

茅台酒厂一直以来都在不断地加强茅台酒的防伪技术，不惜工本在瓶身、瓶盖、商标、外包装等个多方面加注防伪标识。然而道高一尺魔高一丈，几乎无所不能的制假造假技术，足以以假乱真，从而让茅台酒的防伪手段形同虚设。河南某消费者将一瓶2015年生产的1升装飞天茅台先后送往两家茅台区域打假部门鉴定，结果两家的鉴定意见完全相反，两家机构的鉴定师经过沟通后，还是各自坚持自己的意见，最终只好发往茅台酒厂总部鉴定。

茅台酒厂正在借用互联网技术加强茅台酒的防伪。在一次高端论坛中，腾讯总裁马化腾就向茅台建议通过"联网"、云和区块链等工具来打假："过去的防伪是没有联网，是离线的，有很大的安全隐患。因为生产防伪标志的工厂，也有可能会给人家生产，再拿出来卖。我觉得未来一定要联网，什么时候生产的，哪个货车拉出厂的，到哪几个经销商那里，等等，都可以追溯到。而且区块链技术还可以令这个数据在服务器端不可复制，比如在服务器端，数据生成的区块链是分散存储，不可篡改的，这样可以保证你的方案是完美的。"

从2017年起，茅台酒厂再度升级防伪技术，隐藏在瓶盖上方的RFID芯片标签，为每一瓶茅台酒匹配了唯一的身份标记，记录了每一瓶茅台酒从生产、流通到消费的全部生命周期信息。通过手机扫码，即可获得该瓶茅台酒在云服务器上的唯一IP，进行跟踪溯源，从而轻松查验茅台酒的真伪。

茅台酒厂有一支近200人的打假队伍，即外界经常提起的"打假办"，设在茅台集团知识保护处。但茅台作为企业并没有执法功能，只能依靠当地工商、公安部门打假。而且，与全国各地的假冒伪劣茅台酒比起来，这支打假队伍的力量与违法者相差悬殊，面对五花八门的造假制假，更多的时候表现得力不从心。

几年前，打假办在大庆市一家大型超市发现了假茅台酒，于是联合大庆市商务局酒类稽查大队追查来源，最后找到假酒的供应商宗某。让人吃惊并啼笑皆非的是，宗某一年前花了900万元从"朋友"那里取得"茅台酒黑龙江地区的代理权"，由"朋友"负责供货，宗某负责出货。直到案发，宗某都不知道这个"代理权"是假的，酒也是假的。经茅台酒厂的专业人员鉴定，宗某库房中尚未出货的314箱茅台酒均为小作坊灌制出来的假货，但从包装等外观上看，足以乱真。

畅销的市场和高额的利润，吸引着不法商家铤而走险制假售假。但因为茅台酒品牌强大的影响力和已经树立起来的市场权威，假冒伪劣茅台酒无损正宗茅台酒的美誉，对茅台酒的市场信誉和市场销售所造成的影响微乎其微。相反，假冒伪劣为茅台集团带来了市场整治的契机，更加提升了茅台酒专卖店销售系统的影响力。可以说，茅台酒品牌强大到让消费者产生出"糊涂的爱"。消费者完全相信，茅台酒厂绝对不会有假酒和劣质酒流出市场，即使不幸买到假茅台酒，消费者也从来不会质疑茅台酒的品质，更极少有人责怪茅台酒厂的打假能力。与若干假冒伪劣最终摧毁知名品牌的一些案例相比，茅台酒品牌力量的强大由此可见一斑。

茅台酒是茅台人的骄傲，茅台人应该有维护茅台酒品牌的自觉。茅台酒厂的数万员工对茅台酒品牌爱护有加，呵护备至。茅台酒厂作为地处偏僻的知名企业，或许应该比其他企业更关注所在地的收益，与地方形成利益共享机制。举世闻名的茅台酒不仅是茅台酒厂的财富，也是茅台镇乃至仁怀市的财富。应当让茅台镇以及仁怀市的所有人和茅台酒厂的员工一样，极力维护茅台酒品牌的声誉，而不是借机造假牟利。唯有如此，才能形成最终的打假合力，让假茅台酒消失于无形。

茅台竹枝词（之二）

张国华

一座茅台旧有村，糟邱无数结为邻。

使君休怨曲生醉，利锁名缰更醉人。

六、下一个百年

30. 孤独的领跑者？

可以预见，茅台酒本轮的高增长还将持续一段时期。这在整体经济处于低增长的现阶段殊为不易。茅台酒未来营业收入每年增长 100 亿元、在 2020 年达到千亿元水平的战略目标，照目前的势头看，不但没有实现的难度，而且极有可能比较轻松。这得益于高端白酒逐步向消费本质回归的基本事实。高端白酒作为高端社交场合的润滑剂，有其特有的刚性需求。随着茅台酒公务消费的份额由原来的 30% 下降到不足 1%，茅台酒从主要依赖公务消费向主要满足高端商务消费和个人需求的转型已经完成。茅台酒也回归其消费本质，更多地走向普通消费者的餐桌。而日益扩大的消费群体，正是茅台酒增长预期的基础。

然而，茅台酒虽然尊为中国白酒行业的"带头大哥"、高端白酒中的高端，但并没有一枝独大，更没有达到独孤求败的境界，高端白酒的竞争依然激烈。

普遍认为，所谓高端白酒应当同时具备几个特点：一是有悠久的历史，具备深厚的文化底蕴。这是一种白酒成为高端酒的前提。新的白酒品种无论如何炒作，都无法成为高端。二是高品质，这是高端酒的基本内涵。高品质必然带来高价格，这是高端酒的外在表现。三是知名度高，市场口碑好。四是在细分市场占有一定的份额，过于大众化成不了高端，太小众也无法走向高端。五是经受过市场的考验，在历次行业调整的大风大浪中"面无惧色"，风采如故。

经过2013年以来的重新洗牌，白酒行业出现明显分化。按上述条件筛选下来，目前可以称为高端白酒的至少有飞天茅台、水晶五粮液、国窖1573三种。也就是说，现在乃至未来较长时间内，最有可能叫板茅台酒的就是五粮液和国窖1573。

除了目前势头强劲的"茅五泸"三家，陆续杀入高端白酒市场参与竞争的还有洋河大曲、水井坊、郎酒、汾酒、剑南春、沱牌舍得等。受益于2000年后的消费升级，相当一部分人喝酒开始追求品位、品牌和健康，从而带动这些准高端白酒市场份额一路走高，成为高净值消费者的主流选择。这些准高端白酒也有着悠久的历史和高端的品质，如今又经过近20年的市场积累，已经具备一定的爆发力。一旦出现某种机缘际遇，必定会形成对"茅五泸"三巨头的强烈冲击。

2017年5月在北京举行的"一带一路"国际合作高峰论坛，洋河大曲的梦之蓝（M9）作为指定用酒，出现在圆桌峰会午宴的餐单上。这对"茅五泸"绝对是一次带有震撼性的警醒，对在若干重大历史事件中风头十足的茅台酒更是不小的刺激。

同处赤水河畔、同样酿造酱香酒的郎酒，基酒产能已达3万吨，老酒储存达12万吨，占地300多亩的天宝峰陶坛酒库扩建成功后，储酒能力达25

万吨。郎酒近年来推出的"青花郎"已成为酱香酒的知名品牌，其 1098 元/瓶的建议零售价也直逼"普茅"的终端价格，进入高端酒范畴。"青花郎是中国两大酱香白酒之一"的宣传口号也显现出郎酒的万丈雄心。

高端白酒之间的拼杀手法不外乎几种：一是打文化牌，迎合高端群体"喝酒就是喝文化"的心理，历史、年份、名人、窖池、荣誉，不论它们是否有依据，纷纷登台亮相。二是走团购路线，利用经济文化领域的重大事件推动营销，赠酒、赞助、宴席、冠名，哪里有热点就往哪里去，线下团队的公关能力和执行能力超级强大。三是以包装取胜，试图以精美高档的外观设计彰显自己的高端品位。但在这一点上所有的高端酒目前都未取得实质性的突破，外观设计始终逃不脱喜庆、鲜艳、张扬的格调。四是拼价格，以高端的价格展现高端的品牌与形象。高端白酒消费群体不怕酒贵，就怕不贵，贵就是形象，就是高端，所以高端白酒在价格设计上，没有最贵，只有更贵。但价格设计是个技术活，何时加价，何时降价，如何应对市场反应，诸多因素考验着企业的预判能力，稍有不慎即有可能马失前蹄。五是传统打法，主流媒体上广告，大型文艺晚会冠名，赚眼球，增加知名度。

五种拼杀手法都是向外用力，是烧钱的玩法。好在对于这些高端、准高端的白酒来说，钱不是问题，就算是问题也得烧，不烧很快就会被挤出高端酒阵营。烧到最后，通常在只剩三五个竞争者的时候，拼杀进入白热化，直至两强对垒。在势均力敌的情况下，两家心照不宣地降低竞争程度，分享高端酒细分市场，最大化利润。然而，暂时退出战场的那些酒企，并没有完全放弃。完全放弃有失名酒身份，不符合高端酒的体面。当高端酒细分市场容量足够大时，暂时放弃的那些酒企就会卷土重来，以完全不同的面目掩杀过来，导致市场再次被切割，新一轮的洗牌开始。如此周而复始，未有穷期。

纵观 20 世纪 90 年代进入市场经济以来的中国白酒演义，先是汾酒雄霸天下，继而五粮液独领风骚，如今是茅台酒一览众山小。2016 年高端白酒市场容量在 600 亿元左右，未来几年可能释放至 1000 亿元。目前，茅台酒牢牢地掌控着整个高端白酒市场大约一半的容量。茅台酒能否保持江湖霸主地位？如果不能，下一个武林盟主又是谁？现在看来，一切都还是未知数。

继茅台酒厂提出"十三五"末期营业收入突破千亿元的目标之后，五粮液也提出了同样的千亿级目标，已经或正在奋力跻身百亿元俱乐部的酒企至少还有5家，"龙头老大"宝座的四周群虎环伺。茅台酒厂集团并非无人能敌，并非孤独的领跑者。对茅台酒厂集团来说，谁最有可能成为追赶者，或许不那么重要。而没有危机感就是最大的危机，不能发现自身的不足就是最大的不足。

茅台酒的优势在于：生产能力比较稳定，生产工艺已经标准化；酱香型白酒标杆，无人可以超越；飞天茅台、五星茅台质量稳定，品质超群；文化发掘深入，故事动人；在海外市场一骑绝尘，远远超过其他白酒。茅台酒长期处于高端位置，过去相对依赖公务消费，经过此轮调整，高端位置如故，公务消费的依赖性消失，高端商务、中产阶层成为主流消费群体，营销转型成功。快速发展的经济、日益庞大的中产阶层人口、消费水平的升级，都是茅台酒进一步发展的新机会。

也有一些不利因素制约着茅台酒未来的发展。就中国酒民的饮酒习惯而言，酱香型白酒是个小众品种，很多人喝不惯酱香酒，而且产量受到地理环境的制约，无法像其他香型酒那样做大规模。从产品结构上看，飞天茅台一枝独大。茅台系列酒虽然品种繁多，层次分明，但在销售收入上既不能与飞天茅台相比，与主要竞争对手五粮液、洋河也有较大差距。过分依赖单一品种，抗风险能力较弱，因而飞天茅台不容有失。茅台酒是高端酒，消费者以中产阶级及以上群体为主。而这一群体近年来热衷于外来烈性酒、葡萄酒等"洋玩意"。虽然茅台酒厂关于中国白酒"四个没有变"的判断十分准确，但那是从大的发展趋势上做出的判断，局部市场的变化必然存在，烈性洋酒、葡萄酒最先抢占的无疑就是高端白酒的市场份额。此外，不断攀高的终端零售价格对茅台酒来说未必是一件好事。过高的价格容易产生"消费隔阂"，部分消费者势必望茅台而却步。而且，价格管理部门对此也不会坐视不理，

2016年国家发改委就价格问题约谈茅台酒厂就是明证。

基本判断：茅台酒依然好卖，甚至将持续畅销，但维持行业老大的地位还须付出更多的努力。

或许换一种打法，将会收到"更上一层楼"的奇效。

中国各大酒企在过去几十年的市场拼杀中，虽然不至于"老死不相往来"，但彼此间的交流的确不多。尤其名酒企业，自我封闭，各自为政。中国各大酒企赴国外名酒产区和企业参观考察特别频繁，但相互之间的来往却少见报道。名企间互为竞争对手，在品牌商标、历史荣誉、市场份额等方面的争斗，往往刺刀见红，同行是冤家，因而这种现象是可以理解的。

可以理解并不等于正常，即使正常也不一定正确。中国白酒成名已久，但近几十年来一直跌宕沉浮，当中有否"行业篱笆"的因素，应该是个值得重新探讨的问题。

正是出于这种认识，为引领中国白酒行业的健康发展，作为"带头大哥"的茅台酒厂主动开启了白酒行业相互交流的大门。

早在2011年博鳌亚洲论坛年会上，茅台高层就表达了对包容性增长的期许与追求，提出中国白酒企业在竞争最为激烈的时代，雄心勃勃的进取和慷慨的分享同样重要。

2016年，茅台酒厂高管团队访问了古井、宋河等白酒酿造企业，"希望通过交流，在业界形成和衷共济的良好效应，进一步构建良好的互动关系，为推动行业持续健康发展做出贡献。"在2016年半年营销工作会上，李保芳一句"向洋河学习"更是在行业内引起了热议。开启行业交流，拆除行业篱笆，正在成为白酒行业的新风向。

2017年2月，五粮液、泸州老窖、郎酒、剑南春"组团"造访茅台酒厂。五大著名酒企的高管们通过一次透彻的座谈，展望川黔两省白酒产业的发展方向，探讨各大酒企之间合作的可能和路径。在白酒行业深度调整的特殊时期，五大著名酒企的"茅台会议"，意味深长。

在中国的酿酒版图中，川黔两省充满活力的白酒产业带光彩夺目。川黔白酒产业带拥有气候、水源、土壤"三位一体"的天然生态环境，被认为是地球同纬度上最适合酿造优质纯正蒸馏酒的生态区。在这个面积仅几万平方公里的区域内，有着中国最大的白酒产业集群。中国白酒中酱香、浓香两大香型的众多知名企业均处于这个产业带之中，茅台、五粮液、泸州老窖、剑南春、沱牌、水井坊、郎酒等著名白酒品牌，让这片区域散发出迷人的酒香。参加此次"茅台会议"的五大酒企全部来自川黔白酒产业带。

身为白酒领军企业的茅台酒厂一直对携手国内同行共同提升中国白酒在全球的竞争力持积极态度。茅台酒厂总经理李保芳认为，在中国的白酒版图上，川黔两省历史渊源悠久，在空间布局上属于同一个事业发展地区，只要川黔两省强强联合，足以改写中国的白酒产业版图。川黔白酒产业带的各大酒企应该以"一带一路"倡议为契机，团结起来，让中国白酒在世界上走得更远更深。"茅台会议"对于"爱学习"的茅台酒厂自然是件好事。茅台酒厂可以从"客人"身上学习更多的经验，例如五粮液的系列酒打造、泸州老窖的营销变革、郎酒的群狼战术等。茅台酒厂也乐意和业内同行分享"茅台经验"，在白酒行业的共同发展中有所担当。

白酒行业自2015年回暖，五粮液一直"贴身紧跟"复苏势头强劲的茅台酒厂。虽然曾经的行业"老大"霸气犹在，但五粮液深知短期内不可能超越茅台酒厂，如果仅仅紧盯茅台酒厂，将茅台酒厂作为最大的竞争对手，反而容易造成市场副作用，或被虎视眈眈的洋河所超越。所以，对于五粮液来讲，与茅台酒厂结盟应该是个不错的选择。而此次茅台会议正好给了五粮液近距离观摩茅台酒厂、了解茅台酒厂的经验与战略的一个大好机会。随着价格体系的调整，五粮液实施控量保价的策略，正遭遇价格倒挂和经销商动力不足等困难，茅台酒稳定价格的诸多政策或许正是五粮液解决困难的"良药"。

郎酒虽然属于四川企业，但与茅台酒厂一衣带水，"君住江之头，我住江之尾"，而且都做酱香型白酒。郎酒虽然"祖上也曾阔过"，如今也风生水起，但与茅台酒厂这个庞然大物比起来，只能算是一个小酒厂。在高端酒这一块，郎酒与茅台不构成竞争关系，但与茅台酒厂的系列酒有较大重合；而茅台酒厂做大酱香型白酒的倡议，郎酒又是最大的受益者。所以郎酒近年来借地理位置上的便利，与茅台"眉目传情"已久，双方就"合伙"做大酱香酒基本达成共识，此次参加"茅台会议"，意在巩固成果。

当茅台、五粮液提出千亿级目标时，泸州老窖还在为重返"百亿元俱乐部"而努力，目前泸州老窖仅有国窖 1573 可以蚕食飞天茅台、水晶五粮液的市场份额，其主要竞争对手当然不可能是茅台酒和五粮液。这次参加"茅台会议"，泸州老窖与剑南春的想法完全一致：虚心学习，寻求合作，蓄势发力。

川黔白酒产业区名酒企业汇聚一起，共商合作与发展，在中国白酒发展史上尚属首例。或许以此为发端，中国白酒企业将形成由相互竞争到产业合作的新潮流。无论出发点是为了自身有一个更美好的未来，还是为了白酒业更健康地发展，茅台酒厂此举都为中国白酒行业打开了一个新的思路。

茅台村

郑珍

远游临郡裔，古聚缀坡陀。
酒冠黔人国，盐登赤虺河。
迎秋巴雨暗，对岸蜀山多。
上水无舟到，羁愁两日过。

31. 新生代"茅粉"

互联网时代，得"粉丝"者得天下，"粉丝"就是产值，"粉丝"就是效益。互联网的便利，几乎消除了产品和消费者的一切沟通障碍。消费者在与产品的互动中得到了消费尊重,增强了消费体验,与产品的黏度加强。而一个品牌的根基之所以牢固,就是因为建立了相对稳定的消费群体,这个稳定的消费群体就是"粉丝"。谁掌握了"粉丝",谁就找到了致富的金矿,"粉丝"的追逐和关注,可以迅速置换成真金白银。

实业界把"粉丝经济"演绎到登峰造极境界的是苹果公司。苹果公司的教父级人物乔布斯是互联网时代"粉丝经济"最成功的践行者。乔布斯之前,人们更多地关注科技公司及其产品,至于公司里面那些看上去"蠢傻呆萌"的软件工程师,在公众中没有丝毫的魅力。具有艺术表演潜质的乔布斯以苹果公司的科技实力为资本,以苹果产品为道具,将自己演绎为魅力非凡的科技英雄,并带领苹果公司在科技巨头林立的硅谷脱颖而出。被神化的乔布斯和苹果公司短期内即在全世界拥有了众多"粉丝"。"果粉"对苹果产品的迷恋和推崇如同宗教信徒般虔诚,每当苹果公司新品发布,几乎全世界的"果粉"都在彻夜排队,以先得为快。

中国的小米公司从一开始就走"粉丝经济"路线。创始人雷军以小米首席产品经理自居,以出众的才华和伶俐的演讲,刻意把自己包装成中国的乔布斯。在短短的两年时间内,"雷布斯"及其公司产品引来无数"米粉"。在疯狂的"米粉"簇拥下,小米手机的销售业绩一路飙升,创造了中国手机品牌快速崛起的奇迹。就连小米手机的若干缺陷在技术级"米粉"的论证下都成了优势,而更多的"米粉"就是"因为米粉,所以小米"。小米公司也公开宣布,小米的发展离不开米粉们的陪伴,小米的哲学始终都是米粉哲学。

有人断言,"粉丝经济"是互联网时代新的商业模式,随着互联网的升级换代,以"粉丝经济"谋求快速、持续发展的企业将会越来越多。

茅台酒从来就不缺"粉丝"。在"粉丝"这个名词还没出来之前,茅台酒的"粉丝"一直存在。经过多年培育,认同茅台价值理念、宣扬茅台文化、具有消费引领能力的"茅粉"越来越多。正是大量"茅粉"的存在,才成就了不朽的茅台酒。

"茅粉"分若干层级：一是骨灰级的"茅粉"，非茅台酒不喝，一生只喝茅台酒。这个层级的"茅粉"群体规模不大，但忠诚度极高。二是技术级"茅粉"，喜爱茅台酒文化，熟悉茅台酒的历史和工艺，追求茅台酒精神层面的价值，"嗜"茅台酒如命，往往为一瓶自己心爱的茅台酒而不惜千金。这个层级的"茅粉"群体规模也不大，但品位出众，忠诚度高。收藏茅台酒的藏家基本都属于技术级"茅粉"。三是博爱级"茅粉"，爱喝酒，也懂酒，追求酒的口感和香味，对酱香型的茅台酒情有独钟，寻找一切机会追捧茅台酒。这个层级的"茅粉"群体规模较大，但忠诚度不高，同时也可能是其他白酒的"粉丝"。四是盲从级"茅粉"，出于对茅台酒声名的迷恋，盲目性地崇拜茅台酒。茅台酒参与中国当代若干重大历史事件的不凡经历、深爱多位重量级伟人喜爱的传说，使之在中国民间拥有广泛的拥趸。随着生活水平的日益富足，消费需求的不断升级，茅台酒也时常出现在这批"茅粉"的餐桌。这一层级的"茅粉"人口众多，基础雄厚，但欠缺忠诚度，个体消费量不高，对茅台酒的追捧更多存在于心理层面。

摆在茅台酒厂面前的问题是：如何依托互联网，创建专业的"粉丝"活动平台，充分发挥拥有大量"粉丝"的优势，实现精准营销？如何做好"茅粉俱乐部"建设，稳定老"茅粉"，发展新"茅粉"，使"茅粉"有机会参与到茅台酒的价值创造中，从"喝茅台酒"变成"只喝茅台酒"的骨灰级粉丝？

为进一步增强"茅粉"的消费体验感、参与感和互动感，引导更多消费者升级为"茅粉"，从2013年开始，茅台酒厂就在北京、上海等地举办"粉丝团线下活动"，邀请"茅粉"到茅台酒厂直营店参观，品鉴美酒，并由专业的品酒师向他们现场讲解品酒知识。通过互动交流，迅速拉近了"茅粉"与茅台酒的距离。活动参与者大部分为"70后""80后"的茅台"粉丝"，这说明茅台酒厂更加重视消费者的体验感，现在即着手培养他们对白酒、对茅台酒的消费习惯。

2015年，为庆祝茅台酒荣获巴拿马万国博览会金奖一百周年，茅台酒厂举办"百城百万茅粉共庆茅台金奖百年"系列庆祝活动。活动历时三个多月，邀请全国各地的社会知名人士和网络达人在长达一百米的长卷上签名，然后进行百城传递。百米卷轴每到一处，都引起不小的轰动。"茅粉"通过签名、拍照、扫二维码、喊口号等方式，表达对茅台金奖百年的真挚祝福。签名的百万"粉丝"年龄跨度很大，有20出头的年轻人，也有70多岁身体硬朗的老人，"粉丝"中还不乏来自瑞士、日本、韩国、美国等不同国家的国际友人。

2017年9月30日，第一届全球"茅粉节"在茅台镇举行，全球"茅粉"在赤水河畔实现了大团圆。不同国家、不同地区、不同行业、不同年龄的上千名"茅粉"由于共同的喜好、共同的价值取向和共同的文化追求而齐聚茅台、共饮美酒，在金秋送爽的时节体会赤水河的神秘，感受茅台酒的神香，感知国酒文化的神韵。"茅粉"中，有当年与周恩来总理共饮茅台，纵论天下的日本前首相田中角荣的长子田中京，有多个国家的大使、参赞，也有收藏有1971年到2017年茅台酒的广东省交通集团高级工程师文跃顺。多名茅台高管亲临节庆现场与"茅粉"们一同品尝茅台、畅游国酒文化城、参与公益拍卖，共度激情四射的"茅粉"之夜。

茅台酒厂与"茅粉"的深度互动，迅速拉近了消费者与茅台酒厂之间的距离，树立了企业口碑与良好形象，大大增强了消费者对品牌的认知度，既向大众消费群体发出亲密信号，又稳固了自己的忠实购买者群体，同时还培养了部分新"粉丝"对茅台酒的认同感与忠诚度，为日后市场的开拓打下了坚实的基础，可谓一举多得。

现在的"茅粉"群体，年轻人占比不高。20世纪70年代以前出生的人，受那个时代生活水平的影响，没有太多的选择，大多数喝酒的人都主要喝白酒，葡萄酒、洋酒甚至啤酒都喝得很少，其他饮料类也喝得很少。长久下来，就自然而然地形成了喝白酒的习惯，因此可以视之为白酒的忠实消费群体。而20世纪80年代以后出生的年轻人，酒水饮料的选择较多，对于口感刺激过于强烈的白酒尤其是高度白酒兴趣不大，更容易接受啤酒、红酒的口感，偶尔喝白酒也属于被动消费，在没有外界推动力的情况下，一般不会主动选择喝白酒，因而大多数未能养成饮用白酒的习惯。

中国白酒除了品质定义外，最突出的还是文化定义，所谓喝酒喝的是文化，说的就是这一点。各种白酒大打文化牌，拼命挖掘白酒中所蕴含的文化价值，一是为了避免产品同质化，二是为了提高产品附加值，三是为了增加对产品的忠诚度，但在年轻人看来，诸如此类的白酒文化古板、守旧、过时，因而对他们的吸引力并不大。对于年轻人来说，葡萄酒传递的优雅与浪漫，威士忌传递的尊贵与显赫，白兰地传递的激情与时尚、伏特加传递的威武与暴力，是他们更乐于追求的感觉。其实，不仅仅是年轻人，更多的中产阶层也都为这些来自西方的洋酒所吸引，对洋酒品牌的历史津津乐道。传统白酒的文化定位不能吸引年轻消费者是普遍现象，茅台酒也不例外。

年轻人对高度白酒兴趣不大，一般都选择40度上下的低度白酒。随着生活节奏的加快，喝快酒、社交酒的情况越来越多，消费者更倾向于选择中低度的酒类产品。中国白酒大多以酯香为主体，酯香白酒在40度以下口感不够丰满，饮用体验不好，最后也容易被年轻人放弃。

近年来，随着健康养生意识的增强，白酒健康化趋势比较明显，消费者从重视酒香转向关注口感、关注功能。继茅台酒厂率先提出"喝出健康来"，其他白酒也在挖掘产品中的健康和养生因子。然而，这只考虑了部分消费者的健康需求。"喝酒喝健康"大多是年龄较大的消费者的需求，绝对不是年轻人首要的选择因素。

各种因素的叠加，导致白酒消费者中年轻人的比例较低，白酒"粉丝"中年轻人较少。像茅台酒这样的高端定位，需要具备一定的经济能力才能消费,成为高层级"茅粉"更是需要一定的"段位",因而经济收入相对较低的年轻人成为"茅粉"的可能性不大。

让越来越多的年轻人成为"茅粉",的确是一个事关茅台酒厂持续发展的问题。但关于如何引导年轻群体的酒类消费倾向,又存在着诸多不同的意见。

很多人对白酒的未来并不乐观,其理由就是来自年轻人的消费倾向。在选择越来越多的情况下,连中餐都已经不再是年轻人就餐的唯一选择,何况中国白酒。也有人乐观地认为,虽然年轻人当前还不是飞天茅台之类高端白酒的主要消费群体,但随着他们年龄的增长,在对中国白酒文化有着更深层次的理解之后,就会认同中国白酒,就会成为白酒的消费主力军。

荷卢比调酒师协会主席阿兰·韦弗则认为,面对新一代消费者对洋酒的追捧,鸡尾酒或许就是最好的答案。全球闻名的烈酒无论是威士忌、朗姆酒,还是金酒、伏特加,多多少少都受惠于鸡尾酒,其中通过鸡尾酒闻名于世的至少有1/5。在中国白酒倍受冲击的今天,如何让白酒闻名世界,这应该是新思路。而对于成名已久的茅台酒,这种思路也为其在国际市场上的下一步指明了新的方向。

看来,改变是中国白酒吸引年轻消费者的出路所在,同时也是茅台酒厂凝聚更多"茅粉"的不二法门。茅台酒厂正在力推以白酒为底酒的鸡尾酒,就是为吸收年轻"茅粉"做出的一种尝试。

中国白酒的特色在于酒中的文化,不管如何改变,这一点不能轻易放弃。放弃文化因素,那就不是中国白酒。茅台酒也是一样,虽然历史底蕴较其他品牌更为深厚,但仍需加大酒文化的开发和培育力度,针对年轻受众,营造"文化茅台酒"的新形象,争得他们对茅台酒的情感认同,再经过引导使他们形成对茅台酒的忠诚。同时充分利用茅台品牌号召力,引导和支持开展"茅粉系列活动",构建"茅粉交流平台",打造"茅粉精神家园",把越来越多的白酒消费者培养为忠实于茅台酒的"茅粉"。

> **茅台竹枝词（之三）**
> 张国华
> 黔川接壤水流通，俗与泸州上下同。
> 满眼盐船争泊岸，迎栏收点夕阳中。

32. 多元化之痛

茅台酒厂的优势在做酒，做酱香型白酒天下无双。因而，做好酒业大文章，一直以来都是茅台酒厂的战略主线。与此同时，在立足主业的基础上，走出酒的天地，布局多元化，谋求在酒业之外取得突破，则是茅台酒厂基于未来发展诉求的战略选择。

茅台酒厂于1999年开始集团化运营。在"做大茅台集团，做强茅台股份"的指导思想下，近20年来，茅台集团在其他产业领域的投资一直都没有停止过。截至2016年，茅台集团旗下的全资和控股子公司近30家，参股公司21家，涉及白酒、葡萄酒、证券、银行、保险、物业、科研、旅游、房地产开发等多个产业领域。

按照业务性质，大体上可以把茅台集团的多元化产业划分为几大板块：一是酒业板块，专门做酒，为茅台酒厂主业，集团投资的大头。除当家的茅台酒股份公司外，还有习酒公司、保健酒公司、技术开发公司和葡萄酒公司。生态公司和循环经济公司也做酒，但并非主业，不应列入该板块。二是一体化板块，围绕酒业板块的投资，也就是做酒业上下游和延伸业务，包括生态农业、包装材料、物流等。三是金融板块，证券、银行、保险、财务之类，大多为参股，本意为探索产融结合新道路，实则从高回报的金融领域分得一杯羹。四是其他多元化板块，如分布各地的多家酒店、文化旅游公司、物业房地产公司等。

茅台集团的多元化布局有三个导向：第一是利益导向，通俗地说，就是要赚钱，要为集团创造利润；第二是保障导向，大都为功能型、服务型的投资，如酒店，为企业提供后勤保障，赚不赚钱无所谓，搞好服务保障就行。第三是发展导向，着眼于未来，目前还处于起步培养阶段，允许不赚钱甚至亏本，等着以后赚大钱。

总体上看，茅台集团的多元化投资格局已初步形成，部分板块做得红红火火，颇见成效。酒业大文章自不必说，做得很好，兴旺发达：以茅台酒股份公司为典型，只要是做酒的公司，习酒公司、保健酒公司、技术开发公司都赚钱，葡萄酒公司这两年也开始赚钱。每年仅白酒就要卖六七万吨，而且利润很高，近几年，白酒行业近1/3的利润被茅台集团收入囊中。金融板块也有着良好的发展趋势，投资覆盖金融行业多个业务领域，部分投资已取得回报。一体化业务板块得益于主业的良好业绩，收成也很不错。集团化运作整体上把控较好，各子公司运行规范，法人治理结构健全。整个集团2015年以419亿元的销售收入实现利润227亿元，2016年以502亿元的营业收入实现利润251亿元。两年的利润率均超过50%。

如果以上述业绩来衡量，茅台集团的多元化战略相当成功。但深入分析，还存在一些值得探讨的问题。

作为中国白酒的第一品牌、大曲酱香型白酒的鼻祖，茅台酒的品牌优势突出，在高端酒市场占有极高的份额，而且价格高、利润率高。茅台集团有了举世闻名的茅台酒，就足以取得相当优秀的业绩，至于多元化的各个板块经营业绩如何，就显得不那么重要了。

下列一组数据说明，事实上就是这样：

2013年，茅台集团实现利润161亿元，股份公司贡献其中的160亿元，占比99%；

2014年，茅台集团实现利润166亿元，股份公司贡献其中的163亿元，占比 98%；

2015 年，茅台集团实现利润 227 亿元，股份公司贡献其中的 221 亿元；占比 97%；

2016 年，茅台集团实现利润 251 亿元，股份公司贡献其中的 238 亿元，占比 95%。

不难看出，茅台酒股份公司仍是茅台集团的赚钱机器，与之相比，多元化战略的其他板块简直无足轻重。对于茅台集团来说，如果仅从营业收入或利润衡量，所谓多元化其实可有可无。换一种说法，茅台集团的诸多投资中，除了茅台酒股份公司外，其他的多元化投资项目并不是十分成功。这就是茅台集团的"多元化之痛"。

导致茅台集团"多元化之痛"的原因是多方面的。

第一，多元化战略的规划和实施存在"两张皮"现象。虽然有比较完整的战略规划，但仅停留于纸面，整体战略意识比较薄弱，战略实施的严格性不够，随机性、随意性比较大。有规划的没有很好地实施，落地性不强；实施的往往没有规划，随意决策的情况比较多。以一体化战略为例。纵向一体化严重影响了供应链企业之间的良性竞争，横向一体化则造成了同质竞争，客观上都在保护落后的子公司。子公司功能重复，同质竞争严重。子公司设立时，职能定位本来都十分清晰，但在运营到一定时候就出现业务交叉、职能重叠现象。比如技术开发公司，本业是搞好技术开发和服务，保健酒公司应当专业在保健酒上下功夫，但做着做着就都生产白酒，而且都生产酱香型白酒，造成了同质化竞争。原因大致有两点：一是茅台集团地处偏僻，除酿酒外其他资源缺乏，加之思维禁锢，除了酿酒外，对其他方面的生产经营比较陌生，于是做来做去还是做酒。二是企业的销售、利润必须年年增长，而做那些不熟悉的业务，任务就很难完成，做老本行酿酒卖酒，完成任务相对轻松。

第二，多元化投资缺乏科学论证和风险评估，尚未形成有效的投资管理机制。从实施结果来看，部分多元化投资项目缺乏真正的科学论证，可行性论证存在严重的走过场现象。现在看来，还有很多项目需要调整规则或再行评估。总体来说，整体投资效果不理想，有些是决策问题，但大多数是投资管理问题。追求大而全的投资，缺乏设计和管理。到目前为止，仍然没有成立统一管理多元化投资的部门，项目综合评估的职能履行没有常态化，谁决策、谁评估、谁监管，都不明确，一切都是临时性的。目前的投资公司职能不清晰，既当运动员又当裁判员，既做投资，也做监管，结果当然什么也做不好，尤其是监管做不好。投资风险管控机制薄弱，风险评估、预警、控制机制均未形成，投资出现风险的可能性较大。部分新投资项目或企业有失控的倾向，极有可能在未来出现财务上的"黑洞"或要求巨额的补充投资。

第三，投资分散，没有重点，没有主攻方向。投资决策过程中没有充分考虑茅台集团的资源优势和配置，运营中又没有充分利用茅台集团的软实力，当酒业之外的其他投资回报较差时，出于经营业绩的压力，各子公司就纷纷回过头做酒。

第四，多元化人才缺乏。茅台集团人多，但酒业之外的人才不多。由于地处偏僻，长期以来，人才的选择和使用过于本地化，人才成长速度较慢，人才选拔面较窄，形成"人才篱笆"，外界人才难以进入，本地人才也难以输出。作为贵州省国资委系统的支柱企业，茅台集团没有起到为国资委系统输送经营管理人才的作用，但贡献利润又占比高达88%，人才占比与此严重不相匹配，多年来向外输出的人才数量极为有限。

人才的引进、培养、使用和输出成为茅台集团做大做强的制约因素。茅台集团的投资涉及到很多新兴领域，但严重缺乏人才建设规划，职业经理人和经营队伍的物色、选拔、训练方面的工作十分欠缺，新兴投资领域的专业人才严重匮乏。酒业之外的专业稀缺人才在引进、管理和使用上是依然采用传统模式，未能突破"地域""级别""姓茅""姓贵"等观念。在有些投资板块如金融、循环经济等领域存在明显的人才不足缺陷。

得益于茅台集团品牌的强大，茅台集团的多元化投资本应优势明显，但投资管理不到位、专业人才缺乏等因素使这些优势难以展现。俗话说，隔行如隔山，在某一行业中风光无限，到另一个行业中可能一筹莫展。茅台集团在酿酒行业技艺超群，进入到其他行业却未必得心应手。用做酒的办法做其他行业，做多元化投资，就其目前结果来看，并没有达到预期的目的。

> 张桓侯庙访旧不值，遂看菊于孙膑祠（节选）
> 莫友之
> 吴宫卫灶已成尘，争似黄花岁岁新。
> 老兵失却老兵在，可惜昨日茅台春。
> 茅台昨日不须惜，急管繁弦动秋碧。
> 隔岸方祠涿鹿侯，当轩又赛阿鄞客。

33. 下一个百年

著名未来学家阿尔文·托夫勒曾说：多数人在想到未来时，总觉得他们所熟知的世界将永远延续下去，他们难以想象自己会去过一种完全不同于以往的生活，更别说接受另一个崭新的文明。实际上，他们随时都有可能成为旧文明的最后一代或者新文明的第一代。

相对于托夫勒的委婉和高屋建瓴，苹果公司掌舵人库克则说得更为直接：这个世界里99%的产品都需要再设计。

其实，托夫勒和库克说的是同一个问题。托夫勒告诉人们，万物无常，变化随时会光临我们所熟知的世界。库克则更进一步指出，唯有变化才有生机，才有活力。他们的真知灼见正在激励和推动难以数计的人们去开创崭新的明天，去追寻更好的未来。

企业家们总是在谈论基业长青，历史学家们总是将世界上那些历经风霜仍兴盛如故的企业树为标杆，管理学家们则总是沉醉于百年老店的经营之道，坊间百姓也总是对那些貌似经久不衰的老字号津津乐道。然而，世事如棋，大浪淘沙，科技革新风驰电掣，商业世界神鬼莫测，真正的百年老店其实没有几家，像茅台这样的历经沧桑而越发强大的百年老店只是异数，大多老字号其实都已萎缩到只剩下一块招牌。

19世纪30年代诞生的电报，开启了电子通信时代的新纪元，曾经以"闪电式的传播速度"，迅速在全世界形成巨大的通信网络，被广泛应用于经济、政治、军事等诸多领域，在民用通信中也独领风骚多年。虽然电报本身不是大众传媒，却为大众传媒提供了快速有效的通信手段，催生了作为现代重要传播媒介的通讯社。然而，当更为便捷的移动通信技术产生后，曾经在通信领域风光无限的电报业很快就失去了昔日的光彩，如秋风落叶一般迅速衰败。随着互联网的诞生和数据化时代的到来，电报业被彻底终结，在风光了一百多年后，于21世纪初在世界各地陆续终止业务，走进了博物馆。

在终结电报业过程中建立头功的移动通信，曾经有两大著名的终端设备生产商：诺基亚和摩托罗拉。诺基亚自1996年起连续14年占据全球市场份额第一。在当时，无论诺基亚自己还是社会各界，几乎没有人会想到诺基亚会栽在自己最擅长、最专业的手机制造上。另一个手机生产商摩托罗拉作为全球芯片制造、电子通信的领导者，在移动通信刚刚兴起的年月里，是唯一能够与诺基亚等量齐观的公司。然而，从2011年开始，以苹果手机为代表的智能手机在极短的时间内将诺基亚和摩托罗拉击垮。如今诺基亚仍然在生产手机，但其市场份额连中国一个最普通的手机生产商都不如，而且基本集中于"老年机"市场。摩托罗拉则在失去了手机市场的领先地位之后，被迫于2011年将其手机业务出售给谷歌，三年后又被谷歌卖给了中国的联想。

被数字化时代抛弃的还有鼎鼎大名的柯达胶卷。成立于1880年的柯达公司，在130年的历史中攒下1万多项专利，早在1900年产品就畅销世界各地，在"胶卷时代"曾占据全球胶卷市场2/3的份额，1997年市值最高时达

310亿美元,是感光界当之无愧的霸主。在巅峰时期,柯达的全球员工达到14.5万人,全球各地的工程师、博士和科学家都以为柯达工作为荣。1975年,柯达实验室就研发出世界上第一台数码相机,但因担心胶卷销量受到影响,在发展数码业务上一直裹足不前,直到2003年才最终选择从传统影像业务向数码业务转型。然而,此时柯达大势已去,其姗姗来迟的数码业务已经被竞争对手远远地甩在身后,传统的胶卷业务急速萎缩,营收连年下滑,亏损严重,市值蒸发90%,最终被迫宣布退市,被多家评级机构列入负面观察名单。在一连串的拯救动作未能奏效之后,柯达最终重组为一家小型数码影像公司并淡出公众视野。

如果说电报业的没落直至最后的消失说明"风光"是靠不住的,那么诺基亚、摩托罗拉、柯达的沉沦则说明"品牌"也是靠不住的。实际上,它们都是败在了时代的巨轮之下。在这个日新月异的时代,所有的"风光"都有可能是"最后的疯狂",所有的品牌都有可能在某个瞬间走进博物馆。从发展趋势来看,一切都将发生变化,"所有的产品都需要再设计",否则,就只能重复被历史巨轮碾碎的悲惨命运。

或许有人会说,上述案例对茅台并没有太多的借鉴意义。其理由是:茅台是以传统工艺为生产特点的制造业,坚守传统的制造工艺才是永恒的真理。时代的进步、互联网、大数据,对茅台的影响当然存在,但根本不可能入侵传统的制造环节,对茅台酒生产工艺的影响微乎其微。

然而,事实未必如此。

茅台酒厂未来的竞争对手可能不是五粮液、泸州老窖、洋河这些白酒企业,也未必是洋酒、啤酒、葡萄酒的生产商,而可能是农夫山泉的生产商、娃哈哈生产商,或者是距离酒水饮料行业更远的腾讯、阿里巴巴,又或者是目前还默默无闻的某个新兴产业。

中国移动、中国联通和中国电信在中国通信行业三分天下,是名副其实的"三巨头"。从来不会有人认为,其他的通信公司能从它们手中抢夺哪怕一分一厘的业务。故而,"三巨头"只是互视为竞争对手,彼此间杀得不可开交,从未考虑来自行业外的威胁。然而,一个叫做"微信"的东西从斜刺里杀将出来,生生地从"三巨头"手中切走一块蛋糕,彻底改变了通信行业的生态。从2011年年初推出,微信用户突破1亿只用了一年多时间。如今,微信在全球拥有9亿活跃用户,公众号超过1000万个。微信只是一个网络社交平台,但它提供的语音聊天、短信发送以及文档图片传递等功能让"三巨头"自叹弗如,而且软件本身完全免费。灵活、方便、智能,加上节省资费,微信用极短的时间即大范围、大纵深地侵入了"三巨头"的地盘。目前,"三巨头"作为微信的运营商,尚可从微信应用中获得数据流量收入,但与主业不断受到侵蚀相比,这点收入形同暂时解渴的毒药。或许在不久的将来,类似微信这样的移动互联网工具就会全面取代传统的通信工具,正如当年移动通信取代电报一样。

另一个被跨界而来的新生事物打了个措手不及的行业是银行业。中国银行业的"一亩三分地"曾经是外界最难侵入的地盘,即使境外同行,要想从中国银行业的传统业务中分得一杯羹也难上加难。因而在很长的一段时期内,银行业的竞争生态相对封闭,主要表现为不同银行之间的同业竞争。然而,支付宝的横空出世打破了这种平衡已久的业态。支付宝提供简单、安全的快速支付解决方案,很快就使"网点为王"的银行相形见绌。以支付宝为信用背景的淘宝和天猫,在某些刻意制造出来的节日(如11月11日"光棍节"),居然能为支付宝带来数百亿元甚至上千亿元的账面流水,让各大银行垂涎不已,让各大超市商场目瞪口呆。可以肯定,支付宝等网络支付平台的威力目前并没有充分发挥出来,一旦充分发挥,在失去竞争保护的情况下,银行业的生态将会彻底被改变。

这就是互联网时代带来的跨界竞争趋势。它的基本逻辑是,互联网的高速发展,使行业间的门槛和壁垒慢慢消失,依托互联网平台,数据的掌握者可以绕过中间环节,直接面向终端消费者,而且跨界而来的竞争对手,往往不按常理出牌，因而能在短时间内聚集大量的客户。它的威力在于，行内业竞争导致的结果往往是蛋糕的重新分割，市场份额间的此消彼长，而跨界的竞争将产生颠覆性、毁灭性的后果。互联网不再是一种工具，而是一种思维模式，一种颠覆传统认知的思维模式。

白酒行业的跨界竞争者在哪里？那些目前还未显山露水的跨界颠覆者究竟将以什么样的形式进军酒类行业？它们对茅台酒厂这样的名酒企业将会带来什么样的震动？目前这一切都不可预知，但游戏已经开始，跨界而来的竞争威胁一定存在。比如快速崛起的酒仙网、酒快到、1919，一开始就是冲着颠覆酒业传统的销售模式而来，一旦整个社会的诚信体系得以重建，这些依托互联网服务消费者的模式和思维必将大行其道，类似茅台酒厂目前采用的经销商模式就有瞬间崩溃的可能。对于正在开创下一个百年的茅台酒厂，这是一个必须面对、必须思考的问题。

下一个百年对茅台酒厂构成的另一个重大考验是因素当属智能制造。当今，智能制造的浪潮席卷全球，继德国推出"工业4.0战略"后，法国推出了"新工业计划"，英国制定了"制造2050战略"，日本发布了"制造业竞争策略"，各制造业大国都力争在全球产业链竞争上取得新优势。作为制造业大国之一的中国，也推出了"中国制造2025"，试图借智能制造改变"世界工厂"的面貌，一举跨入先进制造业国家的行列。

茅台酒厂是以传统工艺为特点的制造企业，在智能制造这波浪潮面前，应该如何应对？对此，茅台高层在第六届中国白酒领袖峰会上提出了三点：一要保持定力，坚守工艺，精雕细琢；二要增强耐力，以质求存，精益求精；三是提升实力，继承创新，追求极致。对照上述带有战略高度的思考，茅台酒厂在智能制造问题上至少会面临以下三个方面的考验：

一是以传统工艺为生产特点的茅台酒厂能否全面走向智能制造？对传统工艺的坚守并不意味对现代技术的排斥。许多以传统工艺为特点的制造业企业在现代生产技术面前都已经改弦更张，而且成效突出。即使在酒类酿造企业内,葡萄酒、啤酒酿造已经完全实现了机械化、自动化,中国著名的保健酒企业劲酒也正在开启以自动化机械生产代替传统手工劳动的革命性改进,试图彻底改变酿酒业靠天吃饭、劳动强度大、生产效率低、产品质量难以稳定的现状。之所以在茅台酒酿造的诸多环节仍然采用传统的手段如人工踩曲等,是因为当前的生产技术尚且不能达到完全模拟传统手段的水平。假如有一天,科学技术进步到了完全可能取代人工生产而工艺水平丝毫不受影响的程度,茅台酒厂是否还应该坚守传统的酿酒工艺?

二是如何实现劳动密集型企业的转型?传统制造业大多为劳动密集型,茅台酒厂也不例外。在包装技术已经高度自动化的今天,茅台酒厂的包装车间仍然保持一千多人的劳动力规模。在制曲、制酒、勾调等生产车间,劳动力规模也同样庞大。智能制造的前景之一就是大规模地解放劳动力,提高生产效率。智能制造所带来的社会效应之一,就是使大量原本在传统制造生产线上劳动的工人被替换下来。茅台酒厂地处偏僻,当地经济并不发达,服务业尚处于初级发展阶段,因而除酿酒外,其他就业途径狭窄。在通往智能制造的路途中,茅台酒厂将面临如何消化剩余劳动力的考验。

三是如何实现真正的个性化定制?随着社会的进步,生活水平的提高,人们的消费需求也将发生质的变化,越来越多的人追求良好的消费体验,"私人订制"将成为未来的消费潮流。一个鲜活的案例就是红领西服(现更名"酷特")。成衣制作原本也是传统工艺,因为涉及量体裁衣,似乎无法实现机械化生产。但现代技术解决了这一问题,成衣生产的自动化、标准化早已实现,中国民间在20世纪80年代还很红火的缝纫店早已不见踪影。如今,随着数据时代的到来,以红领西服为代表的成衣制造企业再次回归到"量体裁衣"的原点,批量化为消费者量身定制成衣。茅台酒厂目前也开展了个性化定制茅台酒的业务,但处于极为初级的阶段,还不能算是真正的个性化定制。如何利用现代信息技术,全方位满足消费者的个性化需求,实现精准的批量化定制,是茅台酒厂面临的又一个考验。

六、下一个百年

一百多年前，当茅台的先辈们在"烧坊"里挥汗如雨地馏酒时，是否想到，茅台酒经过几代人的精细酿造后变得贵如珍宝，一瓶难求？八十年前，当"三茅"将他们醇香爽口的佳酿寄放在上海、重庆、香港等地的商行售卖时，是否想到，有一天茅台酒的经销商和专卖店能发展到两千多家，而且遍布全球五大洲？六十多年前，当三十九名酿酒师傅和工人在一片废墟上艰难地开启茅台酒厂的大门时，是否想到，茅台酒厂终将发展成为拥有数万员工、名满天下的国际化集团企业？

如今，站在又一个历史起点上的茅台酒厂，对百年之后的茅台酒厂有着什么样的想象？面临着诸多现代化元素的挑战，茅台对开创下一个百年又有着怎样的设想？

人们期待着茅台酒厂的新百年答案！

> **仁怀杂诗**（之二）
>
> 杨树
>
> 僻地忘岑寂，闲窗试展眉。
>
> 帘疏风入座，树少雀争枝。
>
> 旧史从人得，家书到我迟。
>
> 扣门闻索字，写写醉中诗。

特稿

美丽与哀愁

何宇轩

(全球大财经 AI 式独立研究人)

一、感受:"茅式荣耀"与"茅式烦恼"

世界上有一种奇怪的"烦恼",叫做"好得不能再好"。

君不见,当同行们纷纷为自己的产品提价、扩大销路而绞尽脑汁,这家企业却将控价上升至公司战略高度;当同行们为自己的股价止跌欢呼雀跃,这家公司却为股价一度冲破500元的天价而如坐针毡……这家"烦恼"的企业就是中国第一股——贵州茅台。

2001年8月27日,贵州茅台(600519.SH)在上交所上市,开启了其在中国资本市场的"怪兽"之旅。在这之后的16年半中,尽管国内白酒市场风云变幻,资本市场跌宕起伏,但茅台却一直笑傲江湖:其产品被狂热的人们视为"液体黄金""硬通货",在市场上就算开到1800元/瓶也一瓶难求;其股票每股逼近700元(2018年3月30日收盘价683.62元),市值逾8000亿元(2018年3月30日市值8587.62亿元),占贵州全省2017年GDP总额(13540.83亿元)的63.42%;其账面资金高达878.69亿元(2017年12月31日),意味着在其1346.10亿元的庞大总资产体量中,超过六成(65.28%)为真金白银,即使2017年度拟分红138.17亿元之后,账上依然剩下很多钱……一个个妇孺皆知的美誉,一组组亮丽的数字,无不凸显着茅台的荣耀。这些数字对于中国成千上万家企业来说,无疑是梦寐以求却可望不可即的,然而在茅台身上,却构成了实实在在的烦恼。

茅台的这种"好得不能再好"的烦恼显然不是企业的共性,因此笔者只能将其称为"茅式烦恼"。

魔鬼就在数字细节里，笔者尝试通过贵州茅台与世界第一股的对标分析，帮助我们理解"茅式烦恼"的根源以及茅台实现"飞天"之梦的路径。

二、对标：中国第一股与世界第一股

放眼国内，论经营业绩之亮丽，股价之高、分红之慷慨，茅台堪称中国资本市场的全能王，名副其实的第一股，没有之一。但放眼全球，对标世界第一股，茅台却可能才刚刚出发。树标杆，学标杆，超标杆，对于一家有梦想的伟大企业来说，也许只有从"烦恼"中突围，乃至凤凰涅槃、浴火重生，才能真正实现"飞天"梦想的希望。

世界第一股的股价有多高？是什么量级？估计普通老百姓一般都不敢猜。最近，笔者的学员讲过一个小故事，拿来感受一下。这位学员在某省会城市的一家银行做财富管理，整天跟"高净值"的人群打交道，有一天碰到一个特别恃"财"自傲的客户，自以为有几套房，还有一家小企业，就显得特别牛气。这时，这位学员不动声色地问了这位客户两个问题：简单地帮你做个测算，世界上有这么一只股票，每股高达 26 万美金，你家的房子能值几股？你家的企业能值几手？这位客户一下就懵了。你想一想，一股 26 万美金，简单按七比一的汇率换算，一股就相当于人民币 182 万元。这位客户在省会城市的房子按单价 1.2 万元/平方米、面积 120 平方米/套来计算，一套房子 144 万元，还买不了一股。一手股票（100 股）就是 1.82 亿人民币，这位客户就心虚了，别说企业账上没这么多钱，就是把所有家当加起来也抵不上一手股票。

故事中的这个"世界第一股"不是传说，而是真真切切的存在，那就是 BRK. A。BRK 是何方神圣？这里简单做个知识普及。BRK. A 这只股票来自于美国纽交所，公司名称叫伯克希尔·哈撒韦（Berkshire Hathaway），总部位于美国中西部内布拉斯加州（Nebraska, NE）的小城奥马哈市（Omaha），其在美国所处的位置类似于陕西在中国的位置。也许你对这家公司不熟悉，但你对一个人一定不会陌生——享誉全球的投资大师沃伦·E. 巴菲特（Warren E. Buffett），不错，巴菲特正是 BRK 的掌门人。

下面我们用几组数字来一场巅峰对决：中国第一股对决世界第一股。

股价表现

按照同一时段来对比，2001 年 8 月 27 日茅台上市时，贵州茅台的股价为 35.55 元/股，而 BRK.A 已经高达 69900 美元/股，按当时的汇率（￥8.2773/＄）计算，折合人民币为 578583.27 元，是贵州茅台的 16275.20 倍。到 2018 年 3 月 30 日，二者都以惊人的高股价收盘：贵州茅台为人民币 683.62 元/股，而 BRK.A 则为 299100 美元/股，折合人民币为 1880771 元（汇率：￥6.2881/＄），是贵州茅台的 2751.19 倍。从增速上来看，16 年半间，贵州茅台股价增长了 18.23 倍，年均复合增长率为 19.49%；BRK.A 增长了 3.28 倍，年均复合增长率为 9.15%。但由于 BRK.A 从不分红，而茅台则分红甚丰，因此需要对茅台的股价进行复权处理。2018 年 3 月 30 日茅台复权后股价为 4311.52 元，据此计算，茅台的股价在 16 年半里增长了 120.28 倍，年均复合增长率达 33.51%。

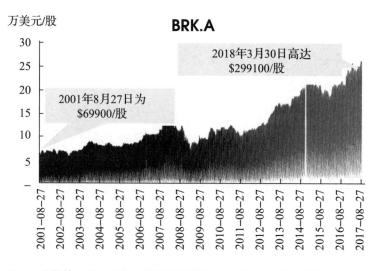

图 1　世界第一股：BRK.A 的股价走势图（2001.08.27—2018.03.30）

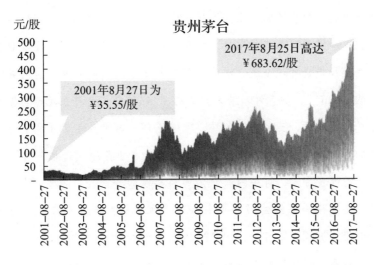

图 2　中国第一股：贵州茅台的股价走势图（2001.08.27—2018.03.30）

企业规模

按照企业体量来比较，论资产规模，2017 年 12 月 31 日，BRK. A 的总资产为 7020.95 亿美元，贵州茅台为 1346.10 亿元人民币，折算为同一币种（汇率：￥6.5342/＄，下同），前者是后者的 34.09 倍。论经营规模，2017 年度，BRK. A 的营收总额为 2421.37 亿美元，贵州茅台为 610.63 亿元人民币，折算为同一币种，前者是后者的 25.91 倍。论利润规模，2017 年度，BRK. A 的净利润为 453.53 亿美元，贵州茅台为 290.06 亿元人民币，折算为同一币种，前者是后者的 10.22 倍。作为一家在世界范围内的巨无霸企业，BRK. A 长期排在财富世界 500 强的前十位左右，2017 年位列第 8 位。2017 年，贵州茅台在财富中国 500 强中排名第 166 位。

三、探源：现金流密码

现金流是企业的生命线，犹如血液之于人体，涓涓细流之于江湖。企业运营的逻辑其实就体现在"现金流"这三个字上——"现金"为王，"流"动至上。

流水不腐，户枢不蠹，企业不想成为"死海"，必须要有水进，有水出，也就是说，一定要有入口和出口。企业有三大现金流——经营性现金流、融资性现金流和投资性现金流，对于一家持续发展的企业来说，前两者可归结为资金的"入口"，后者可归结为资金的"出口"。作为造血功能、输血功能和生血功能的载体，三者功能各异，缺一不可。当然，经营性现金流是企业最靠谱的资金入口，因为它体现了企业依靠自身业务的"造血"能力，没有强大的经营性现金流，再牛的"独角兽"早晚也会成为"死骆驼"。融资性现金流是企业资金来源的另外一个入口，体现企业借助外部的"输血"功能，但由于外界常常不可控，因而它没有经营性现金流那么"靠谱"。资金的出口，主要体现在投资性现金流，对于一家持续经营的企业来说，必须通过持续扩大对外投资，去打造企业未来的"生血"功能。

下面，我们就按照这一逻辑来剖析贵州茅台和BRK的现金流的入口和出口，来理解这两只"第一股"的牛气，但更重要的是，找到它们之间的差异，进而找到"茅式烦恼"的根源以及未来突围的路径。

资金入口——经营性现金流

火车不是推的。数据告诉我们，贵州茅台和BRK.A之所以能成就其中国A股第一股、世界第一股的江湖地位，源于它们都有一个共性：拥有把竞争对手甩出好几条大街的经营性现金流。两家企业的经营性现金流具有四个显著的特征：正、增、稳、高。

- "正"：指的是历年为正，自身业务创造的现金流年年有余；
- "增"：指的是每年都有增长，一路向上走；
- "稳"：指的是现金流较为平稳，没有大起大落，哪怕是遭遇全球经济危机或处于行业低谷，经营性现金流尽管难免会受到一些影响，但从幅度上来看，波动非常小，可谓稳如磐石；
- "高"：指的是现金流净额高，以2016年为例，贵州茅台的经营性现金流净额为374.51亿元人民币，而BRK.A则高达325.35亿美元。

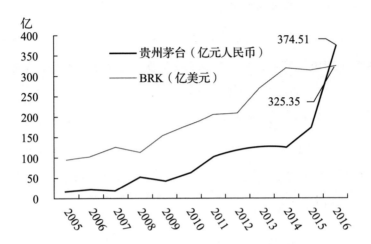

图3　经营性现金流：贵州茅台对比BRK（2005—2016年）

追根溯源，两家企业之所以有这么耀眼的现金流，是因为它们都有一把属于自己的"刷子"：强大、无可替代的主业。

贵州茅台的"刷子"集中体现为一瓶酒，这瓶酒之所以这么牛，原因很简单：不可复制且资源稀缺。由于大家对茅台太熟悉了，就不再赘述。重点说说BRK。BRK早期的主营业务以纺织机械为主，1963年巴菲特控股之后，将其改造为一家以保险为主业的多元化投资公司。凭借对保险业的良好运营，BRK公司创造了良好的现金流。

可以看出，茅台集团和BRK的共同点是：都凭借自身的独特优势创造了良好的经营性现金流，构筑了令竞争对手难望其项背的强大的现金流的入口，"第一股"的江湖地位名副其实。

进一步，如前所述，两家公司存在体量上的巨大差异，但如果按照同口径来比较，无论是剔除资产规模差异，还是剔除营收规模差异，就"资金入口"这把"刷子"而言，贵州茅台甚至比BRK更加霸气！

资金出口——投资性现金流

对比两家公司投资性现金流的差异，我们可以看出贵州茅台的烦恼所在。2005 至 2016 年期间，贵州茅台的投资性现金流非常微弱，与强大的资金入口相比，其"出口"甚至可以不计。

相比之下，BRK 的投资性现金流金额巨大，例如 2016 年净流出 842.67 亿美元，如此巨额的资金从哪里来？资金来源有三个渠道：存量资金（2016 年年初为 717.30 亿美元），当年的经营性现金流（325.35 亿美元），以及融资性现金流（127.91 亿美元）。

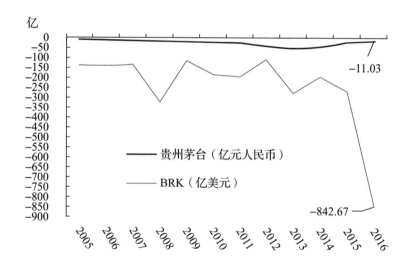

图 4　投资性现金流：贵州茅台对比 BRK（2005—2016 年）

贵州茅台与 BRK 在资金出口上截然不同的处理方式，导致完全不同的发展路径和结局。贵州茅台现金流只进不出的后果，就像一个人，只吃不拉，必然会导致腹胀，甚至臃肿肥胖。结果是，茅台账上的钱越来越多，2016 年 12 月 31 日高达 668.55 亿元，现金持有率（货币资金占总资产的比重）高达 59.20%，2017 年 6 月 30 日再创新高，货币资金为 736.35 亿元，现金持有率达 61.17%。贵州茅台是 A 股少有的"钱多多"。可以预见，照此下去，茅台的账上可能除了钱，就只有钱了。

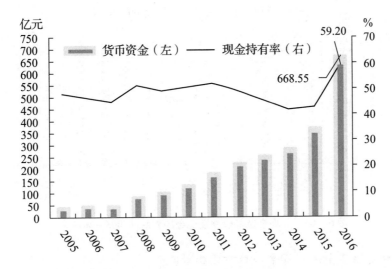

图 5　贵州茅台：货币资金及现金持有率（2005—2016 年）

从公司金融的角度来看，贵州茅台"钱多多"这种表面上的美丽，其实是一种哀愁。在企业的所有资产中，货币资金是收益率最低的资产，本可以用来赚更多钱的资金却躺在企业账上睡大觉，这是另外一种形式上的浪费！事实上，茅台也一直在为这些巨额资金没有出口而发愁，其账面资金收益率甚至还不及一年定期存款的收益率。

相比之下，BRK 账上不会留那么多现金。为了维持企业正常的运营，账面资金必不可少，可谓"手里有粮，心里不慌"，但钱一定不是越多越好，这是一种辩证思维，更是 BRK 高超现金流管理的艺术之作。2008 年以来，BRK 的现金持有率长期维持在 12% 左右的"安全线"，多了的则进行"削峰"——把富余的钱拿出来去扩大投资，从而确保为未来储备更强的"生血"功能，培育更多的经营性现金流。

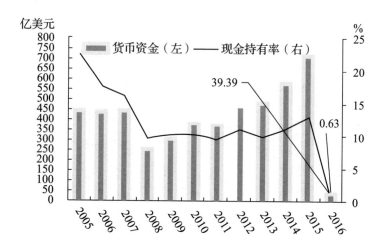

图 6　BRK：现金及等价物及现金持有率（2005—2016 年）

融资性现金流：资金入口对比出口？

融资性现金流，作为外部的现金流来源，常常被视为企业平衡资金盈亏的一种途径。除了 2011 年之外，BRK 每年均从外部获得正的融资性现金流入，2016 年为了支撑其巨额对外投资，更是净融资了 127.91 亿美元。而贵州茅台，除了 2001 年上市当年获得 17.85 亿元的融资性现金流净流入之外，每年的融资性现金流均为负数，这些资金主要用来分红。

透过融资性现金流的数字，我们可以看到企业对两个重要决策的不同理解：融资与分红。企业究竟应不应该、用不用向外部融资，这个问题我们在这里暂且不予讨论，只重点说说分红。

两家公司融资性现金流的一正一负，表面上只是一个符号的差异，实质上却是经营理念的天壤之别。贵州茅台每年给股东巨额分红，固然能取悦股东，赢得重视股东回报的美誉。但作为世界上最大的"铁公鸡"，BRK 永不分红，然而却赢得了世界范围内的追捧，这又该如何解释呢？事实上，自 1963 年巴菲特全面掌舵 BRK 之后，BRK 历史上只分过一次红——那就是

1967年，每股只分了可怜的10美分。几十年之后，面对记者的采访，聊起这次分红，巴菲特非常幽默地表示：那是我在洗手间里做出的决策！言外之意，连那次分红都不应该分！投资大师的逻辑何解？在巴菲特的逻辑里，投资者把钱投到我这里，我就应该给大家创造价值。公司帮股东赚的钱，可以有两种处理方式：要么分给股东，要么留在企业中扩大发展。如果公司没有好的投资机会，就应该把钱分给股东，让股东自己去帮自己赚更多的钱；相反，如果公司有好的投资机会，则应该通过扩大投资、发展去帮股东赚更多的钱。既然你们投资不如我专业，分给你们还不如留在我这里！最终的效果是，公司像雪球一样越滚越大，造就了每股270960美元（2017年8月22日）天价的神话！

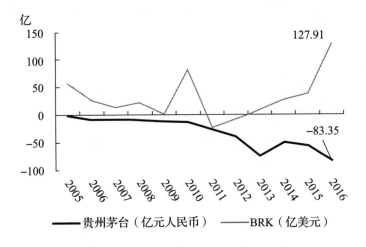

图7　融资性现金流：贵州茅台对比BRK（2005—2016年）

综合起来看，"茅式烦恼"的根源在于其现金流只有入口，没有出口，这从根本上限制了贵州茅台的更大发展。他山之石，可以攻玉，即使茅台不想问鼎世界第一股，但BRK一手解决钱从哪里来，另一手解决钱往哪里去的"两手抓"的思维也非常值得茅台深思和借鉴。

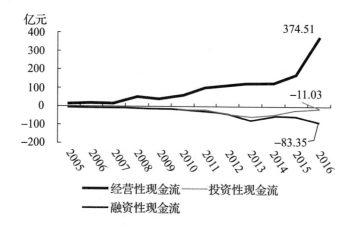

图 8　贵州茅台的三大现金流（2005—2016 年）

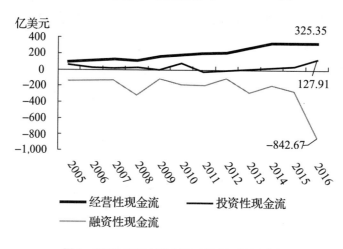

图 9　BRK 的三大现金流（2005—2016 年）

四、突围：贵州茅台"飞天"路径

笔者之所以拿茅台与看似高不可攀的世界第一股——BRK.A 来对标分析，是基于感性和理性两方面的判断。感性的判断是，贵州茅台之所以能在巨头林立的白酒行业脱颖而出，绝对不仅仅是因为其拥有独一无二的自然禀赋，可以设想，如果没有一个有理想、有担当、有智慧的团队，再好的自然资源优势也会被消耗殆尽。理性的判断是，我看到了茅台是一台潜力巨大的"机器"："机"就是由强大的白酒主业打造的"印钞机"，"器"就是由具有世界视野,同时又非常接地气的精细化管理顾问团队构建的"推进器"。

茅台如何突围,实现自己真正的"飞天"梦想?按照比较优势原理,茅台唯一的路径在于丰富产品线,立足贵州,布局全国,把独一无二的"机""器"优势充分发挥出来。

从财务的视角来看,也就是构筑以白酒业为根基的收益率创造集群。简单来说,充分发挥品牌优势,在产品上形成"高端—中端—低端"的全生态产品系,满足从普通家用宴饮、一般商务活动到高端商务活动的各层次的需求。

- 高端系产品:普茅系,以53°飞天茅台为核心,申请国际奢侈品认证,走高端路线。由于普茅的产能有天花板,不能以量取胜,只能以价取胜,不再控价,完全走市场化路线。在收益率曲线上,向右走,体现为"高利润×低周转"。
- 中端系产品:非茅系,例如现在的系列酒(如茅台迎宾、王子、汉酱、仁酒等),在收益率曲线上,向中走,体现为"中利润×中周转"。
- 低端系产品:茅非系,并购茅台镇当地或者全国其他地区的有潜力的企业,打造系列面向普通消费者的畅销产品,在收益率曲线上,向左走,体现为"低利润×高周转"。

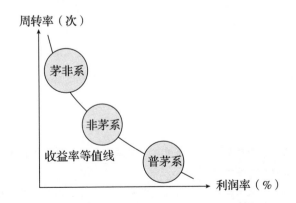

图10 贵州茅台"飞天"之路的财务示意图

总之,一句话,希望贵州茅台不再为产品脱销而烦恼,不再为股价冲天而烦恼。

红皇后竞争中的拨浪者：知识创造引领茅台传承创新

胡海波[一]

历经千秋，穿越百代，起于秦汉，熟于唐宋，精于明清，尊于当代。茅台坚守天人合一的生产方式和工艺流程，不慕古、不留今，从一个偏远山区的烧酒坊摇身一变成为誉满全球的知名酒企。技术革命来袭，红皇后竞争[二]的行业态势下，"白酒一哥"茅台也面临着巨大的挑战。

茅台酒的酿造技艺传承了农耕文明的精髓，酱香突出、优雅细腻、酒体醇厚、空杯留香的特质引无数消费者"折腰"，为人所称道的工匠精神保障了茅台的品质，传承文化和工艺基础上的创新则有效助推着茅台的成长，而基于其传承与创新的独一无二的知识创造模式才是茅台的致胜秘钥。

一、知识主旋律：传承与创新

（一）传承：虚实结合，崇本守道固品牌

1. 实：坚守工艺，以技惊人

茅台在"实"层面的传承主要表现为工艺和技术两个方面。工艺层面包括采购、生产工艺（制曲、制酒、勾兑）、技术工艺等。时至今日，茅台仍

[一] 胡海波，江西财经大学工商管理学院副院长、教授、博士生导师，研究领域是创新与战略管理。

[二] 童话故事《爱丽丝镜中奇遇记》中爱丽丝穿过了镜子来到了奇幻世界，红皇后是该世界里的一枚棋子，她告诉爱丽丝，在这个国度里必须不停地奔跑，才能使你保持在原地。进化生物学家范·瓦伦于1973年借用红皇后颇有禅意的回答，提出红皇后假说，恰如其分地描绘了自然界中激烈的生存竞争法则：不进即是倒退，停滞等于灭亡。

严格遵守茅台酒的传统酿造工艺，该工艺是充满智慧的生物工程，是以季节性生产、高温制曲、高温堆积、高温馏酒、长期贮存、精心勾兑为核心的传统工艺体系，包括端午踩曲、重阳投料、7次取酒、8次发酵、9次蒸煮、勾兑存放等诸多环节。

技术层面主要指酱香酒技术标准体系、白酒质量等级划分、白酒企业分类管理、年份酒鉴定、大曲酱香和麸曲酱香鉴别及产品标注等问题。艺与技的结合，知与行的传承，让茅台成为不可替代的百年品牌。

2. 虚：延续文化，以念留人

茅台在"虚"层面的传承主要指文化，包括从组织层面扩散至个体层面的制酒工匠精神、经营理念、企业文化等。茅台的文化延续主要分为内外两层，对内主要为针对组织的企业文化认同和针对员工的制酒工匠精神的继承与恪守；对外则是针对消费者的企业文化传播。通过线上线下相结合的方式打造立体多元的文化体系和推介平台，传递企业价值观、培育忠诚消费者。

文化的影响力本身带有嵌入性，从点到线，辐射成圈，一级一级传播下去。内外兼施，相辅相成，茅台"文化酒"的形象越发深入人心。

（二）创新：主动出击，革故鼎新谋发展

茅台以传承为基础的创新主要表现在现代科技的运用和管理体系的优化。

1. 推陈出新，智慧科技保驾

科技发展与时代进步无时不在考验企业的实力，茅台以现代科技为突破点，引入新的工具和手段保证酒品质量，进行战略创新、商业模式创新、运作创新和价值链整合的创新。

2. 步步为"赢"，精细管理护航

茅台的管理体系优化主要表现为精细化管理，这也是其战略创新的重要组成部分。长期以来，茅台始终坚持"管理固企"战略，通过精细化管理促产能、提效率,促进管理全面升级。不断创新管理理念和方法,实现管理与品牌同步发展。

二、知识协奏,显隐齐驱

企业的"知识观"(KBV)是在企业"资源观"(RBV)的基础上建立和发展起来的。然而,就企业的价值而言,企业能否有效运用现有知识,是其获取竞争优势的关键。波兰尼(Polanyi, 1958)通过"二分法"将企业知识划分为显性知识与隐性知识两类[一],野中郁次郎和竹内弘高(1995)[二]在此基础上提出知识创造理论。

显性知识,即正式的或者可编码的知识,以文档、公式、合同、流程图、说明书等形式呈现,没有个人经验作为背景,显性知识很可能是无用的,可能容易复制。隐性知识,即非正式的或者不可编码的知识,与显性知识相反,是那些从经验中所得知并相信的东西,可以在员工与顾客的交流中找到它的踪迹。隐性知识很难被登记编目,高度经验化,难于形成文档,并且具有暂时性。它是做出判断和明智行动的基础,体现在技术、管理、市场知识等各方面,往往被看作竞争优势的来源。

(一)显性知识,科学创造

茅台通过打造集报纸、电台、图书、论坛、名人讲坛、纪念日、微信公众号等于一体的"一报两台三微五刊"媒介宣传载体将文化固化,包括《茅台酒报》、国酒电视台、"世界名酒高峰论坛"、"国酒茅台名人讲坛"、《茅台酒百年图志》等。茅台还制定了系列企业文化管理条例,编印了诸如《员工手册》

[一] Polanyi M. Personal Knowledge: Towards a Post Critical Philosophy [M]. Chicago: University of Chicago Press, 1958: 428.
[二] Nonaka I, Takeuchi H. Theory of organizational knowledge creation [J]. Organization Science, 1995, 5 (1): 14-37.

《卓越绩效手册》等。此外，茅台通过每年召开各种例行座谈会、职工代表大会、党委会、办公会、企业文化知识竞赛、各种文化表演等，不断丰富企业文化内涵。同时，茅台在酿造工艺方面实行标准化管理，总结出了十四条工艺操作要点，还制定了相关文本，定期组织培训，不定期进行考核。

（二）隐性知识，传承创造

中国白酒酿造工艺历史悠久，但是传统工艺存在通病，无法提供详细和准确的工艺参数，无法通过文字、图像、声音等加以传播，一般酒企都通过师徒制的形式进行口传心授。白酒生产工艺完全符合隐性知识的特点：第一，酿酒工艺主体性太强，这类知识只存在于师傅的经验中，无法通过仪器进行测试，同时这种工艺跟特定的情境有关，材料、天气等稍有不同就会影响到酒的质感。茅台镇独特的气候特点为酿酒微生物的形成和繁衍提供了适宜的环境，这种特殊的自然环境成为了茅台发展的有力条件。第二，白酒生产工艺是一种历史传统文化，难以编码和言述，无法进行大规模的传播，同时又存在一定的偶然性。茅台凝聚了一代又一代酿酒大师的智慧，发明了一套独特的酿造工艺。每一滴茅台酒，从发酵到出厂，至少需要5年时间，历经30道工序、165个工艺环节。茅台始终坚持"崇本守道，坚守工艺，贮足陈酿，不卖新酒"的质量文化理念，在这个过程中主要依赖酿酒师的经验，通过手摸、鼻闻、眼见、口尝等方式来感知细微式的质量差异，比如高温制曲、高温蒸馏、高温堆积时对于温度的把握，还有基酒的勾兑等，都是依靠人来进行控制的。这种极致的酿酒技艺无法快速领会，往往需要长期的实践和总结探索。

三、知识创造，价值重组

野中郁次郎和竹内弘高（1995）[一]指出，企业在"组织的知识创造"

[一] Nonaka I, Takeuchi H. Theory of organizational knowledge creation [J]. Organization Science, 1995, 5 (1): 14-37.

（即企业具有的创造新知识、在组织中扩散新知识并将这些新知识融入到产品、服务和系统中去的能力）中的技能是关键的成功因素。因此，企业面临的挑战就是不断改进创造、传递和使用知识的过程。他们认为企业创新活动的过程中隐性知识和显性知识二者之间相互作用、相互转化的过程，实际上就是社会化（Socialization）、外在化（Externalization）、组合化（Combination）和内隐化（Internalization）四种相互衔接的基本模式（即SECI模型，如图11所示），四种转化同时还对应原创场、对话场、系统场、实践场四个场。

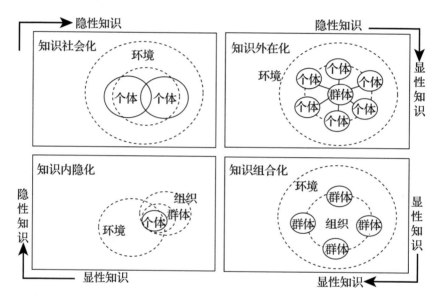

图11　转换关键知识的SECI模型

社会化即个体之间隐性知识到隐性知识的转移和共享。隐性知识是最为复杂和关键的知识，形成于个体之间对成功经验的分享。社会化阶段就是组织内部人员的隐性知识（如研究经验、研究启发）转化并集成为组织的技术经验和科研能力的过程。

外在化即个体隐性知识到组织显性知识的转移。组织的研究人员总结自身的经验，通过报告、模型展示、备忘录等方式外化，或通过技术咨询和技术服务等方式，与组织中的群体成员共享，形成企业人员易理解的显性知识，传递给企业员工。组织的显性知识的形成是显而易见的，如部门规章、技术规范等，是感性到理性的过程。

组合化即组织之间显性知识到显性知识的转移。高校和科研机构将显性知识成果（技术专利、技术调查、技术影音资料、技术说明书、技术文献、书面报告文件等），借助会议、技术交易市场等正式网络渠道传递给企业，企业能较快消化、吸收并加以利用。

内部化即组织显性知识到个体隐性知识的转移。高校和科研机构通过培训和演示将显性知识转移给企业人员；企业员工通过正式培训学习和"干中学"将其消化吸收为自身经验和"诀窍"，形成特定的个体思维方式。员工通过将组织的规章制度和方法消化为自己的"诀窍"并用于实践中，以提高整体工作效率。

上述四种知识转移模式贯穿在茅台的整体发展过程之中，而四种模式对应的原创场、对话场、系统场、实践场整合为一个新的活力"场"，为知识创造营建优质的环境，利于茅台的传承与创新。

知识无形，需有实体承载。知识创造离不开价值链，企业价值通过价值链活动实现，茅台的知识创造亦蕴含于具体的企业活动之中。价值链的概念由迈克尔·波特（1985）在《竞争优势》一书首次提出。波特认为，"每一个企业都是在设计、生产、销售、发送等过程中进行种种活动的集合体。所有这些活动可以用一个价值链来表明。"价值链的增值活动可以分为基础性增值活动和辅助性增值活动两大部分。具体如图12所示。

作为一个百年企业，茅台以白酒产销为核心，以多层次、多种类企业活动集合成独具特色的价值链作为知识创造的载体，基础性活动主要分为生产作业、经营销售及服务，辅助性活动主要分为基础设施、人力资源及技术开发。具体如表1所示。

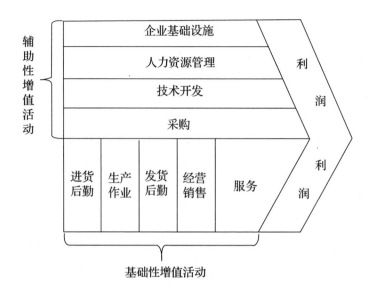

图 12　企业价值链模型

表 1　茅台价值链组成要素

性质	要素	内　　容
基础性活动	生产作业	不断利用现代科学技术对传统工艺进行改造、继承、创新，使生产制造更加科学和规范 选料讲究；高温制曲；高温堆积；高温接酒；生产周期长；茅台酒的生产工艺流程分为制曲与制酒二道工序
	经营销售	茅台酒在国内的销售由公司控股的销售公司、电商公司和经销商共同进行。同时，扩建了海外经销商队伍
	服务	茅台每年通过全国经销商会、供应商大会跟合作伙伴沟通，同时设立一定的奖励机制，激励他们。另外，茅台还专门严格规范经销商、供应商以及子公司的销售行为。严格控制假酒、乱定价现象
	基础设施	茅台下设生产车间、制曲制酒车间、酒体设计中心、溯源防伪技术研发等
	人力资源	酿造发酵、信息技术、企业管理、市场营销等方面的优秀人才被纷纷引进公司并锻炼成长。经过培训和选拔，被输送到茅台集团的各个重要岗位。茅台还开设了自己茅台学院
	技术开发	采用先进的纳米技术、色相普分析技术以及微波技术，结合多年来茅台的勾兑方法和规律，创建了茅台酒特殊的勾兑技术平台

茅台的知识创造过程主要是基于自身价值链的价值创造。在基础性活动和辅助性活动两者中，知识创造的产生主要在辅助性活动中，并最终依靠基础性活动实现知识的流动和转移、内化、扩散。具体如图13所示。

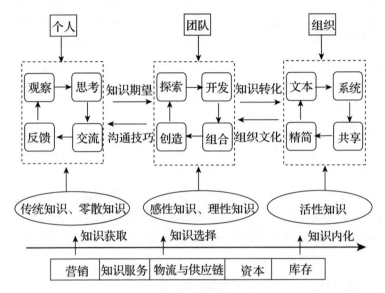

图13　茅台知识创造过程

首先，茅台在客户、合作伙伴之间实现知识获取的目标，通过信息反馈以及技术改进，不断实现茅台酒产品的口味更新以及再定位，同时生产系列酒，强化用户品牌意识，选择要生产的新产品并进行研发。其次，茅台通过高层战略发展方向以及市场形势研判，在公司高级技术人员的支撑下，进行知识选择和知识创造。在此基础上，茅台将企业文化、茅台酒文化等理念不断传递给消费者、企业员工、合作伙伴以及客户，将茅台文化以及相关知识外部化，在后续的营销、物流以及资本投入等各个环节流动。将个人零散的知识进行个体四阶段循环后转化为团队层面的知识。在沟通技巧和知识期望下形成新的知识并将其具体化和概念化，通过团队共享输出给整个价值链条。

茅台官方曾表示，知识已成为世界经济发展的根本动力，由知识创造转化而成的企业文化对于酒业发展的重要意义日益凸显，可能孕育中国白酒业质变的全新发展阶段。茅台从品牌导向到文化导向的发展过程表现为三个方面。

一是名师高徒,传承"师徒"文化。

随着社会生活和文化生态发生变化,现代工业生产方式对传统工艺带来了剧烈冲击,无论是传统工艺的保存还是工匠精神的传承,都在当代消费环境中遭遇了极大的挑战。茅台酒传统工艺主要通过言传身教的方式口口相传、手手相授,通过师徒相传模式为茅台酒酿造培养人才。随着茅台酒产能扩大,所需的酒师、班长数量也逐年增加,茅台的发展遭遇了技术人才瓶颈。因此,为扩大产品规模、保证产品质量,2016年,茅台正式出台《公司师带徒管理办法》等系列文件,大师工作室和专家工作站应运而生,"师徒"文化的传承效果将影响茅台的品牌效力。

二是产销一体,培育协同文化。

2012年,茅台在营销渠道管理方面因地制宜,对现有的两千多家专卖店进行专业测评以及综合考核,根据考核结果,将两千多家专卖店缩减至200多家。现今,茅台每年都召开经销商联谊会和供应商会议,老经销商与茅台已经建立深厚的合作关系,年轻二代经销商们亦成为茅台发展的新力量。生产方与销售方对于文化的认知趋同,使得茅台的产销一体化程度逐渐提升,这也是供应链管理创新的基础。

三是粉丝经济,创新消费文化。

白酒市场消费者需求发生变化,公务消费市场下降,商务消费、个人消费及休闲消费市场崛起。茅台的消费培育模式也从计划经济向市场经济、粉丝经济转变。茅台通过线上媒体和线下活动等以文化为载体的创新措施所聚拢的大批"茅粉",便是适应消费时代的根本力量,如何激活"茅粉"资源,是茅台持续发展亟待解决的问题。

四、知识破壁,能力营建

知识创造可以分为新知识、交叉知识和原创知识三种,从知识创造的过程来看,知识创造难以成功的原因主要有人、制度、文化、环境四个方面。具体如图14所示。

图14 知识创造的阻碍因素

茅台进行知识创造的第一个环节是形成创造概念,而创造概念来源于主体人,如果成员对于新知识的认知程度不够,就很难接受新知识的产生。比如,茅台的传统营销渠道主要是通过经销商进行的,后来茅台成立电商公司,开始设立线上专卖店,开辟网上卖酒这一营销渠道,从 B2C 转变为 O2O、C2B 等,起初经销商很难接受,主观认为自身利益将受损。后来,经过茅台的沟通和宣传强化,最终让经销商改变了自己传统的看法,接受了互联网销售白酒的新尝试。

茅台在工艺创新上构建了自己的实验室并组建了专属研究团队,但是由于白酒行业本身存在的知识接受者与传播者之间的认知障碍,对于一些隐性知识只能靠悟性,已转化的显性知识只提供流程化的操作要点,具体工作仍需在实践中领悟。

文化能够调动知识者行动,但此类文化必须可理解、可落实。制定战略时,企业可通过将愿景概念化,创造一种积极的氛围,这有利于推动知识创造。比如茅台通过设立创客空间和青创联盟,鼓励青年员工成为新时代的创客。

基于研究与实践中对知识创造阻碍因素的认知,茅台对症下药,传承创新形成核心能力的一般路径。具体如图 15 所示。

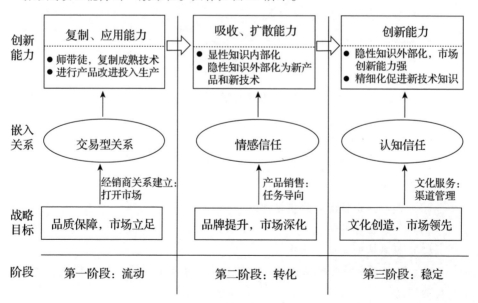

图15 茅台传承创新形成核心能力演化路径

企业通过知识创造实现传承创新的一般路径,首先基于战略目标形成演化动因。第一阶段,茅台通过与市场主体建立交易型关系,实现产品品质保障并生产投入市场,获得产品改进和复制的能力,培养内部专业人才并整理技术标准,使其成为制度,此时市场依赖性强,主体之间关系薄弱,容易破裂。第二阶段,通过市场深化,茅台与合作方建立情感信任,并且自身通过将显性知识内部化和隐性知识外部化获得吸收、扩散能力,让茅台与供应链上企业间的合作关系较强,不易破裂。第三阶段,茅台已在市场上占据了明显的领先地位,通过文化服务引领行业发展,获得了合作主体认知信任,对方高度认同企业文化并且愿意追随,形成了新知识创造的环境,并反作用于新一轮的知识创造。

五、国酒茅台如何顺势起舞

以新一代信息技术为核心的新一轮科技革命已经降临,新环境下,传统企业茅台需一手继承传统,一手坚持创新,两者互为条件,互相促进(如图16所示),形成以知识创造为重要作用机制的循环螺旋。茅台的知识创造机制的完善主要可以从管理创造和知识管理两个角度进行。

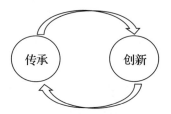

图16 传承与创新循环图

(一)管理创造,知识传承

(1)灌输知识愿景;
(2)管理交谈;
(3)调动知识行动者的积极性;
(4)创造正确的情境;
(5)将本地的知识全球化。

茅台可以考虑结合信息技术,从以上五个方面来创建大数据背景下知识创造的"场"。

（二）知识管理，资源整合

知识创造是知识管理的一个过程，显性知识和隐性知识在知识学习、知识分享、知识整合能够构成企业的核心竞争力。因此，茅台应加强内外部资源的整合，加强知识管理的后续环节，致力于创造知识共享的文化财富。

白酒行业的深度调整并未走到尽头，同行者亦是竞争者，茅台前路还有许多坎坷。在市场经济浪潮中历经摔打、经受考验的茅台需崇本守道、革故鼎新、励精图治，在以传承和创新为主题的价值活动中实现个人、团队与组织间的有效知识创造，方能从百年辉煌的历史走向新的胜利，以"国酒"常青之态屹立白酒之巅。

"茅台镇""茅台酒"的品牌困局

江濡山

（产业经济学家，中国精细化管理研究所特约研究员）

自2017年9月中旬以来，"贵州茅台"股价一路疯涨，每股由500元上下一口气涨到712元左右。伴随这一现象的另一景象是：贵州茅台的53度飞天茅台酒的价格飙升，市场价达到每瓶1800元左右，而且"一瓶难求"，市场缺货效应愈演愈烈。与此形成明显反差的则是，茅台镇及周边区域大量积压的地方酱香型白酒即使以很低的价格也难售出，不少酒企法人代表因债台高筑欲哭无泪。于是，民间有这样的戏言：茅台酒疯了，茅台镇哭了。

众所周知，以贵州省仁怀市茅台镇为中心的赤水河流域，是世界三大著名蒸馏酒之一的酱香型白酒的原产地。改革开放以来，特别是近十多年来，本地酱香型白酒酿造企业曾一度多达一千多家，2010年前后曾出现"全民投资酿酒"的现象，现在存活并初具规模的企业仍有一百多家。但是，自2013年开始，这里的酱香型白酒产业出现了极度萎缩的局面：地方中小酒企的产品全线积压，价格大幅缩水。有人怀疑酱香型白酒市场向好的趋势已经终结，不少商家开始关张停业、低价处理陈年老酒。

但是，自2016年年中开始，酱香型白酒市场消费需求趋暖，茅台集团的主打产品53度飞天茅台酒的价格开始明显回升，一直发展到目前的疯涨局面。然而，令人大惑不解的是，虽然贵州茅台酒市场大幅回升，但茅台镇及周边地区的白酒价格及出货量仍然处于低迷状态。对此，很多人认为：最主要问题在于地方酱香型白酒的产品品质参差不齐，市场营销混乱，令消费者失去消费信任感。不过，这只是其中一个原因，更深层的原因则在于"茅台镇"酱香型白酒的原产地文化及区域品牌与市场产生了明显的错位，而"茅台酒"独特的产品品牌在很大程度上又"绑架"了茅台镇。这是一种典型的区域品牌与产品品牌错位、原产地文化与企业文化产生利益冲突的表现。

综上所述，如果要让贵州茅台集团更加强大，让茅台镇白酒产区的地方酒企公平参与竞争并迅速完成市场化的优胜劣汰，最终使仁怀市整个白酒产业迅速壮大，就必须深入研究，破解"茅台镇"与"茅台酒"背后的品牌、文化及利益冲突。

一、品牌文化梳理

（一）何谓贵州省仁怀市茅台镇的"区域品牌"与"产品品牌"？

从经济价值的角度来讲，"区域品牌"是指某类品质特别的产品出产于特别的地方，这个特别的地方及地名，就构成了"区域品牌"，区域品牌属于原产地文化范畴，区域品牌的所有权及受益权归属于区域的地方民众、驻地企业及机构。比如：因出产优质大闸蟹闻名的阳澄湖、因出产高品质大米而闻名的黑龙江五常市、因明朝墓葬群而出名的北京昌平十三陵镇。因此，"茅台镇"因出产优质酱香型白酒，已经构成了商业价值极高的区域品牌，本地域的所有企业、机构和个人都有权享有并爱护这个品牌。

而产品品牌是指某个企业的某个独特的产品标识。比如："全聚德烤鸭""中华牌香烟""牛栏山二锅头""飞天53度茅台酒"。仁怀市茅台镇酱香型白酒产区范围内，有许许多多合法注册的产品品牌，但是贵州茅台集团统称的"贵州茅台酒"和"飞天53度茅台酒"的产品品牌价值极高，远不是其他同类产品能够比肩的。

（二）何谓"茅台"？何谓"茅台镇"？

"茅台"本应是茅台镇地名的简称，但现在演变为地名和酱香型白酒品牌名的混合体，由于广大消费者对茅台镇的地域信息认知有限，只要提起"茅台"，多数人认为特指"茅台酒"。其实，如果地名因某种商业活动的传播而扩大了认知度和影响力，那么该地域就融入了相应的商业价值。

"茅台镇"显然是地名,从行政区划来看,特指"贵州省遵义市辖区的仁怀市茅台镇";从市场角度来看,"茅台镇"已经具有了典型的"区域品牌价值",在很大程度上融入了"茅台酒"的韵味。因此,"茅台镇"一词,所有本地的企业、单位和个人均可使用。

(三)何谓"茅台酒"?何谓"贵州茅台酒"?

"茅台酒"本应是指茅台镇地域范围内酿造的酒,但由于一些特殊原因,"茅台酒"在很大程度上特指贵州茅台集团酿造的酱香型白酒,而很多情况下仁怀市地方民众认为它也包含本地其他地方酒企酿制的酱香型白酒。由于贵州茅台集团对"茅台酒"申请了知识产权保护,因此严格意义上,仁怀市其他地方酒企不得使用"茅台酒"三个字从事产品命名及商业营销活动。因此,"贵州茅台酒"具有强势的排他性,是专属于贵州茅台集团独有的"产品品牌"。

从商业角度综述如下:

"茅台镇"属于区域品牌,承载着贵州省仁怀市酱香型白酒的原产地文化,因此仁怀市茅台镇酱香型白酒主产区的所有企业、机构及个人的商业活动均可使用。

"茅台酒"属于以原产地地名命名的酒,按理说原产地区域任何酒企均可用于称谓其合法生产的合格酒产品,但"贵州茅台集团"申请了合法的知识产权保护,不允许其他酒企使用。

"贵州茅台酒"属于贵州茅台集团专属品牌,并具有长期使用权,因此非茅台集团的任何企业、机构及个人均不得使用。

二、"贵州茅台集团"与"地方力量"的困局与冲突

"贵州茅台集团"的困局: 虽然产品供不应求、价格居高不下,但是短期内产能规模很有限。一方面,特殊的空间地理环境决定了贵州茅台集团在

茅台镇特定地域扩建选址的空间局限非常大；另一方面，即便选址成功，加快建设进度，并且形成品质合格的产能，还需要五年的陈酿期，这意味着短期内很难扩大产能，而五六年后的市场状况很难预料。

地方酒企的困局： 四大因素导致相当一些地方酿酒企业及个人越来越严重地陷入恶性循环：产品品质参差不齐、缺乏有价值的品牌、缺乏稳定的销售渠道、缺乏有诚信的市场拓展及专业化营销。

双方的利益冲突： 客观来看，自改革开放以来，在政府的大力支持和茅台镇民众的积极拥戴下，贵州茅台集团把酱香型白酒推向了世界，成为唯一被誉为"国酒"的白酒产品。没有茅台集团的迅速崛起，就没有茅台镇的盛名远扬，就没有酱香型白酒日益庞大的市场份额，更没有仁怀市及茅台镇经济社会的迅速发展。但是，贵州茅台集团只是茅台镇的驻地企业之一，有地方文化遗产烙印的酱香型白酒，地方民众也有酿造权，于是快速发展起来的地方酿酒企业遍地开花。但一旦好酒和劣酒鱼龙混杂，必将大大扰乱市场。因此，虽然仁怀市很多优秀企业正在竞争中不断成长起来，但成长空间因为"茅台""茅台酒""茅台镇"的品牌错位而遭遇天花板，这显然激发了一种非公平竞争的利益冲突。过去十多年来，双方多次陷入这种"历史纠葛、品牌错位和利益冲突"的反复较量中。

三、打破困局、实现双赢的策略

任何事物的发展演进，最终都要遵循自然规律。在当今全球化、网络化的大背景大趋势下，一个流行的竞争现象是：不是你把别人吃掉，就是你被别人吃掉。然而，对贵州茅台集团和地方酒企而言，这一结论未必适用，因为他们各方都以实现双赢为目的。

首先，从产品特性来讲，仁怀市茅台镇产区的酱香白酒在原材料、生产工艺、酒品成分及口感上并没有多大差异，主要差距体现在作业标准、勾调技术、规模酿制过程管理。这三方面的差距，决定了贵州茅台集团可以扬长避短，专注于酿造过程的技术水准、窖藏及勾调标准、资本、市场管控、渠道等优势，整合地方骨干酿造企业，以实现低成本的产能扩张。

其次，地方政府应加强原产地产品保护研究，并通过行政管控策略强化标准化生产作业，借力市场竞争，淘汰低质落后产能，然后强力扶持地方产品品牌。

再次，精心运筹谋划、面向未来布局。地方政府及民众要加大力度面向海内外做强"贵州茅台镇"这一区域品牌，唯有区域品牌做强，才能驱动区域产品扩大市场半径，并以此大胆拓宽地方酒企的销售渠道。

最后，地方政府与贵州茅台集团应形成合力，坦诚以对，共同探讨茅台镇原产地酱香型白酒的综合市场定位、不同层次产品的市场定位，确定好不同的角色定位及职责，然后共同谋划布局海内外的营销渠道及物流体系，并与市场现有的第三方渠道通力合作，实现共赢，把整个"茅台镇"的"茅台酒"大规模布局到海内外。

最终获得胜利的标志，不是少数人手捧一杯高价酒洋洋得意、津津乐道，而是全球更广泛的消费者自掏腰包，"醉"美茅台。

参 考 文 献

[1] 中国贵州茅台酒厂有限责任公司史志编纂委员会. 中国贵州茅台酒厂有限责任公司志 [M]. 北京：方志出版社，2011.

[2] 中国贵州茅台酒厂有限责任公司. 茅台酒百年图志（1915-2015）[M]. 北京：中央文献出版社，2016.

[3] 季克良. 我与茅台五十年 [M]. 贵阳：贵州人民出版社，2016.

[4] 中国贵州茅台酒厂有限责任公司. 国酒茅台五十春 [M]. 北京：中国轻工业年鉴社，2003.

[5] 康明中. 贵州茅台酒厂 [M]. 北京：当代中国出版社，1995.

[6] 舒淳. 大国酒魂 [M]. 北京：中央文献出版社，2011.

[7] 罗仕湘，姚辉. 百年茅台 [M]. 北京：中国文史出版社，2015.

[8] 杨忠明，卢启伦. 国酒茅台的辉煌 [M]. 北京：中国轻工业出版社，1999.

[9] 蒋子龙. 茅台故事365天 [M]. 北京：作家出版社，2009.

[10] 人民文学杂志社. 风雅国酒之纵论茅台. 北京：昆仑出版社，2008.

[11] 中国贵州茅台酒厂有限责任公司. 国酒茅台醇香之旅 [M]. 贵阳：贵州人民出版社，2016.

[12] 邹开良. 国酒心 [M]. 北京：人民出版社，2006.

[13] 汤铭新. 国酒茅台誉满全球 [M]. 海口：南海出版公司，2006.

[14] 李发模. 国酒魂 [M]. 上海：东方出版中心，2011.

[15] 赵晨. 茅台酒收藏投资指南 [M]. 南昌：江西科学技术出版社，2014.

[16] 胡腾. 茅台为什么这么牛 [M]. 贵阳：贵州人民出版社，2011.

[17] 安德鲁·卡卡巴德斯. 茅台酒里的智慧 [M]. 刘霞，译. 上海：上海远东出版社，2012.

[18] 曾庆双. 中国白酒文化 [M]. 重庆：重庆大学出版社，2013.

[19] 木空. 中国人的酒文化 [M]. 北京：中国法制出版社，2015.